智元微库
OPEN MIND

成 长 也 是 一 种 美 好

持续爆红的底线

红人全流程合规指南

李振武 / 著

人民邮电出版社

北京

图书在版编目（CIP）数据

持续爆红的底线：红人全流程合规指南 / 李振武著
. -- 北京：人民邮电出版社，2023.5（2024.3重印）
ISBN 978-7-115-61051-5

Ⅰ. ①持… Ⅱ. ①李… Ⅲ. ①网络营销—指南 Ⅳ.
①F713.365.2-49

中国国家版本馆CIP数据核字(2023)第003931号

◆ 著　李振武
责任编辑　黄琳佳
责任印制　周昇亮
◆ 人民邮电出版社出版发行　　北京市丰台区成寿寺路 11 号
邮编 100164　电子邮件 315@ptpress.com.cn
网址 https://www.ptpress.com.cn
天津千鹤文化传播有限公司印刷
◆ 开本：787×1092　1/16
印张：15.5　　　　　　　　2023 年 5 月第 1 版
字数：300 千字　　　　　　2024 年 3 月天津第 2 次印刷

定　价：79.80 元
读者服务热线：（010）67630125　印装质量热线：（010）81055316
反盗版热线：（010）81055315
广告经营许可证：京东市监广登字 20170147 号

PREFACE <<< 自 序 >>>

写作本书之前，我检索了市面上关于红人运营的图书和文章，发现这些作品大多聚焦于营销技巧和流量渠道，几乎很少从法律合规角度探讨红人运营问题，这让读者很难建构关于红人合规运营的认知和意识。近几年来，无论法律法规还是相关政策都对红人行业进行了更严格的管理和规范，合法合规运营势在必行。我希望本书能够给想打造个人品牌的红人提供一些系统性的、有针对性的法律知识，帮他们经营好自己的个人品牌。

本书的一大特色是聚焦于法商结合，即一方面法律能为红人行业赋能，另一方面蓬勃发展的红人行业又推进了法律的进步。本书中列举的很多行业实践，在法律上尚无规范，甚至也没有可以借鉴的司法判决，而我试图以法商结合的方式为各位读者梳理合规蓝图，其难度可想而知。在本书中，我已经将我的所见、所闻、所思、所想用体系化的方式记录下来，也形成了我看待这个行业的独特视角和方法，特别是书里呈现的法商图片内容，是我这些年观察红人的经验总结。

最后，比起我在这本书里撰写的文字，我更希望我在字里行间所渗透的分析问题的方法和法律思维，能够为读者在红人行业所用。

本书的写作过程，正好伴随着"星娱乐法"公众号和"娱乐法成长训练营"知识星球的"每日一份判决书"的案例编写工作。因此，本书中的部分案例源于案例编撰志愿者的整理与编辑，他们是张晓珺、赵洁晶、汪澄、董瀚月、王子川、胡瀚文、罗丽、纪文婧，在此向他们表示感谢。

<<< 目 录 >>>

第一章

你如何被看见

我即将展开本书最重要的部分，这也是我体系化研究的起点，即从本质上探讨红人合规运营的特点。本书其他章节基本都是对本章内容的进一步细化。在本章中，我试图为读者建构红人合规运营的体系和脉络，帮助想打造个人品牌的红人基于这套理论将日常工作开展得更有系统性和针对性。

第一节　红人影响力：被看见的能力

玛丽娜·克拉科夫斯基在《中间人经济》一书中将中间人解读为六种角色：搭桥者、认证者、强制者、风险承担者、礼宾者和隔离者。她认为中间人正是通过这六种角色的不同组合提供价值，为客户提供服务。"搭桥者"缩短了交易的距离；"认证者"去伪存真，为买方提供可靠信息；"强制者"能够确保买卖双方都全力以赴、互相合作并遵守诚信；"风险承担者"提供了多元化及专业化的经营视角；"礼宾者"整合信息并提供定制化服务；"隔离者"则承担负面角色，说"狠话"维护雇主利益……如果没有中间人，很多互利互惠的交易将不复存在，社会也会因此变得低效。

对红人行业而言，我认为这个理论同样适用。想打造个人品牌的红人其实就是自己业务的中间人，最需要承担的角色显然是"搭桥者"，如对接各大品牌方或广告制作方。同时，一些红人的知名经纪人也能承担"认证者"的角色，品牌方或广告制作方会出于对该经纪人的信任，从而将商业机会分配给该经纪人服务的红人。此外，出现红人不太方便直接沟通的事情时，经纪人又可以承担"隔离者"的角色。

从"中间人六角色"理论引申得知，红人最需要经营的是个人品牌影响力。换一个更通俗的词就是"流量"。当一个人的个人品牌影响力足够强大时，也就是传统意义上的"红"了，他或者也可摇身一变成为红人。

打造红人影响力的能力被我称为"被看见的能力"，这就是我提出的红人影响力的本质。请读者一定记住这六个字，并将其灵活运用于各项与红人相关的工作中。

其中这个"被"字，一方面体现出红人是一个被动的职业，总在被人挑选，特别是传统演员，他们可能需要被面试很多次才能争取到一个心仪的角色；另一方面我想通过本书告诉读者，红人也可以通过主动的内容输出，真正变被动为主动。我认为这才是红人可以大放异彩的时刻，也就是红人的"啊哈时刻"[1]。

---

[1]　客户看到某个信息或功能时眼前一亮，发现产品核心价值，无法拒绝使用产品的时刻可以被称为"啊哈时刻"，多用于互联网产品设计领域。

本书将尽量采用图谱形式为读者拆解红人合规运营体系，首先需要呈现这张体现了红人影响力本质的法商图谱，它也是本书内容的导览图（见图 1-1）。

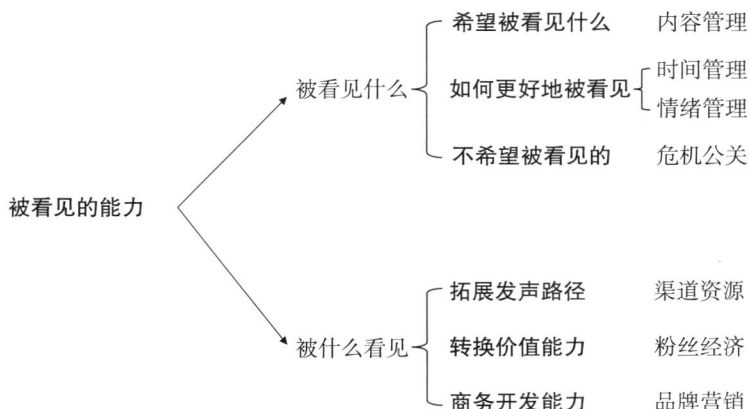

图 1-1 红人影响力本质：被看见的能力

在图 1-1 中，我将"被看见的能力"分成两类，即被看见什么和被什么看见。其中，"被看见什么"是基础，只有做好了"被看见什么"，才能达到"被什么看见"。

第二节 红人自运营：被看见什么

内容管理：希望被看见什么

"被看见什么"的第一部分被我称为"希望被看见什么"，也就是内容管理。红人首先要在发掘自身特质方面有敏锐的眼光，能发现自己身上的闪光点、特质及可能会被人喜欢的特点。"你得先喜欢自己，才能让别人也喜欢你"，如果连你自己都不喜欢自己，怎么能大张旗鼓地向别人推荐自己呢？

因此，红人首先应该具备的就是"慧眼识己"的能力。红人应能够发现自己身上好玩又有趣的点，比如擅长讲冷笑话或段子，衣品很好，等等。传统环境下的红人可能需要在一些方面具备过人的才能（如唱歌、演戏、主持等）才能脱颖而出，但在当今互联网环境下，一些具有稀缺性的才艺也可能为红人加分。因此，善于发现自己身上的闪光点，是红人首先需要具备的能力。

我将"慧眼识己"定义为红人的基础能力，即先给自己清晰、明确的定位，之后才可以做内容管理。那么，在做内容管理时，红人价值又可以被划分为几个维度呢？应该从哪些角度筹划适合红人的途径呢？我试图拆解红人可以挖掘的商业价值。在商业中，我将红人的价值分为音乐、影视、综艺、商演和直播等维度（见图1-2）。

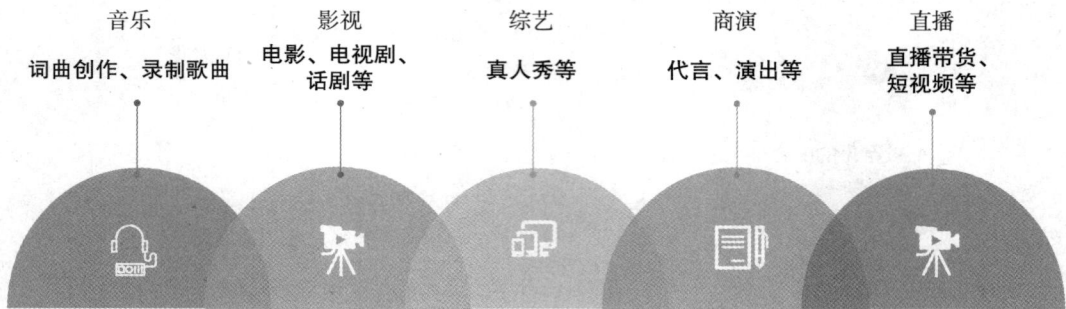

音乐	影视	综艺	商演	直播
词曲创作、录制歌曲	电影、电视剧、话剧等	真人秀等	代言、演出等	直播带货、短视频等

图 1-2　红人价值维度

显然，上述维度可能发生重叠，这样划分只是为了方便研究，更清晰地给红人树立专业化标签，但在实务中不太可能将各个维度严格进行区分，比如音乐本身就与商演密不可分，综艺同时是音乐曝光最多的地方，红人的影视作品本身也可以被视为另一种形式的商演。

有些红人在多个领域有特长，比如他会唱歌，演戏也还不错，综艺感也比其他红人强，如果不做上述分类，这些红人很可能会"眉毛胡子一把抓"，有什么资源就用什么资源，缺乏对自己的定位和规划。当运用上述划分标准对红人进行专业化标签归类时，就可以对红人进行更清晰的规划，比如专注于音乐维度，同步拓展影视和综艺维度，之后再慢慢开启直播维度的业务。有了此类清晰的内容管理，红人在参加综艺节目时，可以更多地呈现专业歌手的一面或更多地参与音乐综艺节目。自然而然地，红人慢慢就会在观众心中形成这样的印象："他是一位歌手，没想到他的综艺感也不错。"而不是"不知道他是做什么的，只觉得他的综艺感不错"。如果给观众留下的印象是后者，久而久之，这个红人就会被归类为没有其他作品、只专注综艺的红人，这显然不利于其在品牌营销方面的深度挖掘。

通俗地讲，如果打算挖掘音乐维度，红人应更多地在歌手层面曝光；如果打算挖掘影视维度，则应更多地接洽影视资源，将其他方面作为辅助。不过，综艺维度可能无法被深挖，因为它看上去仿佛只能带来附属价值，似乎并不应该成为单独的发展方向。艺人杨某[①]曾说："我认为，每一个综艺节目都是我的作品。"我十分赞同这句话，这也是

---

① 遵从个人信息保护原则，本书中提及自然人姓名时均进行了保密处理。

他挖掘"综艺维度"，将其作为自己专业导向后所形成的观众印象。无论这是他主动为之还是被动接受的，都为他带来了商业价值。

在目前的文娱环境下，红人要想拓宽演艺道路，参加综艺节目是不错的途径。因为能登上大银幕的院线电影并不多，一直发布新歌成本过高，那么红人要想得到高曝光度，通常会通过高流量、高认知度和低观看门槛的综艺节目实现，以此被更多人认识。

有个很有意思的现象：很多外国电影演员基本不参与综艺节目。他们认为观众只能通过购买电影票在大银幕上看到自身形象，而参加综艺节目会给观众留下刻板形象，不利于角色塑造。但在我国，电影演员参加综艺节目似乎成了家常便饭，也是红人维持曝光和热度的最佳途径。

商演是红人最传统、最便捷的产生价值的手段，包括各类线上线下演出活动及产品代言等。代言，是红人整个职业生涯中非常重要也是收入占比较大的一部分。一个红人一年如果能有几个代言，全年收入就有了保障，如果再参加一些综艺和影视项目等，收入慢慢实现多元化，可以说就解决了"温饱问题"。

近年来，直播带货领域产生的现金流非常巨大。毫不夸张地说，头部带货主播一次直播带货的营业额可能比传统红人一年赚的钱还多。因此，专注于直播维度的红人更要合规地做好这部分工作。

与上文提到的通过参与综艺节目录制提升曝光度一样，红人也需要频繁地出现在观众视野里，否则导演、制片方和品牌方可能会慢慢淡忘这位红人。这就好比那些经常给你发节日问候的人或发朋友圈表明存在感的人，总会让你记得更清楚。但也要注意，频繁在朋友圈发表没有质量的内容对自己也是一种价值贬损。因此，只有在做好内容管理的基础上，红人才能有的放矢地持续曝光，保持热度。

时间管理：如何更好地被看见

"被看见什么"的第二部分被我称为"如何更好地被看见"，具体内容又分为时间管理和情绪管理两方面。

我把红人价值分为时间、形象和劳务三点。

这三点的关系被我总结为如下公式，请读者一定认真熟读此公式，用这一红人价值公式规划时间管理（见图 1-3 ）。

$$红人价值＝劳务＋形象＋时间$$

时间管理

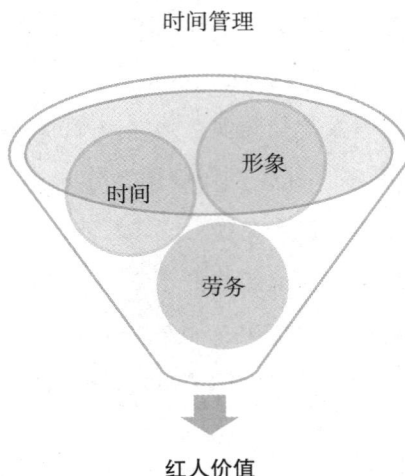

红人价值

图 1-3　红人价值公式

先来分析这个公式里的第一点，即劳务，它体现了红人活动产生商业价值的底层逻辑：红人通过提供一定数量和质量的劳务换取等值的报酬，可以统称为"服务合同"。红人提供的是演出劳务、直播（短视频录制）劳务或表演劳务等，总之，他们提供的是一种需要付出体力或脑力的劳务。

第二点是形象，也是这个公式中最关键和特别的部分，即红人在提供劳务的同时还提供了形象授权。虽然形象授权往往是与劳务同时提供的，比如红人在直播过程中演唱歌曲时不可避免地要露出红人形象，但不可否认的是，正是因为红人形象具有较高的认知度，才使得红人的劳务获得了高附加值。在此，我向读者提出一个思考问题：提供劳务和形象授权是否可以不同时发生？ [①]

第三点是时间，红人工作的本质是用时间换取收益，这和律师、心理咨询师差不多。一天只有 24 小时，除去吃饭、睡觉等的时间，如何安排其他时间，如何最大程度地利用剩余时间，成了扩大红人商业价值的关键。

一个懂得经营自己品牌的红人不仅要知道怎样安排时间（演艺圈又称"档期"），将每天要出席的活动、参与的节目等都安排在日程表里，如先去哪个酒店，后到哪个场地录制，在转场路途中是否可以安排短暂采访等，还要懂得如何统筹并调度资源，组合使用需要相互配合的其他第三方，如妆发团队、录制团队等。

学习了上述红人价值公式后，读者可以试着将其运用到实践中进行验证。

运用时，首先要"以时间为抓手"。关于商演、代言、直播等，红人应注意时间价值，因为露出时间长短不同，价值就不同。任何演出时间都需要精确到分甚至秒，明确

---

① 本书中类似问题，我刻意没有全部做出解答，希望给读者留出思考的空间。

妆发时间是不是被包含在红人露出时间里。如拍摄杂志封面这一工作的约定露出时间是四小时，倘若超过了四小时，就应在先期合同里明确约定超时费用的计算标准。从保护红人的角度出发，限制时间也是很重要的。红人这一职业的工作强度很高，长时间暴露在同一场景和聚光灯下，精神高度紧张，压力很大，所以需要通过控制红人露出时间来达到双方的利益平衡。

其次要"以形象为中心"。我们不仅要将时间思维贯穿整个商业谈判和合同起草过程，还需要考虑品牌方与红人合作的最终场景，比如是否会使用红人形象、在什么场合用、用多久等，甚至还应想得更远一些，比如代言合同到期后，品牌方是否还可以继续使用红人的电子物料、实体物料，是否应该约定到期后的物料清理期限等。

最后要"以劳务为基础"。这一点相对来说比较简单，如前文所述，与红人相关的交易本质上是提供劳务的服务过程，因此红人需要注意在常规提供劳务的服务过程中的人身和财产安全等。

情绪管理：如何更好地被看见

红人往往容易忽视自己的情绪管理，而我认为这恰恰是经营红人品牌的重要工作之一。如果红人对情绪处理不当，那么前文所述的时间管理工作是无法完成的，情绪就像100中的那个"1"，如果没有"1"，那后面的"0"也就毫无意义了。

对于情绪管理，我总结出一句话："高处不狂妄，低处莫失落。"

当红人有了流量，开始有点飘飘然、失去自我的时候，应正确对待这些流量。在我给红人设计的法商培训课程中，很重要的一项测试就是压力测试。很多从事练习生这一职业的红人，特别是男孩，会觉得自己通过了练习生选拔，特别厉害。这时，经纪公司就可以通过压力测试、情绪疏导等方式纠正这些练习生的心态，这对夯实训练基础非常有用。

而一些已处在高位的红人，有可能是突然"红了"或"翻红"，如果一时间遭受网络暴力、各种抹黑或诽谤，他们的情绪往往处于低位。不是所有人都拥有强大的心理承受能力，受得住这些"诋毁"。这时就需要疏导红人的失落情绪，以免红人做出一些损毁形象的行为。

下面我将从更细致、更具体的角度分析红人情绪管理方法（见图1-4）。

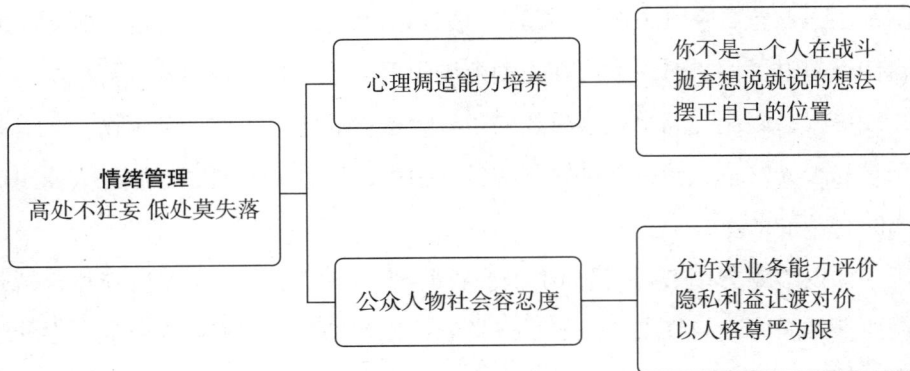

图 1-4 红人情绪管理方法

第一，红人应进行心理调适能力培养。红人应该明白一个道理："你不是一个人在战斗。"在没有成为红人、没有品牌团队时，你可以随心所欲地发微博，一旦选择成为红人，特别是签了经纪合同成为所属公司的红人后，就不是一个人在战斗了。任何发表在公共社交平台上的内容，甚至每一次露出，如私服出门、进出机场等，代表的都是公司形象，任何言语和举动都会被视为某经纪公司的行为。如果红人因冲动做了某些事情，会需要一群人来善后。所以红人应该明白自己身上的责任，要有担当，要抛弃"想说就说"的想法。任何发声，都应该是经团队策划或讨论后再对外进行的，而不是本人的情绪抒发。

当然，我们也需要从红人现处位置出发来讨论这个问题。无论红人暂时处于高位还是低位，均应重视自己目前在市场上的议价能力和号召能力，处于高位不妄自尊大，处于低位也不因人微言轻而失落，应结合当下处境做出相应决定并采取行动。

第二，红人还需要了解一个基础的法律概念，即公众人物的社会容忍度，这是通过司法判决确定的一项公众人物对外界评论的容忍规则，即公众人物对于社会大众对其的评价应该负有一定的容忍义务。这个规则的逻辑基础是，红人每次获得的高额回报里，有一部分是让渡其隐私利益的对价。这个容忍义务的限度又是如何确定的呢？目前司法实践通说认为，应以人格尊严为限，比如公众可以自由评论某个演员的演技太差，这属于对演员业务能力正当评价的范畴，但如果公众公然诋毁某个演员的人格或虚构某些事实，该演员对此不负有容忍义务，因为演员作为民法上的自然人，也享有人格尊严不受侵犯的权利。

危机公关：不希望被看见的

做好了内容管理、时间管理和情绪管理，基本上也就塑造了红人对外界展现的标签形象，这些都可以主动经营。但干这个行业往往会不尽如人意，常有一些让人措手不及的负面新闻会流出，一些不愿意被暴露的事情，会被人知道并放大得尽人皆知。

遇到这种情况，需要做的就是危机公关了。关于危机公关，本书之后会详细分析具体实操方法，此处我先给读者铺垫一些原则。

危机公关声明的"三步曲"是：发不发、怎么发和发什么。最关键的是"发不发"，一旦你清楚了"发不发"，"怎么发"（发文主体）和"发什么"（文书写作）都是水到渠成的事情（见图1-5）。

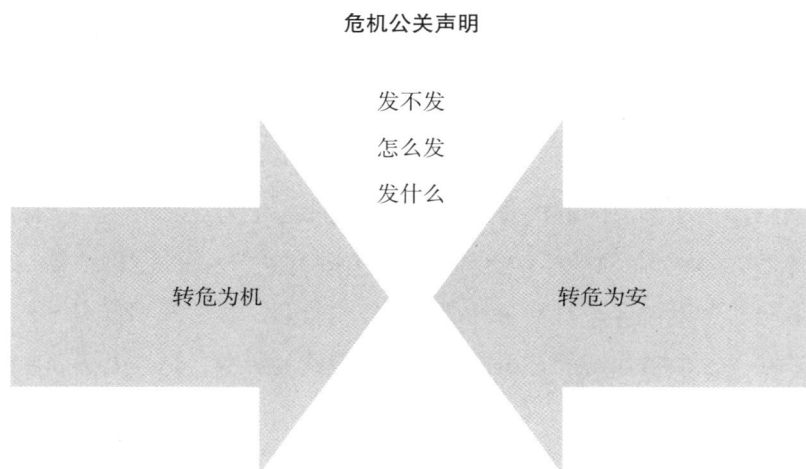

危机公关声明

发不发

怎么发

发什么

转危为机　　　　　　转危为安

图1-5　危机公关声明图谱

在"发不发"这个问题上，红人往往需要考虑发文目的，即希望转危为安还是转危为机。如果希望把这个事件平息下来，那就是转危为安，可以采用的方法是请一些营销团队帮忙或者什么都不做。你不管它，不持续提供热度，没有新的消息，这个事件自然会被其他事件覆盖，因此"不应对"实际上也是一种应对方法。如果你希望转危为机，我认为这才需要真正的危机公关。

危机公关的终极之道是不让危机发生。这句话听起来像是一句"废话"，但读者细细思考就会发现，专业经纪公司在与红人签约时，就已经考虑到了这一点。如果要签约的红人没有历史遗留问题，道德品格端正，价值观向上，行业口碑好，那么他出现危机的可能性本身就较小，就从根源上避免了危机。这个行业的顶端红人，往往也是人品和作品都好的人。

我检索了关于红人行业危机公关的理论研究，发现相关研究少之又少，大部分公关学、传播学的研究都集中于企业品牌的危机公关。从理论知识角度，我认为危机公关需要运用的知识非常多元化：既需要法律知识，因为需要知道这个事件会产生的最差后果，如果起诉或被起诉结果会怎样，这决定了是否有底气做强势危机公关；同时还需要行业知识和传播学知识，清楚这个行业的人都会用什么方法反击，经常用什么策略；最需要的核心知识则是社会心理学知识，做危机公关不能简单地就事论事，如果红人做出一些让人难以谅解的行为，危机公关要做的是，通过什么样的行动或声明让这个红人获得公众谅解，重新与公众获得良性连接，而这就需要负责危机公关的人通过心理学知识找到公众与红人之间的情感共鸣点。

相比于危机公关，我更愿意采用"法律公关"这一说法，即在做危机公关时，尽可能邀请法律领域的人士参加，基于从法律角度提出的意见，综合研判后形成公关合力。究其原因，我认为很多危机事件本身就很有可能演变成法律纠纷，法律人士的提前参与有助于判断事件的走向和预测事件的结果，从而匹配合适的危机公关处理角度和力度。

不过，有法律人士参与的危机公关也应注意避免走上另一个极端。从律师追求经济利益的角度来看，一些不经常做红人行业案件的律师往往只关注案件结果，认为案件如果打官司能赢就极力劝说客户打官司。在红人经纪行业，最后赢了官司但名誉一败涂地的事件也并不少见。法律纠纷的官司输赢和公众舆论的影响，是红人必须考量和权衡的天平两端。

因此，红人在进行危机公关时，最好在收集了法律人士对案件输赢的判断以及公关专家的舆情处理意见后，结合自身经验和行业规则，最终决定要采用的具体手段。

第三节　红人经纪人：被什么看见

上文我们分析了"被看见什么"，那些都是红人可以通过学习和实践获得的经验方法。接下来我要分析的"被什么看见"，可能就不是红人可以通过单打独斗轻松获取的了，它需要红人经纪人的参与和配合。

渠道资源：拓展发声路径

红人经纪人是一个很有意思的职业。读者可以思考一个问题：为什么现在优秀的红人经纪人大多要么是曾在视频平台、电视台、报纸或杂志等媒体工作的人，要么是从明星工作室的宣传、商务等基础岗位做起的人？原因就在于这些人掌握了各类媒体的渠道资源，有足够多的为红人"发声"的路径。此外，很多大品牌常年合作的广告代理公司和行业投资人也是极其重要的渠道资源。如果投资人看好某个红人，并且愿意为该红人投资影视剧，自然就会为红人加分不少。其实我认为这一现象并不全是负面的，毕竟红人总要有些本领才能被专业的投资人看上。

粉丝经济：转换价值能力

"被什么看见"的第一要义是要被潜在粉丝看见，但不能止步于此。"粉丝经济"一词往往与偶像类红人联系在一起，经纪人需要将偶像类红人之于粉丝的价值能力转换到普通受众身上，扩大粉丝变现的受众圈层。偶像行业常用的词语"出圈"就很好地表达了这种价值转换能力。偶像类红人本身红利期较短，一般集中在刚出道或走红之时，此时各类代言和商演蜂拥而至。这时，偶像类红人也应该做一些沉淀与积累自身能力的事情，如录制专辑、拍摄影视剧等，用专业能力寻求更高的知名度和更大的影响力。

品牌营销：商务开发能力

"被什么看见"还包括如何让适合或期望达成合作的合作方看到红人并最终达成合作。

我们不得不承认，红人工作中的确有一点运气的因素，如某广告代理公司或品牌方的负责人自身特别喜欢某个红人或想与某个红人接触，可能就会主动寻求合作。但这种情况毕竟是少数，品牌方通常会基于适配度进行综合分析。

之所以做红人的内容管理，就是为了保证红人对外展现的部分都符合红人想合作的品牌方的企业形象，比如希望与高奢品牌合作，那么红人的露出就应该更凸显气质。总之，红人对外呈现的是什么形象，就会吸引什么层次的品牌方。针对不同类型的红人，有不同的品牌营销方法（见图 1-6），我们将在下面分开讨论。

商业开发能力

一线红人：资源找人型　　　　　　　（1）内容管理做到位

中部红人：大显神通型　　——→　　（2）完整的商务计划

尾部红人：人找资源型　　　　　　　（3）适度定位及策划

图 1-6　品牌营销图谱

对于一线红人，我归纳为"资源找人型"，也就是供小于求，他们处在可选择位置上，要做的是选择那些更适合自己在这个阶段的形象的工作，也就是按照内容管理标准进行判断。

对于尾部红人，我归纳为"人找资源型"，也就是供大于求，品牌方处在可选择位置上，这类红人是最难开发的一种类型。首先，经纪人费了"九牛二虎之力"可能仍然无法找到资源，品牌方不愿意合作，或者愿意合作但不愿意付费。对此，我建议红人尽量选择与有知名红人或经纪人的公司签约，用他们的知名度打开自己的局面，或者通过与其他知名红人一起参加活动寻求曝光度。业内有经验的经纪公司通常也会采用这种方式发掘新人的价值。如原本知名红人进行一场商演的费用是 100 万元，经纪公司提交给品牌方的方案是该知名红人与某个尾部红人一起进行商演的费用也是 100 万元，而且只能二者一起演出。通过这种方式，让尾部红人有更多的露出机会。不过，有些知名红人会不愿意尾部红人和自己一起商演，但这是经纪公司需要平衡的问题。

对于中部红人，我认为这是最具有操作性的一部分群体，也最能体现经纪人的个人品牌建设能力。对于中部红人的品牌营销，我总结了如下几点。

第一，内容管理做到位。经纪人应匹配红人特质，找准定位，让红人更有辨识度，将其打造成市场上稀缺类型的红人。

第二，完整的商务计划。内容管理方向不能朝令夕改，否则市场上的品牌方和受众都不清楚红人的专业标签，红人与品牌的适配度就不会高。

第三，适度定位和策划。经纪人必须给红人做适度定位，但定位不能太过迎合市场而不考虑红人特质，不能做人设。人设一词其实是编剧常用词汇，用于描述虚拟角色，对真实存在的红人来说并不适用。特别是在当今网络如此便捷的环境下，红人不可能活在"真空"中，因此，做适度定位比做全局人设更符合现实情况。

本章小结

本章主要论述了红人影响力的本质。我将其总结为"被看见的能力"，并从"被看见什么"和"被什么看见"两方面进行拆解，具体包括内容管理、时间管理、情绪管理、危机公关、渠道资源、粉丝经济和品牌营销。

对于红人价值公式，读者应注意在实践中验证和使用。

思考

1. 根据《中间人经济》一书中提出的"中间人六角色"理论，你认为红人经纪人身上的这六种角色是如何体现的？请举例说明。

2. 以你自身或你熟悉的人为例，尝试用红人影响力本质中的"内容管理"理论设计个人标签。

第二章

红人分类

对红人进行分类看起来是一件没有价值的事情，因为这种分类并没有科学依据，甚至对于红人这一概念究竟是什么，也没有多少人能说清楚。比如，知名教师算红人吗？有一定影响力的自媒体运营者算红人吗？红人和公众人物之间的界限又在哪里？红人和艺人是等同的概念吗？这些问题都没有固定的标准答案。我认为，愿意打造个人品牌并具备一定影响力的人都可以被称为红人。据此，我对于红人做了简单的分类，这种分类仅是为了便于表达和研究，并不是学术层面的探讨。

第一节　红人分类总览

为了方便写作，根据权益或职业的不同，本书把红人分为游戏主播、网络红人、知识博主、原创音乐人和演员五类（见图 2-1）。

图 2-1　红人分类

上述分类中的前三类都属于运营互联网自媒体账号的人，但因其特殊性和交叉性，我将他们具体分为了三类。

第一类是游戏主播，也包括其他领域的主播（这类主播通常拥有一定粉丝数量，并且在所属平台上有一定影响力）。这类红人往往与游戏行业、直播平台的生态息息相关。不同于演员和原创音乐人等对外输出作品的方式较多，如拍摄影视剧、录制音乐专辑或出席商演，游戏主播输出作品的方式往往更有限、更依赖于平台，游戏主播的输出还依赖于上游的游戏开发产业，以上双重限制使得游戏主播往往只能在所属平台上拥有一定影响力，很难突破平台进入大众的视野。

第二类是网络红人，与上述游戏主播有些许相似之处。游戏主播是基于游戏而存在的，而网络红人则是个体户或由相关机构"孵化"而来的。此处的相关机构在行业内被称为多频道网络（Multi-Channel Network，MCN）机构，也可以理解为孵化众多自媒体账号的产品运营商。在这种模式下，通过将不同类型的专业生产内容联合起来，网络红人在 MCN 机构的有力支持下，保障内容持续输出，从而最终实现商业的稳定变现。因此，对这类红人的研究更多集中于对 MCN 机构生态的解构。

第三类是知识博主，在很多人眼里知识博主不能被称为红人，但在知识付费风潮兴起后，很多教师的确也具备成为红人的潜质，或者说不可避免地具备了商业价值，如薛兆丰老师就是典型的例子，在参加了一些节目后，他的商业价值节节攀升。当这些教师具备一定流量和人气后，就会有经纪公司找他们签署经纪合同，为他们量身定制提升影响力的路径，并将其打造为某个领域的红人。对于知识博主而言，他们也希望有个经纪公司来帮他们对接更多的付费授课机会，让他们更能传播某个领域的知识。这类红人与网络红人其实差别不大，但因其自身的职业属性和身份特征，他们有需要尤其注意的合规方向。

后面两类，即原创音乐人和演员是读者更熟悉的红人类型。

实践中，很多红人往往是以某个类别为主，兼具其他属性。举例来说，大多数以演员为主要职业的红人，也兼顾音乐等其他发展方向。而原创音乐人则主要是具有音乐原创能力的歌手，这类红人与其他红人最大的不同之处在于，由于法律对词曲创作有专门的著作权规定，因此这类红人往往更注重合作方是作为词曲著作权的代理商还是词曲著作权的受让者。目前，行业内与原创音乐人合作较多的经纪公司大多是红人在经纪合同期限内创作词曲著作权的独家代理商，这一方面避免了原创音乐人完全转让自身创作词曲著作权的情况，减轻其担忧；另一方面又较好地保障了经纪公司在经纪期限内需要利用词曲著作权对外授权获得收益的权利。当然，在这类合作中，红人也很看重经纪公司帮其录制和发行歌曲的能力。

以上，我按照自己的研究体系就红人类别做了简单介绍。接下来，我将基于红人类别具体探讨各类红人的合规运营方式。

第二节　游戏主播

电子竞技又称电竞，作为一个产业，其内部结构极其复杂，每个环节都需要专业人才运作。据统计，目前电竞行业的岗位空缺达 26 万个，需求职位方向达 36 个，其中包括电竞赛事运营、电竞心理分析师、电竞数据分析师及电竞管理人员等。[①] 而在这些职业中，也包括游戏解说员。

随着游戏和电竞产业的发展，游戏解说员这一岗位也慢慢具备了更多的商业开发属

---

① 张轩，巩晓亮.电子竞技新论［M］.北京：电子工业出版社，2019.

性，由于这类人既与直播平台相关，又与红人行业相关，因此是有着复杂、综合性质的红人类型，我称之为"游戏主播"。

游戏主播可以分为两类：一类是别人打游戏他来解说，另一类是自己打游戏且自己解说。这两类游戏主播有一个共同点，即都要依附于某个平台，要么平台自己作为经纪公司与主播签约；要么中间有一个类似于经纪公司的组织与主播签约，然后再与平台合作进行直播。总之，他们都离不开游戏直播平台。这与传统红人不太一样。传统红人具有多种输出路径，如电视台、互联网、户外演出活动等，因此不会受限于某个平台。

因为游戏主播的价值开发具有多样性，经纪公司与其合作的内容也变得更为复杂。合作中，常规的线上合作内容固不可少，如线上游戏解说、线上商务代理等，但实际上争议最多的往往是其他方面的合作内容，如知名游戏主播指导别人打游戏，或者自己直接开设游戏教学直播等。这类合作内容是否也应纳入游戏主播合作内容的范围呢？

独家直播：兜底违约金之不正当竞争

在行业尚处于比较混乱的状态时，平台关于游戏直播的签约大部分是"全约"，即游戏主播把其所有商业露出，不管是否与直播相关，不管线下部分或线上部分，全部授权给平台，似乎经纪公司变成一个只能从中赚差价的人才中介。很多大型经纪公司反对这种签约模式，平台的签约也逐渐演变成只保留与直播相关的线上部分，至于线下部分或其他与直播完全没有关系的部分，平台则保留非独家代理权，这样既将线上部分与线下部分进行了剥离，同时又保证了平台的积极性。

由此可见，游戏主播和游戏厂商、直播平台的关系密不可分。因此，直播平台的独家性是合作内容的重中之重。游戏主播应服从直播平台的内容安排，不在指定范围或指定平台之外进行任何网络直播和露出，比如不可以通过换一个昵称或虽不出镜但仍可辨识的方式在其他平台直播。

关于这部分合约的违约金条款设计，基本上遵循以该游戏主播前几年利润额（或经营收入额）的数倍和以某固定违约金数额中选择较高的一个为原则。比如，违约金可以是该游戏主播违约前一年的平均收入，即其基础收入、虚拟道具收入、线下收入等所有收入的数倍与经纪公司全部投入之和，不过根据这个公式计算出的数额可能不高。因此，还可以采取约定具体的违约金数额的方式。当主播违约时，这两种方式哪一种金额更高，就采用哪一种方式。

与直播平台的独家性相伴而生的是兜底违约金条款，这一条款针对的是游戏主播刚刚受到大量关注时，众多"挖角"事件引发的不正当竞争。当大笔投资进入游戏主播行业时，知名主播突然变成了"香饽饽"，各个平台不计成本地从别的平台"挖角"，因此产生了兜底违约金条款。我通过下面这个例子来分析这一条款相关情况。

某经纪公司主播原本在 A 平台直播，A 平台并没有违反合同约定，但 B 平台找到该主播，给他开出更高的工资，承诺提供更好的分成比例、更多的流量导入等优厚条件。于是，该主播在未征得原经纪公司同意的情况下，擅自跳槽到 B 平台直播。B 平台在兜底违约金协议中承诺，如果 A 平台起诉该主播，不管该主播最终被判决要支付 A 平台多少违约金，B 平台将全部予以承担。

显然，一旦有了兜底违约金协议，主播便可以毫无顾忌地违约。但这个兜底违约金协议对原经纪公司的不利之处在于，B 平台往往只兜底主播个人需要赔偿的部分损失，而不会兜底原经纪公司需要连带赔偿的部分损失（原经纪公司在与 A 平台签署关于该主播的独家直播协议时，协议中通常会约定经纪公司需要对主播个人的违约行为承担连带保证责任）。

有了这种助力不正当竞争的兜底违约金协议，一些主播便习惯性地跳槽，而且每跳一次，身价就可能涨一次。我要严厉指出的是，"羊毛出在羊身上"，所谓兜底，也只是一种垫付。主播在新签约平台上赚的钱，需要优先偿还垫付的违约金。

很明显，在这种情况下，法律规定沦为平台"挖角"的工具，这是对公权力和法律权威的极大挑战和蔑视。好在司法制度与时俱进，近年来发生了多起标的额在千万元以上的违约金赔偿事件，促使平台渐渐放弃了兜底违约金协议。

直播公会：最特殊的经纪公司

直播平台中有很多公会。公会其实就是游戏主播的经纪公司，但双方不一定签订纸质经纪合约。公会承担的角色也不太像专业经纪公司承担的角色，更像是平台为了约束主播而设置的一个管理者，是平台制约主播的一种手段。比如，公会规则里规定，主播不能在直播间诋毁他人，主播之间不能有利益勾结。公会通过这些规则制约主播，其实也是在帮助平台管理主播。

当游戏主播拥有一定数量的粉丝时，一般就会有公会主动与其接洽、联系，通过平台私信向其发出入会邀请。入会后，游戏主播的个人认证上就会显示其为某某公会成员，同时也会获得更多流量的支持。在这些主播中，如果公会觉得某个游戏主播的流量足够高，则会选择与该主播签订线下经纪合同。

对游戏主播来讲，同一时间段只能加入一个公会，而在平台内部的公会之间流动并不麻烦。如果游戏主播没有签订纸质经纪合约，按照平台规则，其他公会想要吸纳一个已有公会合约的游戏主播，可以选择赔偿此前那家公会，如赔偿其游戏主播的三倍月收入，就可以将该游戏主播吸纳到本公会；如果游戏主播想申请离开某个公会，可以在后台系统中申请解绑，如果公会对此不予理睬，则在一定时间过后就会自动解绑。

直播平台：主播收入核心来源

游戏主播的收入一般分为两部分，即线上收入和线下收入。线上收入又可以分为三部分，一是平台支付的基础薪酬（有些平台也称其为"补贴"），即平台根据内部定级、定档规则（如每个月需要完成的基本直播时长和内容要求），给每个主播发放的基本费用，以及每个月的奖励费用等；二是礼物分成，如以月为计算单位，直播礼物收入超过某一数额时，溢价部分则按照比例进行分配；三是线上商单，主要是在直播中进行广告植入等获得的收入。线下收入主要是演出活动收入，如线下演出、线下电子竞技比赛解说等。

这里分享一份某直播平台的奖励费用标准（见表 2-1）。

左边这一栏分为 1 到 15 级共 15 个档次。主播满足条件 a 和条件 b，就可以拿到基本薪酬。在此基础上，同时满足条件 c 和条件 d，就能拿到表格中对应的人气奖励基础合作费用。除了上述两种收入，还有全年营收奖励。比如主播在合作年度内达到了条件 a 和条件 b，且年度内礼物营收额超过约定数额的，还可以获得年度奖励费用。

表 2-1　某直播平台奖励费用标准

档次	a.当月直播天数（天）	b.当月直播时长（小时）	c.品类月日均直播人气（月日均ACU）	d.同品类平均直播人气排名（名次）	每月人气奖励基础合作费用（元）
1			≥5000	1～18	100 000
2			≥3500	19～25	70 000
3			≥2500	26～28	50 000
4			≥2000	29～30	40 000
5			≥1800	31	35 000
6			≥1500	32	30 000
7			≥1000	33～36	15 000
8	≥20	≥90	≥800	/	8000
9			≥700	/	7000
10			≥600	/	6000
11			≥500	/	5000
12			≥300	/	3000
13			≥200	/	2000
14			≥150	/	1500
15			≥100	/	1000

直播平台通过各种手段调动主播的积极性，吸引用户给主播"打赏"，使一些主播在这种模式下既可以获得人气流量，又可以获得收入分成。

主播解约：屡创新高的判赔金额

关于主播解约需要赔偿的违约金，一直是行业内的痛点。我研究了浙江法院关于主播解约的相关判例，并整理了如下关于判决金额、合同约定金额和起诉金额的对比数据（见表2-2）。

表2-2　主播赔偿金额

（单位：万元）

主播	判决金额	合同约定金额	起诉金额
戴某	50	50	50
刘某某	15	3000	1000
王某某	937	3000	1950
符某	299	500	300
曹某	360	3000	1500
裴某某	44	三倍年酬金	69

从表2-2中可以看出，在主播解约相关案件中，判决全部按照合同约定金额进行赔偿的很少。

此外，在司法实践中的主播解约相关案件中，大部分情况不是主播与经纪公司解约，而是主播和直播平台解约。在2020年前后，直播行业中几乎每个直播平台都对头部主播付出了不少"真金白银"。这类平台直播合约中约定的违约金比传统红人经纪合同约定的更高。

解约判赔金额主要与直播平台的损失举证能力相关。与传统红人经纪公司的投入成本难以计算和估量不同，直播平台的投入成本相对比较容易取证，最明显的就是前面提到的月基础合作费用和奖励费用。

直播平台在合作过程中也会注意收集有关自身投入的其他成本的证据。这类成本一般包括实际成本和机会成本。实际成本与传统红人经纪公司的成本差不多，包括直播平台运营技术支持、客户支持、自有渠道推广资源、付费和免费外部渠道推广资源、承接商业活动的成本等；机会成本则是指直播平台因推广所付出的时间和经济成本，以及本可以获得的更高的预期利益等。目前，直播平台为了提高举证能力，通常会把自身资源刊例价（如平台首页开屏广告、首页置顶位置等）作为直播合同附件并要求主播确认。既然成本已经在签约之时经双方确认，那么等到真正解约之时，直播平台往往只需举证提供过的相应资源即可计算出相应成本。这也是司法实践中直播平台与主播解约相关案件中，最终判赔金额都较高的原因。

【经典案例】

游戏主播"嗨氏"的天价跳槽赔偿
——江某某与广州 A 公司网络服务合同纠纷

主播在合作期间离开原直播平台跳槽到其他平台，属于重大违约。对于如何确定主播因跳槽产生的违约金，本案给出了答案。

案情简介 [①]

A 平台游戏主播"嗨氏"，即江某某 [②] 跳槽到 B 平台，A 平台所属 A 公司向法院提出诉讼请求：判令江某某支付违约金 4900 万元；判令江某某承担本案律师费 70 万元；江某某承担本案诉讼费用。

涉案服务协议中的排他条款约定：主播承诺在合作期间内，不得在竞争平台（包括但不限于 B 平台）进行或参与直播，否则属于重大违约。根据查明事实，江某某确实在合作期间在 B 平台直播，属于重大违约，A 公司有权依约向其追究违约责任。

江某某在合同履行期间的收益约为 1118 万元，法院以此为基数计算出五倍金额约为 5593 万元，同时基于 A 公司主张的违约金 4900 万元低于收益的五倍，认为 A 公司的诉讼请求与合同约定相符，支持了 A 公司的诉讼请求。

案件分析

在这个案件中，A 公司之所以获得了高额赔偿违约金，主要是以下几方面的原因。

第一，服务期限。在红人解约诉讼中，通常会考虑合同约定期限及履行期限；但在主播解约诉讼中，对上述因素的考量不多，原因是主播合同期限普遍较短，一般为 1 ~ 2 年，往往解约诉讼还未结束，合同已经结束了。

第二，平台自有商业开发风险。培养主播是一项高投入、高风险的商业行为，投资培养 100 个主播，可能只有 1 个能真正成为头部主播。即使培养出头部主播，也有可能出现合同到期主播未续约的情况，平台需要考虑投入产出比。

第三，用户观看量。对于平台来说，最直观的数据就是用户观看量，主播离开平台并非必然带走平台所有观看过该主播直播的用户，但平台可以通过同时段该主播在其他

---

① 判决书案号：（2018）粤 01 民终 13951 号。

② 为保护个人信息，本书中引用案例所涉及的自然人均不透露名字，读者可以根据判决书案号自行检索。

平台直播的数据对此初步判断。

第四，新用户引进成本。与用户观看量不同，主播流失可能会造成新用户引进成本的上升，如在有头部主播带动流量时，新用户更容易随之而来，从而增加了平台其他直播的观看量。最直观的例子是，头部游戏主播为平台吸引了大量用户，该游戏主播若与其他娱乐主播连线，或者将其他主播的位置放在该游戏主播的旁边，可以有效带动其他主播的流量。

第五，评估报告："嗨氏"案件中创造性地引入了评估报告，一审之所以支持 4900 万元的违约金，很大程度上就是基于该评估报告，二审虽将该评估报告改为参考使用，但仍然支持了 4900 万元的违约金，因此这份评估报告仍然有重要的借鉴意义。因为 A 公司是上市公司，所有数据均公开可查，因此引用该评估报告中的公开数据并不属于侵犯商业机密，但对于其他平台公司而言，这种方式则不一定可行。如果平台公司正处在融资阶段，则第三方估值价值也可以作为参考的数据。

刊例价：关于在主播身上投入了多少资源的证据方面，主播一般不会认可平台对资源投入的报价。对于这一点，建议平台在合同签署时，将资源包刊例价作为附件，并在每次投入资源时，发送相关资源投放清单要求主播确认。

第三节　网络红人

网络红人的商业价值主要体现在其自媒体账号上，所以自媒体账号是网络红人和 MCN 机构都会尽力争取的。

部分 MCN 机构只做账号代理，其经营基础就是账号价值。这类账号一般不以某个具体的自然人为主体，只要有同样质量、达到同样品控要求的内容能不断输出，这个账号即使脱离了出镜人仍有价值。"暴走漫画"就是典型案例，短视频里的那个人一直戴着头盔，即使后续换成另一个人，其团队仍然可以继续用"暴走漫画"的账号输出内容，并通过这个账号持续获得价值。

还有一种 MCN 机构则是为个人服务的，账号只是输出方式。经纪公司协助个人打造个人自媒体账号，等账号拥有一定粉丝时，就有了商业价值。这类账号与出镜人有较强关联性，如果出镜人与经纪公司解约，关于账号归属的约定就格外重要了。

关于 MCN 与网络红人之间的这种拉扯关系，我做了如下图谱（见图 2-2），接下来我将一一进行分析。

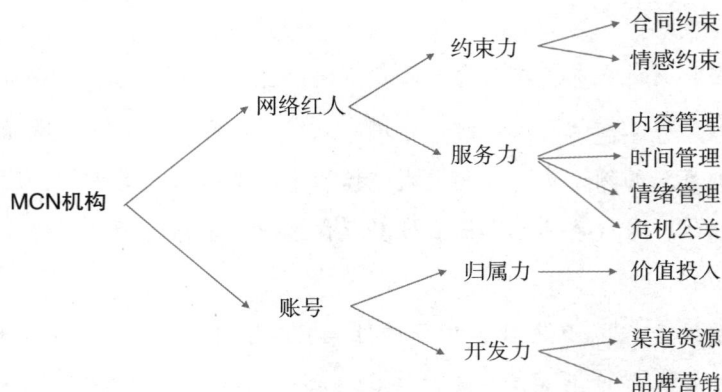

图 2-2　MCN 法商图谱

MCN 机构：内容输出与平台分发

艾媒咨询数据显示，中国当前只有不到 30% 的 MCN 机构能实现盈利，21% 的 MCN 机构处于盈亏平衡状态，近 50% 的 MCN 机构处于亏损状态。精确的数据背后，是整个行业竞争更加激烈的现实。能够抢占市场、获得发展的仅是少数头部 MCN 机构，大量中尾部 MCN 机构能够分得的资源很少。尤其是在部分平台要求入驻的 MCN 机构只能与一家平台签约的情况下，中尾部 MCN 机构的生存空间更是被严重压缩。基本上，20% 的头部机构与主播占据了 80% 的优质资源，剩下的 80% 的中小机构与主播只能争夺剩下的 20% 的资源，竞争异常激烈。①

要想理解网络红人如何合规运营，就不得不先了解 MCN 机构的存在基础。

2020 年 6 月 24 日，中国广告协会发布了国内首份《网络直播营销行为规范》（以下简称《规范》），首次对 MCN 进行了定义。《规范》指出，网络直播营销主播服务机构，是指培育主播并为其开展网络直播营销活动提供服务的专门机构（如 MCN 机构等）。本质上，MCN 机构是帮助与其签约的红人进行内容持续输出和商业变现的公司。专业的 MCN 机构应该提高自己对网络红人的"约束力"和"服务力"，用高效优质的服务留住他们，其能提供的服务包括以下几点。

第一，对网络红人的筛选和孵化，即挑选具备成为网络红人气质的人。MCN 机构和传统红人经纪公司在打造红人方面侧重点不一样，对于 MCN 机构而言，网络红人的外在形象几乎起决定性作用。

第二，内容持续开发。一个人往往很难持续输出有价值的内容，能够持续不断地生

---

① 吴晓波频道.直播启示录［M］.北京：中国友谊出版公司，2021.

产优质内容是 MCN 机构最有竞争力的特质，MCN 机构通过强有力的策划能力和编剧能力，对网络红人进行包装和定位，并根据网络红人的风格进行拍摄，帮助网络红人进行用户管理和粉丝运营。

第三，资源聚合效应。通过 MCN 机构获得的平台资源和通过个人获得的是不一样的，很多平台的流量推广资源往往只会分给 MCN 机构和头部主播，包括粉丝头条、视频流、官方账号转发、热门位置推荐等。因此，网络红人只有加入 MCN 机构才能享受上述推广资源。

第四，多平台分发能力。为了被更多用户看到，网络红人在制作短视频后，往往需要将其分发到各个平台，这是一项极其占用时间的工作。因为平台越来越多，每个平台要求的视频格式、封面等都不一样，所以需要专人从事剪辑和分发工作。

第五，商业变现能力。通过前期孵化和运营的账号，最终可以通过线上、线下的商业广告植入、直播带货等渠道实现商业变现。

【经典案例】

主播与 MCN 机构是否存在劳动关系
——李某某诉重庆某文化传播有限公司劳动合同纠纷案

网络主播与合作公司签订红人独家合作协议，通过合作公司的包装推荐，自行在第三方直播平台注册并从事网络直播活动，依合作协议获取直播收入。该种合作协议更接近于经纪合同，即合作公司实际上是网络主播的经纪人，通过向主播提供才艺培训、指导推广、宣传包装等服务，为主播提升人气和收益，从而与主播就其直播获取的收益进行分成。

因合作公司没有对网络主播实施具有人身隶属性的劳动管理行为，网络主播从事的直播活动并非合作公司的业务组成部分，其基于合作协议获得的直播收入亦不是劳动法意义上的具有经济从属性的劳动报酬。

案情简介[①]

某文化公司于 2016 年 6 月 27 日注册成立，在重庆市某处招募李某某从事网络直播，其招募海报中载明"寻找下一个百万网红主播，福利待遇为 3000 元至 1 万元保底，有

---

① 判决书案号：（2019）渝 01 民终 1910 号。

高额提成，定期组织才艺培训、指导推广、宣传包装，优秀主播月薪可达 9 万元，上不封顶，无须经验，本公司提供主播定期培训、主播形象打造"。

2017 年 11 月 29 日，李某某与该公司签订了艺人独家合作协议。该协议对合作内容、双方权利义务、权利归属、保密条款、违约责任等进行了约定。

签约后，李某某通过该公司在第三方直播平台进行注册账号，从事网络直播活动，李某某从事直播的过程中，其直播地点、直播内容、直播时长、直播时间段并不固定，收入主要源于通过网络直播吸引粉丝在直播平台上购买虚拟礼物后的赠予，直播平台根据与该公司的约定将收益扣除平台应得部分后转账给该公司，该公司根据与李某某的约定将收益扣除公司应得部分后再转账给李某某，转账时间和金额均不固定，有些转账名目上载明为"工资"。

李某某主张与该公司签订的艺人独家合作协议系劳动合同。

案件分析

第一，从管理方式上看，本案中的某文化公司没有对李某某进行劳动管理。

虽然李某某通过该公司在第三方直播平台上注册账号并从事网络直播活动，但李某某的直播地点、直播内容、直播时长、直播时间段并不固定，李某某亦无须遵守该公司的各项劳动规章制度。

尽管双方的合作协议对李某某的每月直播天数及直播时长进行了约定，并且该公司可能就直播间卫生、休息时间、就餐地点、工作牌遗失及损毁等问题对李某某进行处罚，但这些均应理解为李某某基于双方直播合作关系所应当履行的合同义务以及应当遵守的行业管理规定，并非该公司对李某某实施了劳动法意义上的管理行为。

第二，从收入分配方式上看，该公司没有向李某某支付劳动报酬。

李某某的直播收入虽由该公司支付，但这份收入源于李某某通过网络直播吸引粉丝赠送"礼物"的收益，该公司仅是按照其与直播平台和李某某之间约定的比例进行收益分配，无法掌控和决定李某某的收入金额，双方在合作协议中约定的保底收入应属于该公司给予直播合作伙伴的保障和激励费用，并非李某某收入的主要来源，故该公司基于合作协议向李某某支付的直播收入不是用人单位向劳动者支付的劳动报酬。

第三，从工作内容上看，李某某从事的网络直播活动并非该公司业务的组成部分。

李某某从事网络直播的平台由第三方所有和提供，网络直播本身不属于该公司的经营范围。该公司的经营范围仅包括直播策划服务，并不包括信息网络传播视听节目等内容。虽然双方在合作协议中约定该公司享有对李某某直播作品的著作权，但不能据此推论认定李某某从事直播活动系履行职务行为，故李某某从事的网络直播活动不是该公司业务的组成部分。

账号归属：网络红人与 MCN 机构的争夺

想打造网络红人一定要解决的一个终极问题是：经过 MCN 机构运营后的自媒体账号到底属于谁？

目前很多新红人会与 MCN 机构签约，此时如果新建一个账号，注册信息由 MCN 机构提供，那么这个账号从一开始就属于 MCN 机构。然而，现实中情况往往更复杂。大部分与 MCN 机构签约的新人是有一定流量的网络红人，他们在签约前已有账号，对此，MCN 机构的处理方式只能是在签约后将这些账号的使用权转移给 MCN 机构，包括账号的名称、密码及绑定的手机号（目前这类行为是否有效尚存争议）。但根据以往案例，虽然 MCN 机构掌握了账号和账号密码，但在修改账号密码时需要提供发送至绑定手机号的验证码，如果拿不到验证码，则无法修改账号密码。因此，谁能实际上掌握绑定账号的手机号的载体（如手机或 SIM 卡），谁就能在物理意义上控制这个账号。

不过，在现实情况中，绝大多数网络平台均要求进行实名认证注册，个人信息是平台方判断账号权利人的重要依据。因此，即使 MCN 机构与网络红人明确约定账号属于 MCN 机构，但按照网络平台规则，网络红人通常依然可以通过向平台方申诉，作为注册人重新获得该账号的相关权益。

【经典案例】

员工用个人信息注册社交账号进行公司宣传，离职时是否应返还账号
——杭州某网络科技有限公司与汤某某劳动争议案

网络社交账号因用户的注册而设立并排他性地直接被支配使用，被使用后会产生网络影响力，具有一定的价值，是一种网络虚拟财产，可以成为权利的客体。但如果员工在职期间使用基于个人信息注册的社交账号进行公司业务，离职时应该如何处理该账号的归属呢？

案情简介 [①]

2017 年 2 月 9 日，汤某某入职杭州某公司，双方签订劳动合同，约定汤某某在该公司担任内容运营。

2018 年 3 月，汤某某以其个人身份信息及手机号码注册了小红书账号。其间汤某某曾用该账号对该公司工作内容进行宣传，之后汤某某申请离职。

该公司要求汤某某移交原工作使用的小红书账号的运营管理权限。

案件分析

虽然汤某某于在职期间注册了该账号，注册后该账号用于公司宣传等工作，但汤某某在注册账号时使用的是个人信息，且双方并未约定劳动关系解除后该账号如何使用，这种情况下，该账号在劳动关系存续期间的使用情况并不足以导致账号权利人发生变更。

该公司主张其为汤某某报销了涉案小红书账号所发布文章的采编费用，并向汤某某支付了劳动报酬，但因涉案小红书账号所发布的系该公司的工作相关内容，相应的采编费用理应由该公司负担，该公司支付汤某某劳动报酬则系因为双方之间存在劳动关系，因而该公司以上述两事项认为其对涉案小红书账号享有权利，并进而要求汤某某移交该账号的管理权限，缺乏事实和法律依据。

同时，涉案小红书账号在使用过程中，可能会产生网络流量，并进而给公司带来商业机会并使其形成商誉，因而双方解除劳动关系后，汤某某负有协助、保密等附随义务，也负有不能利用该账号所形成的网络影响力从事损害该公司利益的行为等不作为义务。

有鉴于此，部分 MCN 机构用股东、法定代表人的身份信息或租借员工的身份信息注册账号。不过，近年来的司法实践中对租借员工信息进行实名认证的方式做出了否定性判决。

---

① 判决书案号：（2020）浙 01 民终 5899 号。

【经典案例】①

2020 年 9 月，卓某入职某儿童服装公司。为促进销售，该公司决定开设抖音账号用于售卖童装，并由卓某担任抖音平台客服一职。工作期间，卓某同意提供姓名、身份证号码、人脸信息等个人信息用于公司抖音账号的实名认证。卓某离职后，欲新开设自己的抖音账号，却发现自己的个人信息无法再进行实名认证并用于绑定其他抖音账号。

经了解，按照抖音平台的账号注册规则，抖音账号实名信息一经认证成功即无法修改，除非注销原抖音账号。卓某便联系该公司，表示自己已离职，希望公司同意注销由自己实名认证注册的抖音账号。但该公司认为，公司为运营该抖音账号已投入大量资金，该抖音账号属于公司的合法财产，注销账号将对公司造成较大损失，于是拒绝了卓某的请求。

卓某遂将该公司诉至瑞安市人民法院，要求删除涉案抖音账号中有关自己实名认证的信息。

经法院审理查明、抖音平台证实，提供实名认证信息属于用户注册抖音账号时的准入条件，且一经认证后则不能修改。在注册该抖音账号时，公司负责人曾告知员工卓某需要使用其人脸识别信息等，卓某同意将其个人信息用于该公司抖音账号的注册认证，而后由该公司实际运营该账号。此后该公司陆续投入了上万元用于短视频拍摄、抖音直播等，现账号粉丝量十余万人。

法院认为，被告服装公司主观上愿意配合原告卓某删除相应个人信息，但若直接注销账号将给公司造成较大损失；而抖音平台表示，可以根据相关法定事由或执行司法机关、行业主管机关依法做出的指令，对确需修改的实名认证信息予以协助修改。而且，通过司法途径删除抖音账号中由原告认证的身份信息不会给被告造成额外经济损失，原告也可以自主支配其个人信息，用于注册新账号。双方遂在法院的主持下达成调解协议，由被告配合原告对其个人实名认证信息予以删除。

考虑到个人信息的后续处理，法院在制发调解书的同时，一并向抖音平台发出协助执行通知书，要求其协助删除原告的个人实名认证信息。

除了主账号，很多红人还会建立子账号（即小号）。对于小号的归属，我们可以更灵活地进行处理。如约定在合作前三年内，红人不能私自设立子账号，三年后双方可以一起设立和运营子账号，在合约结束且红人没有违约行为时，可约定子账号的使用权归

---

① 案例源自瑞安市人民法院、温州市中级人民法院，因本文需要有删减。

红人所有。

关于账号的归属，还需注意各平台账号注册协议中的有关规定。例如微博用户协议中规定，微博账号持有人拥有的仅是使用权，所有权属于微博平台。因此，微博平台可以自行关闭或冻结微博账号。基于此，当网络红人与 MCN 机构发生纠纷又不愿意交出账号时，MCN 机构可以尝试向平台申请冻结账号。各位读者也可以去看看抖音、B 站、小红书等其他平台的用户协议，尝试进行分析。

网络红人孵化：建立与用户的情感连接

所谓孵化，类似于在传统红人经纪合同中加一个"试用期条款"，它不仅降低了签约难度和准入门槛，也扩大了选人途径。网络红人孵化阶段一般为一年左右，更短的可能只有三个月，更新迭代速度很快，也可能以某个时间段的粉丝增量或营收数据为标准，比如在三个月内合作账号的粉丝量没有达到 50 万人，则双方暂停合作。

孵化网络红人的过程与打造明星的过程不同。网络红人行业内有句话："明星在做自己，而网络红人在做社交。"传统明星与粉丝之间的关系是"90 度"仰望，粉丝一直觉得明星高高在上。现实生活中看到明星时，粉丝会觉得他身上闪着光，头顶有"光环"，是那种很遥远的人。而网络红人与粉丝之间的关系则是"15 度"对视，有一点儿高，但也只有一点儿，不需要仰望，粉丝会觉得网络红人就像生活中一个很厉害的朋友，会对他有一些好奇，有一些羡慕，有一些佩服，想去了解他，想买他推荐的产品，想模仿他的生活方式。这是因为表达上的关系亲近性会使得传播效能显著提升，用户更容易因关系亲近性而对网络红人产生认知与情感的共鸣。这种情感上的连接，正是网络红人进行粉丝积累和流量变现所需要的心理基础，也是网络红人孵化的底层逻辑。

不是所有人都适合从事直播和短视频行业，也不是所有人都能够成为网络红人。网络红人孵化过程对 MCN 机构来说，是不断直播、不断互动、不断试错和不断放弃的批量孵化过程。

第四节　知识博主

我一直认为，讲师等知识博主是未来的红人趋势，特别是当知识付费被更多人接受的时候。很多课讲得好、表达能力强，又在某些方面有一技之长的讲师，都有可能成为广义上的红人或公众人物，我将此类红人称为知识博主或知识官。

目前知识博主更多面向 C 端用户，其实能够满足 B 端需求的知识产品的商业价值更明显，企业更愿意为之付费。知识付费经过一段时间的发展，To C 的长尾效应并没有战胜 To B 的短尾效应。在知识产品消费方面，B 端的总体付费能力远强于 C 端。B 端的需求是多元化的，其对应的知识产品也是多元化的，这个特点体现在线上或线下传授式的培训中。线上的训练营、线下的拓展训练、直播的针对性答疑、有方向性的咨询项目等都是 B 端用户的需求。因此，面向 B 端用户的产品开发将大有可为。[1]

合作内容：知识开发的多种可能

第一，自媒体账号合作。这与网络红人的自媒体账号合作类似，读者可以参考前述内容加以理解。

第二，课程更新频率。如要求讲师保证每月至少更新多少篇文章或录制多少节课程等，以保证内容的持续更新和热度。如果不持续地定期输出内容，则容易导致粉丝流失。

第三，宣传推广方式。有些经纪公司乐于挖掘学校里讲课讲得特别好的讲师，尤其是大学讲师，并帮他们做线上课程推广，但某些讲师，特别是知名讲师的课程体系通常有一定要求，并不希望在宣传推广时断章取义，或为了吸引流量而在生产内容时抓取一些热点词汇。

第四，线下课程。很多知名讲师在线下讲课时出场费并不低。因此，线下课程出场费也是知识博主的主要收入来源之一。

第五，衍生产品。经纪公司可以帮讲师出书和卖书，也可以帮讲师把课程内容整理成书，比如"得到"课程的很多讲师出版的书，内容大致为其录制课程的文字稿。经纪公司甚至还可以帮讲师制作有声读物、开展电子商务，以及针对课程周边品牌进行深度开发等。

合作方式：签约课程平台或经纪公司

知识博主可选择的合作方式通常有两种。

一种是课程平台。在这种合作中，课程平台既是平台又是经纪公司，它利用自有或合作资源，将相关课程上架到所属平台，并根据实际需要提供推广服务，同时也帮讲师接洽各种商业活动，如"得到""混沌学园"等。

① 任康磊.成长势能：个体崛起与能力变现［M］.北京：人民邮电出版社，2022.

一种是经纪公司。这种合作方式对于讲师来说更为友好，合同中双方的权利与义务也更加平等。与签约课程平台不同，若签约经纪公司，讲师的课程通常可以在多个平台同时上架。

关于课程的合作方式，我总结为以下四种：录制独家、录制不独家、平台独家和平台不独家。录制独家，指的是讲师的所有课程都必须在某个经纪公司独家录制；平台独家，指的是讲师的所有课程的分发平台有且只有一个。在现实中，上述这几种方式可以进行自由组合。我在这里向读者分享一则"录制独家而平台非独家"条款，读者读了自然一目了然。

"在本合同期限之内，乙方[①]仅可在甲方的安排下录制本协议定义的知识类音视频节目，但除甲方可为乙方录制的上述知识类课程在相应平台上架外，乙方及乙方委托的第三方亦可将课程上架到其他平台。"

不过，无论是与课程平台还是与经纪公司签约，讲师通常都要配合进行相关的推广工作，包括但不限于转发微博及公众号软文、拍摄营销视频、拍摄写真照片和把课程内容分段剪辑并上传至微博、快手、微信公众号等。如"帆书"的用户可能会在抖音、小红书上刷到樊登老师的某些讲课片段。

此外，无论选择哪一种合作方式，对于讲师而言，他的价值主要都体现为他的授课体系和授课内容。因此，讲师的讲稿、教材、课程的权利归属是这类红人合规运营过程中的核心要点。讲稿、教材等的著作权一般属于讲师，但在合作期限内会免费授权给经纪公司进行代理营销和宣传推广。

发展前景：垂直细分领域更吃香

在行业内，如果要让讲师录制课程，一般经纪公司需要向讲师支付一定的费用，但基于双方共同进行开发的目的，费用一般也不会很高；也可以采用支付签约金的方式，如在合同签订时向讲师支付一笔费用，要求讲师在合同期限内开发出一定数量的课程。

关于分成比例，知识博主大多采用对半分成的方式。很多讲师本身有一些教育资源，通常，对于讲师自己对接到的商业活动，经纪公司的分成比例会低一些。

纵观目前的知识付费领域，其实已经越来越趋向于理性发展，专业化内容成为突围成功的关键。随着知识付费类企业数量不断增多，市场竞争逐渐加剧，一些行业痛点问

---

① 在本书中，未做特别说明的，甲方均指经纪公司，乙方均指红人。

题开始显现，除了知识碎片化这一问题，产品体验差、缺乏内容监督和评价以及高质量内容生产成本高、付费转化率低、复购意愿不强等问题也逐渐浮出水面，制约行业的发展。知识付费本身具有泛教育的属性，需要受众具有一定的行业认知并且有强烈的自我提升意愿和毅力，能进行深入且长期的学习。因此，知识付费产品的开发是一件高成本、长周期的事情，尤其在当前受众对专业化内容的要求越来越高的背景之下。未来几年之内，综合型、规模化的知识付费新平台将减少，但面向专业领域、特定场景、垂直细分用户群的知识付费平台仍有较大发展空间。[1] 因此，对于经纪公司来说，细分的垂直领域的知识博主更具备开发的价值。

第五节　演员

表演是通过演员自身来塑造人物形象的艺术。你的自身条件怎么样，适不适合成为演员，既要看外部条件，也要看内部素质。因为表演是"人演人"的艺术，演员本人既是创作的工具，又是创作的材料，也是创作的成品，如果演员本身不够好，是不可能完成塑造生动、鲜明的人物形象这一任务的。[2] 因此，演员不是谁都能做的。什么样的人能做演员？演员应该具备什么条件？有学者认为，理解力、想象力、表现力、感受力、幽默感、激情和信念感，是成为一名演员必备的基本素养。本节主要从演员的角度出发，探索合规运营的方向，我们先了解演员合同关系（见表2-3）。

表 2-3　演员合同关系

各方	各自权益	共同权益
演员	技能培训	合同期限 收益分成 成本扣除 违约成本
演员	出演机会	
经纪公司	演员"咖位"和可塑性	
经纪公司	投入测算	
经纪公司	盈利预测	
经纪公司	演员的品格素养	

如表 2-3 所示，在演员的合规运营中，演员和经纪公司的关心点并不一致。

---

[1]　张立，吴素平.中国数字内容产业市场格局与投资观察（2019—2020）[M].北京：社会科学文献出版社，2020.

[2]　王淑琰，林通.影视演员表演技巧入门（最新版）[M].北京：中国广播影视出版社，2016.

与其他类型的红人不同，演员更在乎自己的影视作品，特别是电影作品。他们最关心的是，经纪公司能否为他们对接更多更好的影视剧出演机会，提供影视技能培训。而经纪公司关心的重点则更宽泛，如演员"咖位"和可塑性，公司的投入测算（有一定流量和演技的演员需要的投入较少，至少不需要过多的影视技能培训）、盈利预测（当前的演出价格、商业价值等，综合测算后的盈利规模）、演员的品格素养（违法失德的可能性、保密素养等）。

合同期限、收益分成、成本扣除和违约成本则是双方共同关心的权益，也是演员合规运营的核心法商要点。

演技提升：常规和特殊培训

演技培训对于演员来说非常重要。在影视表演领域，专业学习是必不可少的。正如斯坦尼斯拉夫斯基在他的著作《演员的自我修养》中所讲，想形成表演体系，要对于剧本有长时间学习，对于其中剧情、人物甚至所有细节有所了解，必须要有长时间且高强度的排练。

由此可见，想从事演员工作的红人需要经过长时间的培训和技能培养，才可能成功地塑造角色。有些红人本身没学习过相关专业知识，只是对演戏有兴趣，那么对他们而言，经纪公司提供的影视专业化培训就非常重要了。演员一般都希望经纪公司能够提供资金邀请专业老师对其进行专门的培训，或者至少先对此垫付一部分资金，在双方进行演艺收入分成前再将这部分垫付的资金予以扣除。此类培训通常被称为常规培训。

在经纪合同中，此类条款通常会作如下表述。

"甲方为乙方安排台词、歌唱、肢体专业培训，所产生的培训费用由甲、乙双方按照各自 50% 的比例予以承担。甲方可先行垫付该等培训费用，双方同意该等费用可从演艺收入中提前予以扣除。"

还有一类特殊培训，又称项目培训。如拍摄特定的影视剧中有武打戏、特殊角色等，演员需要一些更有针对性的培训。这类费用可由经纪公司先行垫付，也可由聘请方支付。如经纪公司先行垫资，则作为常规培训，在进行演艺收入分成前予以扣除。这种情况在行业内比较常见，因此，未成名的演员经常面临入不敷出的情况。

在经纪合同中，此类条款通常会作如下表述。

"如乙方因拍摄影视剧或其他特定项目而需要特殊培训，如武术、骑马、跆拳道训练等，甲方会尽力争取该等培训费用由聘请方支付。如聘请方未支付，则双方按照分成比例予以承担。"

见组试戏：从失败中吸取教训

演员是一个需要一直被面试、被挑选的职业，这可能与歌手和偶像红人不太一样，无论多么有名气的演员，都需要见各种各样的剧组，甚至还需要试戏。

某工作室曾采访参与过电影《花木兰》试镜的演员蓝某某。《花木兰》女主角的试镜横跨不同国家，时间长达一年，试镜者近千人，蓝某某为了更贴近角色，自己找了开武馆的朋友学习舞剑、舞棍动作，但最终仍然遗憾落选。她说："我已经适应了试戏，从我出道开始一直到现在，我都记不清我去过多少剧组、试过多少戏了，试戏在我看来是很正常的一件事情。做演员不应该排斥试戏。大家看着演员好像光鲜亮丽的，其实我们与每一个刚毕业的大学生是一样的，如果有好的机会，也都要靠自己去争取，需要经过无数次试戏才能得到好的机会。"据她介绍，试戏过程基本上大同小异，先做自我介绍，看你是否适合这个人物角色，然后谈一谈你对这个人物的理解，之后是现场表演。

这里要着重强调的是，在演员的合规运营中，很多经纪人往往会忽视与演员沟通那些自己费心、费力协调了但最终却没能争取到的见组和试戏的机会。其实这些恰恰更应该让演员知道，至少让演员知道其目前在市场中的位置，或者各剧组的演员副导对其既往作品的印象，以及经纪人所做的这些幕后推荐工作。这不仅有利于经纪人与演员之间建立良好的沟通关系，而且在法律取证方面也是很关键的一环。在众多演员解约纠纷中，演员所持解约理由往往是经纪人没有做什么工作。如果能在日常交流过程中让演员知道经纪人的工作进度，则会大大降低双方产生摩擦的可能性。此外，如果参加试戏后没有成功，也不要气馁，而应将其视为一次学习机会，经纪人和红人应一起复盘，从每次的失败经历中收获经验、吸取教训。

品控争议：数量与质量保证

不同的经纪公司对演员有不同的打造方式。一类是本身有影视剧输出能力的公司，这类经纪公司既是经纪公司也具备影视剧开发和制作能力，一般会倾向于优先选用自己公司的演员，与演员的关系无疑更深。

更有挑战性的是另一类经纪公司，这类经纪公司更依靠外部影视剧。演员在与这类经纪公司的合作中，往往会希望在影视剧数量方面可以得到保证，而经纪公司则不愿意承诺会为演员对接具体数量的影视剧，因为一个演员最终能否争取到自己满意的角色，是一件很难预测的事情。因此，在这类经纪关系中，渐渐形成了一种折中的解决方案，相关条款表述如下。

"本合同生效后，在乙方可以胜任的情况下，甲方同意自本合同期限届满第三年开始，每年在甲方制作/出品的项目中至少安排乙方有酬出演一部以上作品，如因乙方拒绝或其他乙方原因致使未能实现本条款，则不视为甲方违约。"

又如：

"本合同期限内，甲方为乙方安排不少于三部影视剧拍摄机会。"

不过，在目前的环境下，演员也并非完全处于被动签署经纪合同的地位。市场上好演员很稀缺，演员也可以提出其合理诉求，但需设计出既不过分损害经纪公司的利益，风险可控，又让自己的诉求有保证的条款。读者细心阅读上述条款可以发现，这些条款中都藏着"小秘密"。第一个条款中从第三年开始才约定具体的出演作品数量，这很好地解决了演员签约前两年内可能因运营时间不够、名气不够导致不能接到合适戏约的问题，因此双方都较易接受第一个条款；第二个条款更普遍一些，将每年的影视剧参演数量保证拉长至整个合同期限，将"确保上映"更改成了"拍摄机会"，这一方面缓解了经纪公司的压力，另一方面也给予演员一定数量的拍摄机会的保证。

除了对影视剧拍摄机会的保证，有一定名气的演员还需要有对影视剧参演质量的保证。最常见的是，演员通常希望公司能为自己安排男主、女主角色，而不仅仅是配角；希望有参与院线电影的机会，而不仅仅是参与网剧等。实践中，演员与经纪公司经常因为这些事出现争议。作为经纪人，应尽量争取对演员最有利的演出条件，如在影视剧中要求将演员署名为男主或女主，从拍摄制作和最终呈现的戏份多少来确定具体情况，对手戏演员的名气、台词的多少也都是重要的衡量标准。

以戏签约：特殊的经纪关系

"娱理工作室"的一篇采访文章曾在 2019 年引起了轰动。

该文章称："平台分约成为演员经纪行业的新趋势。演员要想上三大平台的戏，就得同意和平台分片约。现在无论是六番还是八番内，都需要和平台分约，除非你是大红人。每个平台都有自己的分约模板，不同红人的分成比例也不一样。一般来说，如果是新人，平台分的就多；如果是有一定经验的演员，平台可能分四成。一些红人本身就有经纪公司，那就相当于一部戏的片酬，平台先拿走了 40%，剩下的 60% 由演员和经纪公司再分。一般来说，平台分约都是'2+6'的模式，一共分约八年。相当于你为了某部戏和某平台签约，接下来的八年都和这个平台合作了。"

但这在行业内并不奇怪，毕竟好的影视剧角色是很多演员争取的对象，而且一部好的影视剧的男主、女主的角色也的确很可能让演员"一夜成名"，因此演员为了能出演一部好的影视剧而与资源密集型的视频平台、影视制作公司、经纪公司签署长期经纪合约的情况并不少见。这也是为什么一个好的 IP 能够卖那么贵，因为好的内容在影视剧市场中始终稀缺。

在这类经纪关系中，更多的是只有代理关系，虽然平台或经纪公司依靠其强大的资源和人际关系能够给演员提供更多的演出机会，却较少对演员进行培训。当然，如果平台的资源和人际关系水平下降了，演员的演出机会骤然减少，掩藏在演员和平台间的矛盾也会渐渐浮现。因此，这类基于利益捆绑构建的经纪关系往往并不稳固。

身份体现：筹备演员工作室

演员工作室是行业内常见的组织形式（其他类型的红人也可以设立工作室，在此一并介绍）。早年间，经纪公司与演员的合作基本都是经纪公司与个人的合作，后来慢慢转变为经纪公司与演员工作室之间的合作，甚至有演员成立工作室，雇用员工独立运营的情况。

成立演员工作室给演员提供了更多的自主空间，演员对外也有了宣传和签约主体，看起来更正式、高端。因此，演员工作室是很好的经纪关系润滑剂，关键在于如何使用。当演员具有一定知名度时，经纪公司可以选择为其开设个人工作室，合作模式也可以更灵活一些，比如允许演员以个人工作室的名义对外进行宣传，为其工作室配备工作人员并让这些人员接受演员的组织管理。总之，可以给这类演员更高的自主度，但应通过统筹和管理财务、法务等核心人员及掌管工作室印章等对演员的个人工作室进行实际控制。

安全保障：购买保险和配备专业医护人员

演员是一份辛苦的职业，他们并非所有时刻都像我们在银幕上看到的那么光鲜。因此，在演员合规运营中，人身安全是演员首先要考虑的问题。行业内早已形成购买人身意外保险的惯例，经纪公司也应为演员向剧组争取办理医疗保险，毕竟很多演员不像其他职业的从业者那样每个月有公司缴纳五险一金，一旦突发疾病无法享受社保待遇。如能再购买一份商业医疗保险，对演员的保障则更完整了，也能有效降低经纪公司承担的风险。

在目前的演员聘用合同里，特别是综艺节目录制领域的聘用合同中，一般都会约定人身安全保护条款，如要求配备专业保安及完善的安保措施等，但医护人员并不被包含在常规配备条款中。很多节目组或剧组的医护人员形同虚设或根本没有，从而导致一旦发生危险，演员通常无法第一时间得到救治。事实上，录制综艺节目或在片场拍戏时，现场的环境大多较为复杂且存在不确定性，容易出现人身安全问题。特别是有些综艺节目和影片的拍摄选在偏僻的山区，这些地区的医疗资源有限，更容易产生无法及时就医的风险。

某男艺人在录制一档综艺节目时不幸离世，为整个行业敲响了警钟。因此，无论影视剧组还是真人秀等具有危险性的节目的制作方，均应派驻专业医护人员跟组，在第一时间发现危险并及时处理，争取黄金救治时间。这一点在这几年一些热播综艺节目中体现得尤为明显，当红人排练受伤时，医护人员基本都能随叫随到，很好地解决了因医治不及时而导致的很多纠纷。

还有一类不得不正视的风险，那就是猝死。虽然越来越多的新险种被开发，但这一类风险目前仍很难被商业保险机制完全覆盖。想降低这类风险，经纪人平时应多关心演员，善于发现其体质和心态变化，督促演员注意身体健康，以免在高压力和长时间的节目制作或影片拍摄过程中，因自身疾病原因加上过度劳累而猝死。对于从事一份长期处于高压环境、经常需要熬夜工作的演员来说，按时体检、随时监测健康状况是很有必要的。

第六节　原创音乐人

音乐行业涉及以下几类主体：词曲作者等幕后工作人员；歌手；经纪公司、唱片公司、版权公司；音乐演出公司；唱片店等实体销售渠道；电台 DJ、乐评人、音乐杂志等媒体；在线音乐平台；乐迷、听众；游戏、广告、影视、彩铃等相关获利者。这些音乐行业的参与者处于音乐制作、发行、传播、评价、演出、获利等一系列环节中。作词、作曲、编曲等幕后工作人员是一首音乐作品的灵魂；歌手演绎音乐作品，在其中打上明显的个人标签；经纪公司、唱片公司、版权公司则帮助歌手及其团队制作、发行音乐，并明确版权归属；规模较大的唱片公司还会负责音乐的推广、传播，围绕音乐的营收进行讨论。①

原创音乐人作为其中最主要的一环，身上的权利种类最多也最复杂：一方面是关于词曲著作权，其权利归属往往是歌手合规运营的重中之重；另一方面则是关于表演者权和录音制作者权（见图 2-3）。

本节主要针对原创音乐人的合同关系进行梳理，关于词曲著作权和录音（像）制品权的部分则会在后续章节中进行分析。

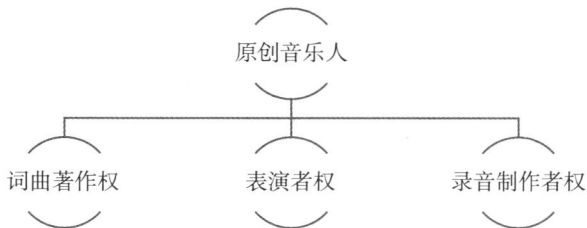

图 2-3　原创音乐人的权利

专辑：各种各样的音乐定义

音乐产业几乎每十年就会被新技术颠覆一次。慢转密纹唱片在 20 世纪 50 年代和 60 年代取代了 78 转胶木唱片；盒式磁带和八音轨磁带在 20 世纪 70 年代风靡一时，但在 20 世纪 80 年代却让步于随身听及激光唱片；20 世纪 90 年代出现了 MP3 播放器和数字下载技术，21 世纪初出现了 iPod；如今风靡世界的是流媒体。你只要看一看自己淘汰了多少设备，就能明白技术进步的速度。②

同样进步的还有各种音乐名词，这些音乐名词的定义与法律定义不太一样，我举几个例子。

第一，音乐专辑。目前没有权威定义，一般来说，一张音乐专辑包含的作品数量不少于十首歌曲。

第二，Live（现场）精选单曲或专辑。有些歌曲并不是在录音棚里录制的，而是在音乐节、演出现场等同期声录制的，里面包含了当时的氛围和观众互动等，包含一种交互体验，一般这种歌曲也会在名称上备注"Live"字样。

第三，EP。这是近几年才出现的概念，EP 中的歌曲数量有时只有一首，一般是三首左右，算是顺应音乐市场急速发展而产生的一个概念，因为攒够十首歌曲要用的时间

① 王诗沐.幕后产品：打造突破式产品思维［M］.北京：电子工业出版社，2019.
② 艾伦·克鲁格.摇滚吧，经济学［M］.马韧，路旦俊，译.长沙：湖南文艺出版社，2020.

太久，只发一首歌曲又略显单薄，EP 的概念因此应运而生。

乐队：极具商业开发价值

一些综艺节目让商家看到了乐队的开发潜能，越来越多的经纪公司开始挖掘乐队资源，并按照乐队中每个人的性格特点对他们进行包装。有意思的是，乐队少则三人，多则五六人，但比起单个歌手来说，反而更好运营。因为乐手之间本来就互相信任，因此也较容易形成合力。

乐队巡演是乐队价值开发的重中之重。某乐队经纪人曾自述其在乐队巡演过程中的工作：经纪人需要整体确定好巡演时间，规划好城市，谈好合作，但一般不会跟乐队去现场。现场主要由巡演经理负责，他们长期带队在外出差，一年平均能带三四支乐队。音乐人只是去演出，而巡演经理则需要从预定场地、做路线规划到预订酒店、火车票、飞机票以及对接场地，再到吃住行、调音、设备租赁、演出、检票、签售、回酒店等的所有环节都踏踏实实地做好，之后还可能会涉及对接媒体。巡演经理还需要对全国上百家小型演出场地的分布了如指掌；会做城市路线规划，了解怎样又快又省钱地到达目的地等。

乐队的开发价值还有一部分体现在衍生产品上。如 2021 年 11 月，Epic Games 宣布收购《摇滚乐队》系列游戏开发商，后者在保持现有项目开发的同时，还把"独特音乐游戏体验"带到热门游戏《堡垒之夜》和 Epic Games 正在打造的元宇宙之中。

版权：音乐人保留的核心权利

音乐人签约了经纪公司后，词和曲的著作权是属于经纪公司，还是仍属于词曲作者？这是音乐人最关心的问题，也是合规运营中必须解决的问题。[1]

对于涉及音乐人的业务，我给出了一套适用于法律规定和行业规则的总体逻辑："词和曲的著作权一般仍归属于音乐人自己所有，但在经纪合同期限内，音乐人委托经纪公司进行独家代理。"这种模式较好地解决了音乐人执着于词和曲的权利归属和经纪公司需要控制音乐人的词和曲来获得利益的矛盾。

我们需进一步思考的问题是，经纪公司出资制作的歌曲的著作权属于谁？

答案是：属于经纪公司，并且音乐人应将自己词和曲的著作权、表演者权（如果由音乐人自己演唱）永久（也可以约定某个期限）免费（也可以约定对价）授权给经纪公

---

[1] 读者如果感觉阅读此部分比较吃力，可以先阅读本书关于版权的部分。

司在这首歌曲中使用，不可转让的人身性权利除外（如表演者权中的"表明表演者身份"和"保护表演形象不受歪曲"的权利）。

同样，我为读者梳理了这项约定的法律规定和行业规则的逻辑基础："谁出资，谁就享有录音制作者权，也就是母带（Mater）的所有权。"这也是为什么很多音乐人在与经纪公司解约后，很难再使用合作期内由经纪公司出资制作的歌曲。当然，如果词和曲作者本身为音乐人或音乐人获得了词和曲的单独授权，则音乐人只需重新灌录一次即可形成新的录音制作者权，就可使用这个重新录制的母带了。

【实务探讨】

音源的保密方式

在项目初期，持有方在需要交付音源、剧本、节目模式等绝对保密资料时，总是不放心直接交付。虽说签订保密协议在目前实务中较为常见，但如何鉴别信息流出的渠道，如何举证证明损失等，都是非常棘手的问题，况且大部分机密信息的泄露是不可逆的，有时候持有方因为信息泄露不得不重新创意、重新设计，损失巨大。那么，究竟有什么方法可以更好地对音源等资料进行保密呢？

1. 使用特殊介质

技术发展使得这种方法可以实现。有一种介质只能被播放一次，其效果类似于"阅后即焚"。这种介质可以在极大程度上解决信息泄露的问题，但仍存在可能被现场录音、录像和备份的缺点。

2. 签署保密协议

保密协议仍然是不可或缺的。虽然存在前述的各种问题，但保密协议可以起到震慑对方的作用，因此仍然需要签署。

3. 现场播放

当然，最有效的方式是现场播放，这在音乐创作领域是比较常见的做法。

4. 发送片段

有时候也可以选择只发送片段，仅发送非核心部分或主旋律部分等，其他部分做截取处理，这样可以避免全部作品泄露的问题。

5. 发送不清晰版本

音乐作品可以发送质量较低的版本，影视作品可以发送低清版本。

6. 文字作品发送大纲或人物小传

文字作品可以选择只发送大纲、人物小传等，或者制作成PPT，以避免作品提前泄露或被抄袭。

7.尽可能减少中间环节

关于保密信息的流转，应该尽可能减少中间环节，最好能直接发给最关键的人物，而无须通过很多人，不然很容易在中间环节造成作品的泄密。

以上这些方法可以综合使用，以便最大程度地保护机密信息。

授权：清晰完整的版权链条

与音乐人相关的业务很多时候都会出现音乐人词曲作品和歌曲的授权问题，因此，音乐人需要比较深入地了解版权知识。本书后面的章节会作详细介绍，在此我先向读者分享音乐人作品常见的几种授权方式。

第一，行使作品复制权。即把歌曲制作成复制件，如将某首歌曲复制到移动硬盘里。

第二，行使作品改编权和表演权。即授权别人改编、翻唱，如将某首词曲作品授权给综艺节目中的其他歌手通过改编方式重新演唱。

第三，行使作品信息网络传播权。即授权在互联网上传播作品，如将某首歌曲授权给某音乐平台并允许其用户在线收听和下载；又如将某首歌曲授权给电影制片方用在其制作的网络电影里当作背景音乐，行业术语称之为"影音同步权"。

此外，关于授权收入的结算，也是很多音乐人所关心的。音乐授权收入比较多元化、琐碎，除上面的几种方式，还有 KTV 使用、线下商场使用等，虽然每次使用所带来的授权收入并不多，但授权次数多，场景丰富，如单次进行结算则会比较麻烦。为了简便易行，可以约定金额在没达到某个数字之时（如 1000 元），即便到了结算期，经纪公司也可先保留而不做结算。

结算：各音乐平台的结算规则

音乐人常常担心一点：合同中要求唱片公司将歌曲下载和唱片销售的收入按某一具体比例分配给红人。正如经济学家理查德·凯夫斯所指出的："从红人的角度来看，这带来了道德风险问题，因为唱片公司掌握着决定红人收入的数据。"唱片公司瞒报销售额、少付给红人版税的例子十分常见。财务行为中的潜在道德风险导致人们对此通常采取一种更显而易见的策略，可以概括为"可以信任但是需要核实"。红人如果有能力让他们的经纪人审计唱片公司的账簿，他们就能从中获益。[1]

同时，在唱片制作过程中，成本负担情况也是平衡双方关系的重点，成本到底是由唱片公司垫付，还是由唱片公司承担？我理解的是，正所谓"羊毛出在羊身上"，即便是由唱片公司承担全部成本，唱片公司也会在后期收益分成中通过扩大自己分成占比的方式收回该部分成本。

关于音乐平台的结算规则，在此也为读者做简要介绍。虽然平台的具体结算规则变动比较频繁，但整体逻辑是不变的。基本公式如下：

$$版权收入 = 付费数字专辑或单曲的销售总收入 \times （1-渠道成本比例）\times$$
$$版权方分成比例 \times 版权方拥有该授权作品权利比例$$

假设渠道成本比例为 40%，版权方分成比例为 50%（大多数版权公司的分成比例），版权方权利比例为 100%（即拥有完整著作权），一共卖了 200 元，那么音乐平台进行结算后可以获得 $200 \times 0.6 \times 0.5 \times 1 = 60$ 元。

其他各种类型的收入计算方式，基本都是这个公式的变形。比如订阅用户付费型授权收入的计算公式为：

$$订阅用户付费型授权收入 = 付费用户订阅价格 \times 付费用户数 \times （1-渠道成本）\times 该首$$
$$授权作品使用比率 \times 授权方分成比例 \times 授权方拥有该首授权作品权利比例$$

这里的关键是"该首授权作品使用比率"，不同平台的规则可能有所不同，但这一数据一般是指该结算期内包月业务中的付费用户音乐在线下载和在线试听业务中，该首授权作品在包月业务中的使用次数占相应业务所有授权作品使用总数的比例。至于听了多长时间才算是有效收听，不同平台的规则有所不同，所以不能一概而论。此外，关于打榜收入、线上 KTV 收入分成等，不同平台的算法也都不一样。

我对腾讯音乐和网易云音乐的原创音乐人入驻协议的有关条款进行了对比分析，供读者参考（见表 2-4、表 2-5、表 2-6）。[2]

表 2-4　综合友好程度比较

条款	腾讯音乐	网易云音乐
入驻身份	三种身份：音乐人（歌手、词曲作者——发歌，出售词曲作品）、机构（唱片公司、厂牌——发歌，出售词曲作品）、视频达人/主播	一种身份：网易云音乐人（歌手、编曲者、词曲作者、制作人）

[1]　艾伦·克鲁格.摇滚吧，经济学［M］.马韧，路旦俊，译.长沙：湖南文艺出版社，2020.

[2]　表 2-4、表 2-5、表 2-6 由上海音乐学院艺术管理系 2019 级学生杨祎选整理。

（续表）

条款	腾讯音乐	网易云音乐
全球发行平台	QQ 音乐、酷狗音乐、酷我音乐、全民 K 歌、5sing，Spotify、Apple Music、KKBOX 等	Apple Music、KKBOX、my music 等
音乐人课程	针对音乐人的大师课"TME 音乐学堂公开课"，分为专业提升类、版权科普类、推广运营类	音乐人进阶指南、音乐大师课
音乐人培养计划	各种比赛、形式丰富的创作活动。产业联盟：舞台推送、综艺（明日之子、乐队的夏天）、动漫（bilibili）、游戏（王者荣耀）	各种扶持音乐计划：石头计划、词曲创作大赛、硬地围炉夜、硬地原创音乐榜
音乐人推广计划	推新推优：优质歌曲可获亿级曝光，AI 智能评估打分推广，努力会被听到。四个计划：s 制造、星曜计划、银河计划、乐动计划	粉丝积累与推歌：云贝推歌、直播、Mlog、云圈、云豆兑换
版权服务	TME 版权服务：音乐人的律师事务所业务包括普法类、固定证据（区块链认证，首都版权联盟实时出具原创证明下载可作为证据直达法院）、维权（帮音乐人解决所有侵权、24 小时网络监控侵权情况）	提供版权保护
独立的 Beats 交易平台	无	BeatSoul：免费 Beats 下载、热门 Beats 交易
智能创作平台	无	智能创作：AI 智能作曲、Amped Studio 在线创作

表 2-5　音乐人收益比较

条款		腾讯音乐	网易云音乐
收益来源		会员付费、单曲订购、广告分成、乐币打赏、数字专辑、推荐广告、NFT 售卖（基于 NFT 技术的数字藏品）、伴奏收益（K 歌、直播）、伴奏打赏、翻唱分成、词曲交易、直播礼物、演出收入、巡演赞助	点播分成、会员包收益、赞赏收入、数字专辑、词曲交易、广告分成、直播打赏、商业化合作
基于歌曲的收入项目		点播分成、会员包收益、赞赏收入、数字专辑、词曲交易、广告分成、直播打赏、商业化合作	会员包、数字专辑、赞赏、广告分成、作品点播分成、云豆
签约模式		三种：独家签约 / 非独家签约 / "自制唱片合作"签约（音乐人接受平台委托，提供表演演唱并制作录音制作服务，向平台交付录音制品、转让录音权利，与平台达成词曲版权独家授权合作，授权期不超过三年。签约后，十二个月内，收入100% 归音乐人，还有无上限 100% 分成。广告收入、会员收入、乐币收入 12 个月内 100% 无上限分成，十二个月外 60% 分成无上限，优于签约非独家单曲和独家单曲）	两种：独家签约 / 非独家签约
结算规则	付费单曲、专辑收入	基本计算公式一致，但腾讯音乐要求售卖歌曲超出保底数量再结算	
	付费音乐服务（包月）	基本计算公式一致，但腾讯仅计算使用次数，网易云音乐强调有效使用（30 秒以上的播放）	
	单曲购买收入	针对在线音乐购买业务	—
	免费单曲收入	—	以网易云音乐广告税后收入为基数分成

表 2-6　版权管理比较

条款	腾讯音乐	网易云音乐
是否可以删除自己的作品	如果是已经签约的歌曲则不支持用户删除或者修改。 已签约的授权合作作品歌曲不可删除，若该签约作品歌曲涉及非原创／盗传／抄袭／敏感内容等问题，腾讯有权单方面采取下线处理。已签约的授权合作作品，可在作品管理中修改歌词内容或替换歌曲音频文件	可以。但是以下两种特殊情况是不能立刻下架的：歌曲参加了付费合作，包括：付费会员包、数字专辑（私信联系"原创君"核实后，进行下架操作）；歌曲开通了赞赏功能（需要关闭赞赏后再进行下架操作）
ISRC 国际标准录音制品编码	—	音乐人需将歌曲独家授权给网易云音乐，独家授权的歌曲可通过云音乐免费申请 ISRC
上传词曲出售 demo 时需要授权吗	不需要。腾讯音乐人词曲交易平台，为更好地服务词曲创作者，在上传词曲 demo 时，作者无须将作品授权给平台，作者仍然持有作品所有权利	—
上架独家授权期限	三个月	六个月
词曲作者支持机构入驻吗	支持，目前支持词曲创作者入驻成为词曲作者，同时也支持机构上传词曲 demo，进行出售	暂不支持词曲机构入驻
续约与解约	可以，作品到期前三天，系统将开放删除入口，如上传者未及时删除，则表示有意续签，系统将帮忙自动续签	作品上传后，到期前两个月将发出作品授权到期通知，如希望不再续约，及时进入词曲管理模块操作对应歌曲；为确保作品能符合推荐和匹配的条件，未发起解约的，将在六个月独家授权到期后，进行自动续约，续约时长仍为六个月，授权形式独家
词曲版权税分成比例	—	第一位词作者与作品上传者签署协议后，所有词作者都将使用该比例，不允许修改。第一位曲作者与作品上传者签署协议后，所有曲作者都将使用该比例，不允许修改

第七节　分约与共享经纪

纵向切割了红人的业务种类后，本节我想和各位读者从另一个角度来分析红人经纪关系，具体分析各个经纪公司之间是如何进行合作的。

分约关系：个性化和专业化诉求

所谓术业有专攻，集红人经纪和文娱制作于一体的公司毕竟是少数，而且这类公司的资源也多半集中在某个或某几个方面，如影视、音乐、综艺、直播，很少有一家公司能够集所有资源之长。让专业的人做专业的事，从不同角度开发红人的价值，可能更符合红人行业的发展方向。因此，红人分约也越来越成为行业常态。

从法律本质的角度来看，分约关系仍然是委托代理关系，即原生经纪公司将自己对于签约红人的演艺事业经营管理权限委托给其他经纪公司。分约过程中，原生经纪公司能够从红人身上获得更大的价值变现，这是分约的底层逻辑。

关于分约的类别，包括音乐部分的唱片约、演员部分的影视约、综艺约、直播约、商务代理等，都可以成为分约的界限和标准（见图2-4）。目前，行业内并没有对此做出严格的区分。

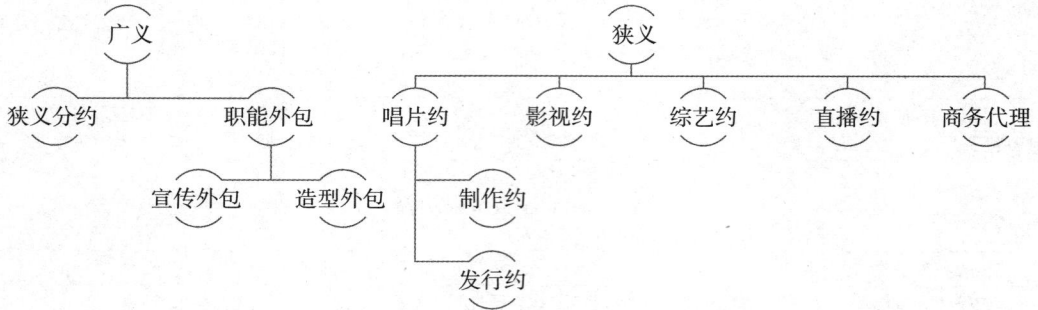

```
                广义                                              狭义
                 │                          ┌──────┬──────┬──────┬──────┬──────┐
        ┌────────┴────────┐                唱片约   影视约   综艺约   直播约   商务代理
     狭义分约           职能外包              │
                         │                  │
                ┌────────┴────────┐        制作约
              宣传外包          造型外包       │
                                           发行约
```

图 2-4　红人分约类型

此外，随着红人分类越来越细化，特别是自MCN机构诞生后，相继出现了很多从某角度、某维度可以为红人提供更加垂直的服务的经纪类型，如运营自媒体账号，包括提供直播和短视频的拍摄服务等。传统红人经纪公司通常对直播和短视频等自媒体账号的开发并不熟悉，其资源主要集中在传统媒体上，面对新媒体开发、自媒体账号运营，这些经纪公司往往鞭长莫及，因此就需要MCN机构的助力。严格意义上来说，MCN机构提供的这种服务不能被称为与经纪公司分约，MCN机构更多地扮演类似于长期供应商的角色，经纪公司进行职能外包，甚至是宣传外包、培训外包等。有些经纪公司的宣传途径和渠道资源较少，于是选择把宣传业务整体打包委托给某家公司；有些经纪公司的影视资源较丰富，但时尚资源较欠缺，此时就可以把演员的时尚造型这部分工作委托给某家公司。这就是广义的分约。

读到这里，读者可能会想，所谓广义的分约似乎可以无限延伸下去。当红人行业到达一定标准，行业分类足够精细的时候，的确如此。如唱片分约，还可以进一步分为唱片制作分约和唱片发行分约。有些唱片公司擅长收歌、选歌并制作成专辑，但并不擅长发行，此时可以将该项业务委托给另一家公司。

随着红人产业链的专业化分工越来越精细，签署全约合同的经纪公司也并不多见了，并且红人的权利意识渐渐加强，真正愿意签全约的红人也越来越少。我认为，经纪行业发展模式会渐渐变为红人分约模式。如成熟红人发展到了一定程度后，基本上都会选择成立自己的个人工作室，目的就是最大程度地节约人力成本。毕竟不是每个领域的顶尖人才都愿意只服务于他一个人，所以除了基本助理，大部分的商务代理、影视、综艺等，红人都会通过分约的方式与其他更有实力的人或公司合作。这种分约是红人的个性化和专业化诉求带来的自然结果，更加适合红人行业的发展，对向垂直领域和专业化方向发展的经纪公司也更加有利。不过，目前的情况是，如果原生经纪公司把红人影视分约给另一家公司，在与这家公司的合作过程中，红人的心可能会慢慢跟着走了，最后可能会让红人被别人"带走"。这种情形并不少见。只有依靠"行业人"的觉醒和自律以及"法律人"提供的案例标准，才能慢慢促成专业、有序的红人经纪分约市场。

核心内容：各自经纪范围的确定

分约形式的核心在于如何界定分约范围以及因分约产生整体商业价值提升后的利益分配方案。

以新媒体分约为例。究竟哪些范围内的演艺事业属于新媒体分约？如果红人的演艺事业因新媒体分约得到了爆发式增长，从而带来了红人整体价值的提升，那么负责新媒体分约的公司又该如何保障自己能收回成本，如何处理分约到期后的收益分配问题？

我们先来看如下条款对于新媒体分约范围的确认。

在本协议期限之内，甲方（指原生经纪公司）委托乙方（指分约经纪公司）独家运营甲方签约红人所有直播和短视频等自媒体平台账号（新浪微博除外）。乙方全权代理甲方及甲方签约红人处理其上述自媒体平台的所有运营事宜以及商业或非商业活动，包括但不限于：双方进行通过抖音、快手、虎牙、斗鱼等直播或短视频等本合同约定的自媒体平台账号输出和露出的下列所有合作。

1. 新媒体使用：签约红人的姓名（包括昵称、艺名等）、形象、肖像或声音，通过图片、视频、短片、直播、录音录像制作等任意内容或载体进行使用、露出的。

2. 商务活动：签约红人参与的商业性或非商业性的各项活动，包括但不限于歌曲表演、演出、电视台节目、广播电视节目、访问、演讲；复制并出版发行报刊、录音录像制品。

3. 广告活动：提供广告项目及内容，在双方约定的自媒体平台账号中发布、宣传推广，参与广告拍摄、担任代言人。

4. 衍生品开发：衍生品的开发、制作与售卖。

5. 电商开发：包括一切在互联网上以售卖商品的形式进行的所有电商开发。

6. 其他通过自媒体平台账号输出和露出的所有形式的内容。

在该范围确认条款中，虽然罗列的经纪内容类似于全约合同，但都有一个前提条件，即"本合同约定的自媒体平台账号输出和露出的"。我将新媒体分约的范围限定在自媒体账号输出和露出的内容内，不管"内容"是什么，只要通过分约公司运营的自媒体账号露出，即纳入分约范围。换句话说，我采用的是"渠道"标准而非"内容"标准。细心的读者会发现，在这个条款中，有一处被标注为"新浪微博除外"，读者可以思考我为什么要做这样的除外约定。

同样，新媒体分约所带来的整体价值增值也是需要考虑的一点，关于这一点，我将在后面讨论新媒体分约时进行分析。

接下来，我将分享几种最常见分约形式，分别是：音乐分约、影视分约、商务分约和新媒体分约。

音乐分约：选择人还是音乐

关于音乐分约需要注意的是，这种分约以音乐人的音乐演艺事业为标的，还是以录制唱片为标的？通常，音乐分约指的是歌手将音乐演艺事业交由其他经纪公司（多数为唱片公司）来策划和运营，包括唱片录制、参加音乐类综艺节目、音乐作品授权等。这意味着音乐分约一般以音乐演艺事业为标的，而不是以录制某张唱片或音乐产业的某个环节为标的，后者更类似于录制唱片委托服务。

录制唱片无疑是音乐分约的核心业务，因为必须有基础的音乐作品，音乐分约公司才能运营产品，这类分约的合作双方往往多为原生经纪公司与音乐制作公司。

音乐分约公司各有不同的擅长之处。过去，人们习惯按摇滚与流行、主流与小众等标准进行分类，民谣、电子、hip-hop、爵士等音乐风格在国内始终处于相对不被关注的位置。随着国内新音乐20多年的发展，加上互联网和在线音乐播放器的发展，人们想获取信息比过去更加便捷，各音乐平台也开始按风格将海量歌曲分类展示。在这个过程中，人们听音乐的习惯也逐渐发生改变，从"泛"到"专"，原来的小众音乐风格势必越来越被人们了解和接受。[1] 因此，很多唱片公司开始专注于某一风格的音乐并致力于做得更好，自然也就收获了各大红人的青睐。如摩登天空按音乐风格设立了子厂牌并进行分类运作，也因此助推和引领了"民谣热"和"嘻哈热"。

此外，音乐分约也是中国企业吸引海外红人的一条"捷径"。许多海外红人往往已经有了本国的经纪约，但又看好中国的巨大市场潜力，因此想来中国发展，此时采用音乐分约便是最方便、最直接的一种模式。如2019年1月，摩登天空正式推出国际红人预订服务和国际红人演出代理业务线（Modern Sky International-artist Booking Agency,

---

① 建投华文投资有限责任公司，中国人民大学创意产业技术研究院 . 中国文化消费投资发展报告（2020）［M］. 北京：社会科学文献出版社，2020.

MIBA）。作为跨国演出经纪平台，MIBA 独家代理多个国家的红人，并提供代表国际红人接洽演出谈判、资料翻译、演出报批、红人宣传推广、演出需求对接、现场接待协调等一系列服务，同时也为国内的音乐节、演唱会、巡演、综艺节目等各种音乐形式提供专业的国际红人预订服务，代表需求方邀约国际红人来华演出，与国际红人团队谈判、沟通和协调。[1]

影视分约：主合约关系稳定性

影视分约在行业内有时也被称为"演员分约"，顾名思义，是指将表演业务分给其他经纪公司策划和运营。前面提到的平台要求与演员签署经纪分约的情形其实就是影视分约的一种。

音乐分约和演员分约是行业内最常见的两种分约形式，都涉及分约公司可能要为分约红人投入成本的问题，如在音乐分约中需要投入歌曲制作成本，在影视分约中需要投入表演培训等成本。在这两类分约中，主合约的稳定性显得尤为重要。在现实中也的确存在因为主经纪合约解除导致分约合同被迫解除的纠纷情形。如红人何某某的独家全约经纪公司就曾将全约中的影视分约转让给另一家公司。后来何某某单方面提前解除了与全约经纪公司的合作关系，那么在此情况下，与影视分约公司签的合同是否一定解除了呢？法院最终确认解除了影视分约，主要理由是影视分约的履行必须以何某某本人的配合为前提，具有人身属性，不宜强制履行，并要求全约经纪公司对分约公司做出一定赔偿。

业内影视资源比较丰富的影视制作公司通常既全约签署了很多红人，也与很多经纪公司展开影视分约合作。

业内还存在影视分约形式的变种，如"综艺约"，主要是将与综艺节目相关的演艺范围内的工作分约出去。这些分约的形式变种与影视分约类似，此处不再赘述。

商务分约：如何寻求对外平衡

商务分约是结构更松散的分约形式，即全约公司授予分约公司商务代理的权利，可能是影视部分、音乐部分，也可能是经纪范围的某部分权利，分约公司在此范围内为红人接洽活动并获得一定比例的分成，本质上双方仍然是委托代理关系。

---

[1]　建投华文投资有限责任公司，中国人民大学创意产业技术研究院 . 中国文化消费投资发展报告（2020）［M］. 北京：社会科学文献出版社，2020.

在这类关系中，有两点内容值得注意。

1. 是否为独家代理。独家意味着只授予一家分约公司代理权限，但在现实中，全约公司往往授予多家分约公司代理权限，目的在于扩大红人商业活动的接洽范围。

2. 对外统一报价。为了避免分约公司各自定价扰乱红人正常的统一对外报价，避免全约公司、分约公司之间打"价格战"，全约公司往往会为分约公司制定统一的对外报价标准，同时也会制定商业活动接洽的认定标准，如"谁先接洽，谁优先"原则。

新媒体分约：红人整体价值的提升处理

新媒体分约即红人将直播、短视频等线上的演艺事业部分委托给专业经纪公司进行策划和运营。通常这类合作会签署委托运营协议，但本质上属于分约的一种。有时根据委托的新媒体部分的不同，称为"直播分约""短视频分约"等，在此我将其统称为"新媒体分约"。

和前面讨论的网络红人账号的归属问题一样，新媒体分约也会涉及自媒体账号的归属问题。通常情况下，新媒体分约不会涉及转让自媒体账号的使用权，而仅会约定在分约合同期限内，由分约公司运营和管理其自媒体账号。分约合同到期后，这些账号需归还全约公司。

实际上，在所有的分约经纪关系中，都存在一个不可避免的商业问题，即分约期限内由分约公司带来的红人整体价值提升的利益分配问题。如因为制作和发行了唱片，红人名声大噪，在影视和新媒体领域也获得了极大的商业成功，该部分收益应如何分配？又如，分约期限往往较短，在分约合同到期后，是否存在关于收益分配的延续性条款？这些都是目前在分约经纪关系中尚待解决的问题。在国外，有一种所谓的"日落条款"设计，指的是在合同效力终止前设置缓冲期，让双方先行准备及实施相关的配套措施。我们可以将这类条款移植到分约模式中，如在分约合同到期前，根据分约公司的贡献大小，调整分成比例或设置自动续约条件等。

以上即是我所介绍的分约模式，大多情况下全约经纪公司会主动采用这一模式，但有时也会被动采用，比如当红人想解约时，为了最大程度地维持双方的合作关系，双方可以考虑采用分约方式，将全约关系变成仅局限于某个范围内的经纪关系。

除了传统分约，有一种经纪关系既类似于广义的分约，但又与其不完全一样，它就是共享分约。

共享关系：最广义的分约

在讨论共享分约前，读者需要先了解以下几件事。

第一，共享分约与全约的区别。读者可以先思考一下，共享分约是不是全约？答案是"不一定"，这与原生经纪公司享有的经纪范围有关，如原生经纪公司享有的经纪范围是唱片分约，那么也只能共享唱片分约。

第二，从逻辑体系上来看，共享分约实际上也是分约的一种，即全约公司将全部经纪约分给其他经纪公司。

实务中存在两种共享分约模式，一种是割裂式共享，一种是参与式共享（见图2-5）。

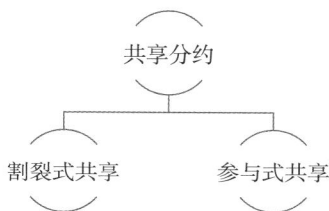

图 2-5 共享分约模式

割裂式共享，顾名思义，是指原生经纪公司和新经纪公司共享的权利是完全割裂的。原生经纪公司不再享有红人的任何演艺事业的代理权限，而仅拥有收入分成权利，即新经纪公司独家代理，双方利益共享。

参与式共享，是指双方都可以享有原经纪范围内的经纪权限。在这类经纪关系中，一般会设置主经纪公司，多半由原生经纪公司担任主经纪公司并统筹运营合作中的具体事宜，比如在双方公司发生接洽冲突时对冲突规则进行制定。

割裂式共享：独占授权

我们先来看一个条款约定，它可能有助于读者进一步理解何为割裂式共享：

"除非经过甲方（指共享经纪公司）书面许可，乙方（指原生经纪公司）和丙方（指红人）均不得以任何直接或间接的方式就丙方演艺事业的发展与甲方之外的任何人士或机构展开合作，不可再授权或委托任何人士或机构代理其开展丙方的任何演艺事业活动及工作，也不可自行接受或参与任何非甲方安排的演艺事业活动。"

从中可以看出，上述条款排除了原生经纪公司和红人接洽演艺活动的权利，在法律概念中这被称为"独占授权"，它是割裂式经纪关系最典型的特征。

共享分约的概念源于国外的一档综艺节目，后来国内引入了该种模式并在两档综艺节目中予以实践。这类节目希望吸引国内优秀的唱跳练习生参与，最终组成9人或11人的团体出道。想招揽优秀的唱跳练习生，势必要与拥有这类练习生的专业经纪公司进行合作，因此，共享经纪分约就成为这类节目的"标配"。

这两档综艺节目都历经了几季节目的迭代，相应的经纪分约也不断得以更新。最初的经纪关系是割裂式共享，原生经纪公司对红人完全丧失了控制权，而只享有比例非常低的分成收益。这也促使原生经纪公司纷纷与红人就原经纪合同签署中止协议，以确保自己的经纪关系即使在共享分约到期后仍享有更长时间的收入期限保证。

后来，原生经纪公司对这种割裂式共享经纪关系越来越不满，因为在这类节目中，原生经纪公司投入较大，如发动粉丝投票以及帮红人宣传策划等，但收益较低。在之后的几季节目中，割裂式共享经纪关系也逐渐被淘汰，取而代之的是参与式共享。

参与式共享：各取所长和所需

参与式共享与割裂式共享的主要区别在于，在参与式共享中，原生经纪公司具有一定自主性。从法律角度可以理解为"独占授权，但不排除自己"。这与分约既有联系又有区别。分约通常由分约经纪公司取得独占授权，即原生经纪公司往往不参与相应分约内容的演艺事业运营，而在参与式共享中，原生经纪公司仍然保留了所有经纪范围的运营权利。

此种情形下，原生经纪公司已经签署的商业合同与共享后新经纪期限内可能签署的合同则可能会产生冲突，如已签署的代言合同和新经纪公司所接洽的代言互为竞品。因此，在签署共享经纪分约前，一般应要求红人和原生经纪公司统一梳理红人目前的代言情况并就尚未履行完毕的合同进行说明，以避免红人的原合同义务与在未来签署的合同所要履行的义务产生冲突。

在参与式共享中，需进一步区分主经纪公司和参与经纪公司，以及各方对红人演艺事业时间的合理分配。比如，双方或多方可以共同制定档期表，统一对外报价清单和合同签署方等，还可以设定一定期限内各自的最低及最长运营时间、优先级顺序等。

在参与式共享经纪关系中，关于红人收入的分配，既可以约定由原生经纪公司从新经纪公司处拿到分成后再分给红人，也可以约定由新经纪公司直接向红人分成。

本章小结

本章主要梳理了红人的分类，并从分约和共享分约两个方向探讨了经纪公司之间进行合作的可能性。在日益专业化、垂直化的经纪领域，闭门造车、一意孤行越来越行不通，经纪公司应该敞开怀抱，探索更多的交叉领域，多与红人交流新的合作模式。

思考

1. 关于红人自媒体账号的经营权，你认为应该如何设置合理的合同条款？

2. 试着用本章关于红人类型的分析逻辑，探讨其他红人类型的运作逻辑。

第三章

合同处理

红人在日常合规运营中需要处理各类合同，特别是在有了影响力后，往往会寻找专业的经纪公司进行合作。所以，一份好的经纪合同既是建立双方经纪关系的基础，也是红人和经纪公司关于未来演艺事业发展中双方各项权利与义务的约定。

不过，如果双方的合作并不愉快，红人就会面临需要与经纪公司解约的情况。在这类解约案件中，红人解约的理由虽然各有不同，但实质问题往往都指向经纪合同的强人身依附性、权利专属性以及条款不对等性。

第一节　经纪合同的性质及审查方法

我在本节试图用经纪合同作为范本，建构一套关于红人合同的审读方法。

为了帮助读者更好地理解合同中双方的权利与义务，我首先从红人和经纪公司两方的利益诉求出发，分析合作交易的底层逻辑。红人可以自己进行时间管理、内容管理和情绪管理，从而让自己想露出的部分被看见，但如果希望让更多的人看见这些部分，红人通常很难靠自己做到，此时红人就遇到了瓶颈，会寄希望于有专业人士帮助自己扩大影响力。因此，对红人来讲，签署经纪合同的目的是借助经纪公司的资源获取优质的演艺工作机会，进而扩大自身影响力。对于经纪公司而言，签约后势必要在红人身上投入成本，因此经纪公司的目的是尽快收回成本，并且还要从红人身上获取更多的利益。

这才是双方合作的根本目的和经纪合同的底层逻辑。我们只有了解这些，才能真正理解合同条款的隐含意义。

合同性质：具有强人身依附性的委托合同

当前的主流观点认为：经纪合同是以委托合同性质为主，兼具居间合同、行纪合同特点的综合性、复合性合同，属于合同法上的无名合同。对此，我持有不同的观点。

大部分经纪合同的确都不可避免地需要用到"委托"或"代理"二词。因此，经纪合同首先具备委托代理合同的部分性质，即经纪公司以被代理人（红人）的名义，代理其接洽、谈判相关演出活动，最终演出活动的相关责任由被代理人承担（即便经纪公司先承担了相关责任，最终也会通过经纪合同转嫁到红人身上），符合委托合同的法律定义，这是毋庸置疑的。

那么经纪合同是否符合居间合同的性质呢？我认为，经纪合同不符合居间合同的本质，但它具备居间合同的形式要件。最典型的处于居间关系的角色是房屋中介，但房屋中介并不会在买方和卖方签署的房屋买卖合同中作为某一方合同主体，因为房屋中介的责任只是促成这单交易。但红人经纪则与此不同。如果经纪公司对接到了商业活动，一般都会直接和品牌方签署商演合同，这显然不符合居间合同的本质。

那经纪合同是否符合行纪合同的性质？行纪合同的关键在于以行纪人自己的名义，由行纪人承担责任，并且由行纪人承担费用。但在红人经纪关系中，是否以经纪公司的名义以及是否由经纪公司承担费用并不是确定的事，在责任的承担方面，一般由经纪公司与红人共同承担。因此，经纪合同实际上并不符合行纪合同的本质。

我认为，经纪合同是典型的委托法律关系，但因其具有人身依附性，所以这类合同的履行需要双方具有信任，如信任丧失，则会导致实际履行变得困难。

【经典案例】

劳动合同与经纪合同可否并存

——天津某公司与林某某合同纠纷案

在同时存在劳动合同与经纪合同的情况下，如何认定两者之间的性质及法律关系一直是经纪合同关系中的难点问题。

案情简介 ①

2016 年 3 月 28 日，天津某公司（甲方）与林某某（乙方）签订经纪合同，约定乙方聘请甲方为经纪人，合同期间由甲方全权代理乙方涉及出版、演出、电视直播、网络视频平台直播、录音、录像等与演艺有关的商业或非商业活动，以及与乙方公众形象有关的活动。

同日，该公司（甲方）与林某某（乙方）又签订劳动合同，约定甲方聘请乙方为其员工，合同期限为 3 年，每月税后工资为 1 万元，甲方按照中国法律规定为乙方申报社会保险并完成社会保险缴费。合同签订后，该公司为林某某缴纳了社会保险费。

案件分析

本案中，该公司与林某某同时签订了劳动合同与经纪合同，两份合同的内容虽有关

---

① 判决书案号：（2018）京 03 民终 7469 号。

联，但性质并不相同。

劳动合同中该公司聘用林某某作为其员工，系对双方劳动关系中权利义务的确定，而经纪合同系该公司与林某某签订的关于发展林某某未来演艺事业的多种权利义务关系相结合的综合性合同，包含委托、行纪、居间、劳动、著作权等多种法律关系，属于具有综合属性的演艺经纪合同。[①]

两份合同既相互关联，又各自独立，约束不同的法律关系，即该公司与林某某之间既存在劳动关系，又存在经纪合同关系。

审查方法：梳理可视化交易流程

拿到一份合同时，我们首先需要清楚签这份合同的目的是什么，围绕利益诉求看具体条款，而不是拘泥于某个条款改动字词。只有具备全局观，才能真正梳理出交易可能涉及的纠纷，整个合同才有体系。如前面列明了某一方的义务性条款，那么最好能在违约责任里同步搭配它的违约责任条款，这样才能避免真正发生纠纷时没有相应处理措施的尴尬情况。

我在这里教给各位读者一个常用的方法，我把它称为"过电影"，即在看一份合同时像看电影一样具化这个交易。如代言合同，你可以先放下你代表的某一方的主体身份，闭上眼睛，在脑子里像看电影一样，站在第三方的视角审视双方的交易过程。如你想到在代言过程中可能需要红人拍摄一段视频，那你就可以在脑子里进行设想：红人当时正在酒店，从他在酒店里开始化妆到出发去现场要多久，又大概需要拍摄多久；在拍摄过程中，可能会发生摄影师突然生病的情形，或红人觉得哪里不满意，想与摄影师商量却遭摄影师拒绝的情形，此时该听谁的意见呢；拍摄过程中会不会出现粉丝在场的情形；拍摄过程会不会遭到泄露等诸如此类的细节。按照这样的方式，我们可以模拟出很多类似的场景，特别是模拟出很多常出现纠纷的场景。当然，这有赖于经验积累，倘若读者完全没有关于这类交易的经验，可以多请教周围的人。

下面，我将借助于两个案例及一些图表具体演示这个过程。以演出设备采购合同为例，我们首先可以设计一张可视化流程表，从货物生产、运输、验收、安装、付款到质保等全流程环节入手，梳理整个交易流程，然后在每个节点思考可能涉及的权益，并划分给各方主体（见图 3-1）。

---

① 此为该案法官观点。

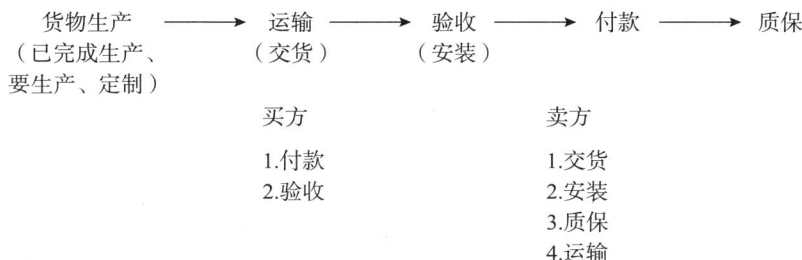

图 3-1 演出设备采购合同交易可视化流程

再举个例子，舞台剧《Z》计划于 2022 年上半年在杭州进行一场演出，公司 A 为其演出单位，公司 B 为其本次演出合作代理单位。公司 B 负责本次演出的所有当地落地执行工作并承担相关费用。舞台剧《Z》的主演中，有一位演员拥有一定社会知名度（新浪微博粉丝数量过千万）。

根据这个例子梳理并制作出演出交易合同的可视化流程图（见图 3-2），读者可以详细阅读。

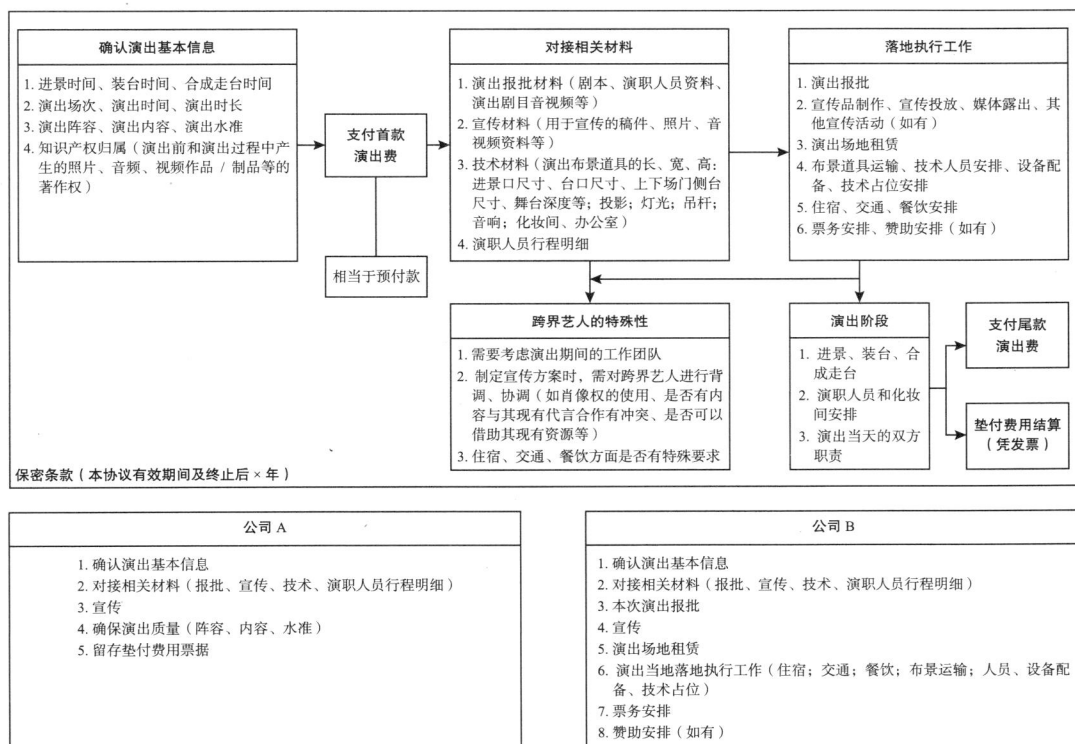

图 3-2 演出交易合同可视化流程 [①]

---

① 本图由上海音乐学院艺术管理专业研究生范陆雯制作。

如果红人能掌握这套合同审查方法，就能举一反三，并将它运用于所有相关合同的审查。

第二节　经纪合同条款解析

一份经纪合同中最主要的内容是经纪公司对红人享有独家经纪权，全权负责红人在一定期限和一定范围内的影视表演、演唱录制、商业演出、直播等所有相关演艺事务，全权代表红人对外进行洽谈、安排及策划，并享有一定比例的佣金报酬。本节，我将从经纪合同的具体条款出发，梳理经纪合同的整体结构，列出经纪合同条款清单（见图3-3），并对其中的几个重点进行分析。

经纪合同条款清单		
首部信息	经纪公司保证	宣传安排
合同期限	保底安排	不可抗力与保密
经纪范围	红人保证	知识产权归属
收入分配	自媒体账号安排	肖像、姓名和声音授权
成本扣除	演艺事业安排	红人形象要求
税务处理	培训安排	违约惩罚与争议解决

图3-3　经纪合同条款清单

首部信息：如何更有效地固定身份信息

拿到任何一份合同时，都应首先查看双方主体的信息。在经纪合同中，首部信息尤为重要，它主要包括以下三点。

第一，双方主体的姓名或名称。对于红人一方，姓名信息一定不能只记载艺名，而应记载真实姓名，但可以同时备注艺名。如果红人还有其他具有知名度的艺名，也应一并列明，如自媒体账号的名字。也可把自媒体账号信息作为合同附件，如将微博、抖音等账号信息写在合同附件中。

第二，联系人的微信号和邮箱地址。尤其建议务必记载微信号。当前，人们进行商务沟通的渠道主要是微信，因此，应留有确切的联系人微信账号信息，以便日后产生纠纷和诉讼时，可以直接将微信记录作为双方之间的沟通证据，降低举证难度。对于第一次加为微信好友的工作伙伴，建议向对方索要一张电子版工作名片，这样有利于降低日后需要证明这个微信账号绑定的自然人主体就是这个人的难度，而且首次认识时索要工作名片也很正常。

第三，联系地址。可以多写一些地址，如身份证户籍地址、居住地址、租赁地址等。地址过于单一的话，日后涉及违约纠纷时，对方一旦失联则会导致出现无法送达重要文件和拖长诉讼时间的情况。此外，当事人如果想查封房产，也应提供相应的房产线索。为此，在签署合同时应留下多处地址，以便提供更多有效的信息来申请保全查封。

此外，还应列明紧急联系人的信息和银行账号信息。列明紧急联系人的信息的目的是以备不时之需；列明银行账号一方面是为了便于支付收入分成，另一方面是为了在未来如果进行诉讼，在诉讼过程中可以将其作为申请保全查封的财产线索。

合同期限：同等条件下的优先续约

经纪合同的期限一般为五到八年。如果红人本身具有一定名气和流量，那么合同期限则是双方在谈判后得出的，一到两年也是可能的。演员的合同期限一般是八年到十年，因为签约后的前两年时间通常主要用于培训，在后面几年时间，演员才有可能产生商业价值，因此经纪合同的期限一般都会较长。

合同期限中的争议点主要在于优先续约权。我们首先来看一下简单的优先续约权条款：

"在同等条件下，经纪公司有权优先续约。"

优先续约的前提是"同等条件"，正是这个"同等条件"导致优先续约在现实中难以实现，通常在实务中会出现两种情况。

一种情况是，在经纪公司运作成功后，红人的身价大涨，合约到期时，其他公司竞争与红人签约的行为又会进一步造成红人身价"虚高"，实际上就算没有其他公司的邀约，也可能在红人和第三方沟通后由第三方出具类似的邀约证明，原经纪公司对此很难进行查证。在该情形下，"同等条件"实际上对原经纪公司的续约构成了限制，该条款成了一个原本计划用于制约他人却导致自己受制于人的"空中楼阁"条款。

另一种情况是，红人身价大涨后因为不愿再受制于人，急于成立独立工作室，这导致优先续约条款流于形式，毕竟任何一家经纪公司提供的条件都不可能比红人自己组建团队能提供的条件更好。

在经纪合同中简单约定"同等条件下优先续约"已越来越丧失其原本意义，对此，我建议不妨对这类原本有些强势的条款进行调整，既考虑红人的自主性，又在红人不愿意续约时为原经纪公司保留一些商用方面的权利。

因此，我建议可以考虑在两种情况下使用如下续约条款，一是经纪公司有主动权的自动续约权，二是红人有主动权的优先续约权，这两种情况对应不同条款。

如经纪公司有主动权，条款可以作如下设计。

合同期满前三个月内，甲方有权视情况决定是否延续本合同期限，甲方书面通知乙方续约且新增合约期内给予乙方的待遇不低于本合同约定之标准的，则本合同自动延续两年，且甲方的续约权不受次数限制。但乙方向甲方书面确认其在合同到期后两年内不再从事本合同约定范围内的演艺活动的，甲方不享有续约权。

也可以作如下设计。

合同到期前半年，双方对后续合作模式进行协商，在同等条件下，针对演艺经纪合作之上述独家权利，甲方拥有优先续约权。本合同期限届满，若双方无法续签独家的合作协议，则本合同自动延长两年，合作类型变更为"非独家"。

两种方式均有可取之处，特别是第二种方式更具有创新性，可以把第二种方式作为第一种方式的补充，经纪公司仍然保留合约到期后对于红人有一定期限内获得收益的权利。

如红人有主动权，则条款可以作如下设计。

本协议期限届满后，甲方对乙方在同等条件下有优先续约权。同等条件仅包括不短于约定的服务期限、不低于约定的报酬金额、不低于约定的推广成本（如有约定）。本协议期满后，乙方拟与其他第三方合作的，应在与第三方签署合同前，将与第三方约定的合同条件书面告知甲方，甲方有权在同等条件下按照本协议约定的各项其他权利义务与乙方签订新独家服务协议。若乙方在甲方未放弃优先续约权的情况下直接与第三方签约，或以不属于同等条件的因素为由拒绝与甲方签约，构成违反本条约定导致甲方丧失优先续约权。甲方有充分证据证明乙方虚构与第三方的合作条件以骗取与甲方订立合作协议的，甲方有权在知悉受欺诈事实之日起一年内变更或撤销该份合作协议，并要求乙方返还其在甲方公司已经获取的所有收益。

在撰写优先续约条款时，一定要把同等条件具体描述清楚，如不短于某个服务期限、不低于某个报酬金额、不低于多少推广成本等。

【经典案例】

如何认定"优先续约权"的通知义务
——A 公司与蒋某某合同纠纷

一旦签署了同等条件下优先续约的条款，则有义务通知对方可以行使优先续约权，即在合同有效期内，如果有新作品产生或与新合作对象接洽，不管合同是否约定了此项义务，均应通知对方，以保证对方可以行使优先续约权。

案情简介 [①]

A 公司（乙方）与蒋某某（甲方）签订出版合作协议书等，双方就蒋某某自 2007 年 5 月 25 日至 2012 年 5 月 24 日期间所著作品的出版合作事宜达成了协议。

2011 年 3 月 11 日，A 公司（乙方）、B 公司（丙方）与蒋某某（甲方）签订补充协议，约定：对于甲方新创作的作品，在同等出版合作条件下，丙方有优先签约的权利；甲方违反本补充协议，应向丙方支付违约金 50 万元；乙方或丙方违反本补充协议，应向甲方支付违约金 50 万元。

签订补充协议后，蒋某某新创作了作品，并就该作品于 2012 年 4 月 10 日与 C 公司签订了著作权许可使用合同，授权该公司出版发行该作品。

A 公司、B 公司发现蒋某某新创作的作品出版发行后，遂与蒋某某协商，未果，故向法院提起诉讼。

案件分析

这个案件当时引起了很大争议，关于蒋某某的行为是否构成侵害 B 公司优先续约权，三级法院内部产生了激烈争论，一审法院认为构成侵害，二审法院认为不构成侵害，最高院再审时认为构成侵害。

一审法院的核心观点是：蒋某某有义务告知 B 公司 C 公司给出的条件，这是 B 公司行使优先续约权的前提。因为蒋某某何时创作完新作品，何时与其他公司联系出版合作事宜，以及其他公司给出的具体出版条件，B 公司均无法获悉。由于蒋某某没有告知 B 公司，致使 B 公司丧失了与 C 公司就涉案作品相互竞价的权利，从而导致 B 公司丧失了行使优先续约权的权利基础。因此，蒋某某的行为侵害了 B 公司的优先续约权，一

---

① 判决书案号：（2016）最高法民再 177 号。

审法院判决蒋某某支付 B 公司违约金 50 万元。

二审法院对此持有不同的观点：关于优先续约权的约定，蒋某某只承担义务而不享有任何权利，终其一生其所创作的新作品在同等出版合作条件下均由 B 公司决定是否行使优先续约权，若 B 公司行使优先续约权，则蒋某某只能与 B 公司续约；而 B 公司只享有权利而不承担任何义务，即在同等出版合作条件下对蒋某某新创作的作品享有优先续约权。

按照一审法院判决的逻辑，蒋某某与 B 公司之外的第三方签订的新作品出版合同的合作条件均属于"同等出版合作条件"的范畴，将导致极度不公平结果的发生。唯有按照蒋某某与 B 公司之前的交易习惯来解释该条款，才能够在一定程度上平衡双方当事人的利益。如果蒋某某与 B 公司之外的第三方签订的新作品出版合同的合作条件与此不同，就不应认定为"同等出版合作条件"，B 公司就不具备行使优先续约权的前提条件，蒋某某亦不负有通知义务。因此，二审法院判决该条款对双方没有约束力。

但最高院驳回了二审判决：对于优先续约权的行使方式，双方当事人的理解不同，从查明的案件事实来看，并无证据证明出版行业对优先续约权的行使有着约定俗成的惯例可以遵循。优先续约权的行使，应当兼顾出版商利益的保护和作者创作积极性的维护，以使出版行业健康有序地发展。出版商行使优先续约权的基础是其知晓作者创作完新作品并准备出版，该事项的知晓有赖于作者的通知，因此，通知是优先续约权条款下作者的合同义务。蒋某某的违约行为给 B 公司带来的是交易机会的损失，即 B 公司丧失了行使优先续约权的机会。综合考虑蒋某某违约行为的性质、B 公司遭受的损失、双方的合作情况等因素，酌定蒋某某向 B 公司支付违约金 5 万元。

现实中，有一些平台与作者的签约是没有合作期限限制的，一般表述为"平台方有权终止合同或者通知后才终止合同"，这对作者而言是一个长期捆绑的不利的合同，而新人作者又不得不签署。在这种情况下，有可能作者一生中创作的全部作品都必须行使通知义务，这似乎也不符合交易习惯。

知识产权归属：红人姓名与注册商标

各位读者是否还记得某红人解约事件中暴露出的红人商标问题？当时解约事件尚处于争执阶段，网友却发现"邓某某"（艺名）这个名字已经被经纪公司注册了商标。

那么，当红人的姓名或艺名被注册为商标后，红人真的就不能再使用了吗？

要回答这个问题，我们首先需要明白姓名权的含义。《中华人民共和国民法典》（以下简称《民法典》）规定，自然人享有姓名权，有权依法决定、使用、变更或者许可他人使用自己的姓名，但是不得违背公序良俗。通常认为，姓名不仅包括一个人正式的登记姓名，也包括其笔名、艺名、别号等。因此，艺名也属于公民姓名权的范围，只要这个名字能够与本人形成一一对应的关系，就归属于本人。《中华人民共和国商标法》明确规定，申请商标注册不得损害他人现有的在先权利。该条款规定的"在先权利"是指在系争商标申请注册之前已经取得的，商标权以外的诸如商号权、著作权、外观设计专利权、姓名权、肖像权等其他权利。

那么，"邓某某"这一红人艺名在作为商标被申请前，歌手"邓某某"已经在文化娱乐领域拥有一定知名度，为相关公众所熟知，系知名公众人物，与其本身的形象也建立了较为稳定的关系。在此情况下，其经纪公司未经红人授权，直接将"邓某某"申请注册为商标，有可能损害该红人享有的在先姓名权。

因此，从这个意义上说，经纪公司将红人的艺名以自身名义注册成商标后，存在侵犯红人在先姓名权的嫌疑。

不过，如果该红人在经纪合同中已经明确放弃艺名的商标注册申请权和商标权，或者该红人本人曾经签署同意经纪公司将"邓某某"以公司名义注册商标的书面文件，则意味着该红人将这项权利让渡给经纪公司，解约之后该红人可能无法再使用"邓某某"这一艺名了。

不过，案例中的经纪公司已经注册的类别并非演出服务的核心类别，而是只与珠宝设计、办公用品等衍生品相关的注册类别，其申请注册的其他类别仍处于被驳回复审等程序中。一方面，这意味着即使商标有效，该红人可能仅是无法在这些衍生品上使用"邓某某"的商标；另一方面，该红人也可以通过及时启动异议程序或在其他类别上提交新的注册申请，最大限度地保护艺名的商标权利。

除了商标权，经纪合同中还有针对词曲版权、竞业限制等的约定。

【经典案例】

经纪合同约定竞业限制条款有效吗
——韩某某和深圳市某娱乐传媒有限公司的合同纠纷

直播经纪合同往往涉及类似于劳动合同的竞业限制条款，如解约后限制主播去其他平台直播。考虑到网络主播的长期性、稳定性是公司正常经营的基础，而直播行业竞争较为激烈，竞业禁止限制范围系由双方协商确定，符合行业惯例。

2017 年 6 月 8 日，韩某某（乙方）和深圳市某娱乐传媒有限公司（甲方）签署红人独家经纪合同，约定因乙方在本协议履行过程中将得到甲方的各种信息及培训，所以自本协议解除之日起三年内，乙方不会到与甲方从事同类业务的有竞争关系的其他用人单位任职或为其提供服务、展开合作，也不会自行经营包括但不限于投资、参股、合作、承包、租赁、委托经营同类业务或自行从事同类业务，乙方承担竞业限制义务的地域范围包括但不限于中国。如乙方违反本条约定，应当向甲方支付违约金 100 万元。

案件分析

在双方签订经纪合同时，韩某某系具有完全民事行为能力的自然人，其理应对其从事的行业具有一定的认知水平，公司基于对韩某某的长期培训及投入，要求享有其直播账号及其衍生产品的收益权系双方平等协商的结果，同时考虑到网络主播的长期性、稳定性亦是公司正常经营的基础，而直播行业的竞争较为激烈，公司对韩某某进行竞业限制亦符合行业惯例，上述协议均系双方当事人的真实意思表示，未违反法律法规的禁止性规定，合法有效，具有法律效力。

关于竞业限制条款，虽然本案认可了竞业限制条款在直播经纪合同中的效力，但从实施可行性的角度出发，条款也没有约定是否应该支付一定补偿金，以补偿主播的经济收入，因此还是有待商榷的。

我倾向于这类条款可以直接在直播经纪合同中约定，但需要对实施的前提条件加以限制，比如是否在主播有违约行为导致解除合同时才予以适用，而不是合同终止后还可以执行竞业限制条款。

收入分配：双方权益必争之地

目前收入分配比例基本采用经纪公司分成递减的模式，以"八年"的经纪合约为例，分为三个阶段，第 1～3 年为"七三分"，第 4～6 年为"六四分"，第 7～8 年为"五五分"，对于强势的红人来说，比例也有可能并非如此。

在分配收入前，红人首先要了解"收入"是什么，"成本"包含什么，如此才能计算出利润。收入部分比较好界定，合同期限内产生的演艺收入全部纳入营业收入。关键

① 判决书案号：（2018）粤 03 民终 13419 号。

在于如何扣除成本，成本通常分为以下几类。

第一，日常宣传成本，即除具体项目由主办方承担宣传成本，经纪公司日常为红人付出的宣传成本，如微博推广费用、拍摄形象照费用等。对于这部分成本，经纪公司是承担还是垫付，需要界定清楚。

第二，红人日常的生活成本，如房租，水电、私人制衣费用等。这类成本一般由红人自己承担。

第三，差旅费用。大部分差旅费用会包含在项目成本中，由主办方承担，如果主办方不承担差旅费用，则需界定清楚这部分费用经纪公司是承担还是垫付。

第四，税费支出。按照相关税法规定，红人所得属于劳务所得，需要缴纳个人所得税，经纪公司有代扣代缴的义务。

关于收入分配的结算方式也需要明确：可以按照项目进行结算，即单个项目款项到账，经纪公司就与红人结算，也可以按月、按季度、按半年结算。我建议，经纪公司在做结算单时，可以把当期成本费用（包括人员工资成本）也罗列进去，并让红人签字确认。这样一来，红人就对经纪公司的投入成本做了书面确认，以避免出现红人在提出解约时不承认公司的投入的情况。

还有一些特殊的收入分配方式。

第一，预付保底金。如从第一个年度开始，就预付给红人一定的保底收入。如果全年利润少于某一数额，红人则无须返还；如果全年利润多于某一数额，则按照合同约定分成。

第二，专项基金。双方约定在每次结算前，预留部分款项在之后专款专用。如每次预留收入的10%作为红人下一阶段的宣传发行费用等。

违约惩罚：匹配各类行为的违约条款

我们常看到有些报道中某位红人需要支付天价违约金才能解约。然而，承担违约责任的方式其实不只有支付违约金，也不只有解约时才需要支付违约金，如果出现以下几种情况，红人也需要支付一定违约金。

第一，没有遵守经纪公司的安排可能会触发违约条款。如果安排红人参加某活动，红人拒绝参与或最终没有参加，可按照未参加次数来设定违约责任，比如每违约一次，支付违约金五万元。

第二，违反独家性也可能触发违约条款。如果红人跳过经纪公司私下接活动，或者找第三方私下接活动，也可按照私下接活动的次数来设定违约责任，比如每违约一次，支付违约金十万元。

第三，没有披露真实信息或有不当言行也可能触发违约条款。因红人没有披露真实信息而导致经纪公司的声誉受损，或红人不注意言行、从事违法犯罪活动等，可对此约定相应的违约责任，包括支付违约金、赔礼道歉等。

第四，红人单方提出解约可能触发违约条款。首先在合同中需注意文字表述，如表述为"红人支付2000万元可解除合同"，实际上相当于约定了红人享有单方合同解除权。建议用禁止句式排除红人的单方解约权，如"没有经过公司书面许可，红人不可以单方通知的方式解除本合同"。

关于违约金数额的设计，我有以下几点建议。

第一，金额按层级递进。根据解约时间与距离合同期限的长短约定，越是后期解约，则约定的违约金数额越高，因为越到后期，公司的投入和损失越大。

第二，明确违约金的计算方式。如可约定按提出解约前几年的收益总和的多少倍，或按公司投入成本的多少倍计算要支付的违约金等。

第三，约定某一固定金额违约金。如可约定单次违约需支付五万元或十万元的违约金。

当然，对于上述违约金数额设计方式，经纪公司可以在合同中自由搭配组合使用，特别是可以约定当红人单方要求解约时，以解约前收益总和的多少倍和固定违约金数额中取高者作为违约金。

【经典案例】

经纪合同是否适用"任意解除权"
——金某与天津某影视股份有限公司合同纠纷

若如金某主张的，公司不对账、不提供所有演艺合同，就这一行为来说，某影视公司确实存在一定的违约行为，但其违约行为不能导致合同的目的不能实现，双方作为商业活动的经济利益共同体，也可在充分协商的基础上重新建立信任关系并实现合同的根本目的。

案情简介 ①

2014年12月3日，金某与某影视公司签订演艺经纪合同，双方约定，该影视公司作为金某排他性、独家演艺经纪人，合同期限自2014年12月1日起至2021年12月31

---

① 判决书案号：（2017）京03民终12739号。

日止。该影视公司应全力协助金某在演艺事项上的发展并对演艺事项活动的合同签署有最终决定权。金某应当遵守该影视公司在演艺事项活动上的宣传及推广安排，按照专业要求全力配合有关工作。

上述协议签订后，金某即开始与该影视公司开展合作，先后出演了该影视公司的几部自制剧及几个外部项目等。

2016 年 8 月 2 日，金某向该影视公司总裁蔡某发送短信，要求解除合同。

案件分析

1. 演艺经纪合同的性质决定了红人不能孤立地适用"单方解除"规则

演艺经纪合同具有居间、代理、行纪等综合属性，属于演出经纪合同，此类合同既非单纯的代理性质亦非行纪性质，亦绝非劳动合同性质，而是综合性商事合同，不能孤立地适用"单方解除"规则。

2. 公司违约行为是否可以认定为根本违约

首先，案例中该影视公司未按照演艺经纪合同的约定，在每月固定时间之前向金某出具对账单的行为构成违约，但上述违约行为并不能致使双方合同目的不能实现，亦不能充分证明金某依据演艺经纪合同获取相关演艺报酬的权益受损，故该违约行为不属于根本违约。

其次，金某提供的百度百科截图、海报和该影视公司的官方微博截图的证据，反而证明该影视公司通过上述渠道对金某及其出演作品进行了宣传。同时，对于金某提供的该影视公司阻拦其接演某角色、阻拦其参加某时尚盛典的证据，法院认为不足以证明该影视公司恶意阻拦其获得工作机会及怠于推广。

最后，金某主张双方已丧失信赖基础，演艺经纪合同不具有继续履行的可能性，该影视公司表示，双方虽然存在分歧，但并没有不可调和的矛盾，公司愿意继续履行合同，陆续开展金某的演艺工作。

3. 根据违约责任条款是否可以推断出红人享有单方解除权

合同约定如下："甲乙双方明确理解，甲乙双方签署本合同为各自真实意思表示，非因双方友好协商一致解除或终止外，双方承诺遵守本合同约定。如本合同期内，未经甲乙双方协商一致，乙方单方终止或解除本合同，应当根据本合同的争议解决相关规定，提交法院判决相关违约金。"

结合合同内容的前后语境、合同条款体系、演艺行业的自身特点来看，该条款主要是针对双方在未达成协商一致的情况下（如发生单方终止或解除合同的情况），双方就矛盾提交法院解决及明确违约责任的相关约定，该合同约定并不能当然地推导出金某据此享有单方解除权。

争议解决：适配红人行业的仲裁

有两种常用的争议解决方式：诉讼和仲裁。

关于诉讼，我主要与大家分享的是关于合同签订地和约定管辖的小技巧。如果想约定合同签订地为管辖法院所在地，就应在条款里直接写明"由合同签订地某某人民法院管辖"，千万不要忘记直接写明法院的全称。现实中，很多合同的管辖都约定为"原告或被告所在地"等，那就一定要注意合同首部列明的地址信息，目前国内大部分法院在确定管辖所在地时均以合同首部披露的地址为管辖链接点，并以此为标准，而不是以公司的实际注册地或经营地为标准。

不过，与红人相关的合同纠纷，我更倾向于选择仲裁处理，主要是因为仲裁速度快和不公开。很多红人不愿意公开审理过程和审理结果，特别是一些案件涉及提交隐私资料，如商演价格等，此时仲裁的不公开审理这一特点的优势比较明显。而目前司法裁判文书均对社会公众公开，很有可能成为别有用心之人的"炒作"素材。

此外，通知送达条款也很重要。如果真的要解除合同，如何认定单方解除通知送达对方呢？此时合同中约定的通知送达程序的要求和联系信息就很重要，特别是邮箱、微信等电子送达信息。

最后，对于一些重要条款，建议标黑并加下划线，或在这类条款下方让红人再次签字确认。

第三节　合同签约及谈判

站在经纪公司的角度，如何和一个综合素质还不错的红人签约，又不在谈判过程中退让太多呢？站在红人的角度，如何给自己争取最大限度的权益呢？与有一定流量的红人相比，新人又有哪些更适用的谈判技巧呢？

早些年，大部分经纪公司采用的几乎都是更强势的经纪合同。"你要签就签，不签算了"是大部分经纪公司的立场。后来，经纪公司慢慢地发现，约定高额违约金或特别严苛的条款，如雪藏条款、冻结条款等，可能会从一开始就在红人心里埋下"自己更弱势"的种子。因此，经纪公司与其在红人有名气后因当初签约时遇到的种种问题而提出解约，不如在刚与红人合作时就约定让双方都感到舒服和被尊重的合作条件。

合同谈判过程也是博弈的过程，在双方都想促成合作的情况下，你退一点我让一点，最终才能让合作成立。特别是在红人权利逐步崛起的当下，红人的法律意识也逐渐增强，无论名气大还是名气小，几乎所有红人都会找律师审阅经纪合同。因此，涉及双方核心权益的条款应留有商量余地，合同谈判时也应尽量适度和公平一些。

本节，我将从经纪公司和红人双方不同的角度出发，论述合同签约谈判的要点。

经纪公司一方：一味强势埋下恶果

对经纪公司而言，红人的名气大小决定了经纪合同的修改幅度和修改余地，这在文娱行业是普遍现象，谁的话语权更大，谁就有更大的修改空间。经纪公司在谈判过程中应注意以下要点。

第一，注意书面留痕。对于经纪公司来说，签约谈判过程中最好能有书面留痕，而不仅是微信语音、电话沟通等口头交流，这样可以精准定位合同签订的磋商过程。

第二，是否发送电子合同。很多经纪公司不喜欢发送合同的电子版本，而是喜欢让红人现场查看纸质合同并当场签署合同，我不太赞成这种方式。经纪公司基于保密需要，完全可以通过签订保密协议来保证合同不外流，但如果在极短时间内查看完纸质版本的合同就签约，很难证明合同签订的磋商过程。

第三，通过对一些非核心权益的让渡换来核心权益的保留。谈判的首要原则是"各退一步，海阔天空"。对己方不那么看重的权益，不要一直纠结或抓住不放，如果你判断这种事情有99%的可能性不会发生，那就不必为了1%的发生可能性，费力保留这个条款。不然红人可能就会觉得"你这里也不同意修改，那里也不同意删除，你不做任何让步，为什么我要同意让步"。因此，可以把己方判断发生概率较低的事情，从对方角度出发，允许对方进行修改或删除。

第四，经纪公司方应如何斟酌对于红人来说是核心权益的部分。如果红人要求经纪公司将口头承诺的"每年保证让红人拍摄多少部电影，发行多少张音乐专辑、多少首单曲等"写入合同，比较巧妙的应对方法是，把数量保证的周期从每年拉长到整个合同期内，并为这种保证附上前提条件，比如红人必须达到哪种人气程度或必须付出什么，毕竟合同履行不只是一方的责任。只有双方都积极履行，才可能最终成事。又如，关于红人的单方解约权条款，我不建议在合同中添加这类条款，但可约定一些极端情况下红人才能行使的解约权，如经纪公司破产、注销等。同样，我也不建议随意添加红人的收入保证条款，如果经纪公司在签约红人时可以大概测算出红人的收入水平，也应向下调低一点儿作为应给红人的保底金额。

此外，经纪公司可以利用情感吸引、合作导向、尊重爱护、心理建设等留住红人，经常性地与红人探讨其发展方向，而不是只关心从红人身上得到的价值，缺乏对红人的基本尊重，用一套思路打造所有红人。如果不能"因材施教"，很可能会造成红人的反感和出走。

不过，再严谨的合同也抵挡不了履行过程中的不专业。很多红人之所以想在合同里固定一些权益保护条款，也是为了防止这些不专业现象出现，因此在签订合同时，我们可以列明经纪公司的一些规章制度，比如将问询处理准则、红人培养方案、经纪公司部门设置、公司为红人提供的人员配置与规划等尽可能地展示给红人，让红人打消顾虑，更顺利地签署合同。总之，经纪公司在决定与红人签约前，一定要想好怎么打造和包装红人以及对红人的规划和计划。

合同不能战胜人心，就像要想有稳固的婚姻关系，不能只靠结婚证维系一样，要想有良好的合作关系，双方的用心付出才是关键。

红人一方：步步为营争取权利

红人应根据自身名气来确定自己的谈判地位。我在这里主要分析经纪合同中对红人不太友好的条款。

第一，冻结条款，即红人违约时，经纪公司有权中止合同履行。这对红人来说十分不公平，如果不能删除这种条款，我建议将触发冻结条款的红人违约行为尽量严重化并进行量化规定，即只有达到非常严重的违约后果时，比如违反几次约定且拒不改正，才能行使冻结条款。

第二，竞业条款。很多经纪公司为了防止红人解约，在合同中约定如果红人提出解约，则需要在合约解除后的几年内不能从事与原合同演艺范围相同的工作。如果不能删除这一条款，我建议尽量缩小竞业范围，如仅约定演艺范围为音乐或影视领域等。

第三，单方解除权条款。这一点我在上面分析经纪公司一方时也提到了。对红人而言，可以尝试约定在经纪公司未能达到保底要求或发生严重违约导致合同目的不能实现的情况下单方解约权。

在与经纪公司一方谈判的过程中，红人在谈判合同时往往只有一个人，而对方有经纪人、总监、法务等很多人，红人因此很容易顺着经纪公司的想法思考。所以，我建议红人最好聘请律师对经纪合同进行审核后再参与谈判，毕竟人多力量大，术业有专攻。

谈判技巧：从对方的利益出发

关于谈判技巧，我想分享以下几点。

第一，谈判过程是否需要录音。录音的主要意义是，当对方断章取义地截取部分录音片段进行发布时，如果己方有全部录音，就是最好的反驳。此外，我还建议，最好用微信发送文字的方式确定重要内容。很多谈判内容并不会完全写在合同里，可以用文字的方式引导对方说出在谈判过程中承诺过的事项。

第二，牢记底线原则。无论站在经纪公司一方还是红人一方，谈判时都得先明白己方的谈判底线在哪里，并且不能轻易突破底线。

第三，红人应该多聊聊自己的理想和规划。在经纪合同谈判中，大部分时间都是经纪人在讲经纪公司会怎么做，怎么包装。红人也应多谈谈自己的想法，把自己想做的内容与自己的想法清楚明白地告诉经纪人。

第四，分约的使用。有时候实在谈不妥，红人可以考虑缩小经纪范围，也就是采用业务分约的方式调整合作方向。

第五，具体文字修改。在谈判过程中，也可以用修改和润色文字的方式达到自己的目的。很多时候，这种方式被业内人描绘成"文字游戏"，但实际上，一份看上去措辞缓和、尊重双方的合同条款确实更容易被接受。读者可以留意下述 A 条款和 B 条款中表达方式的异同。

A 条款：乙方（红人）如需提前解除本合同，需支付甲方（经纪公司）500 万元违约金。

B 条款：乙方如需提前解除本合同，甲方有权要求乙方支付 500 万元违约金。

你能觉察他们的区别吗？ A 条款的表述也可以被理解为"乙方有单方解除权，但需要支付违约金"；B 条款的表述就清晰多了，即"经纪公司有权要求，并不代表一定接受"。

第六，照顾对方的利益诉求。比如在谈判合同期限时，经纪公司可能想签约八年甚至更久，但红人也许只想签约五年，有一种办法是在经纪合同中加上有条件的续约条款，即同意年限为八年，但前提是在第五年总体营收情况达到某个标准，如未达到，红人有单方解约权。这种方式既满足了公司关于八年的合同期限要求，又保证了红人的权利。经纪公司还要考虑宣传方面的影响，上述合同年限如果是五年，经纪公司在对外发布时显得期限有点短；如果是八年，虽然附有条件，但这部分基本不会公开，有八年这个数字，经纪公司对外沟通时给人的感觉就会好很多。如果真的想签约，就要多从对方的利益诉求出发考虑问题。

第七，处理谈判僵局的办法。红人找我提供签约谈判服务时，往往都处于之前找经纪公司的经纪人和更高层的管理者均无果，与经纪公司失联的状态。遇到这种情况，建议直接中止与这家经纪公司的签约谈判。如果出现失联的情况，要么是前期处理不当，要么是经纪公司无法接受红人提出的条件，但如果一开始就用失联的方式对待新人，很可能以后在工作中也会采取这样的方式和态度，特别是当红人想解约时，这种工作方式就会变成一颗定时炸弹。如果只是合同陷入僵局，我建议红人一方主动寻求和解，比如双方就合同期限条款不能达成一致意见，红人想让经纪公司承诺能让红人在一定期限拍摄完几部剧集，经纪公司却无法将相应条款写进合同时，红人可以通过在其他方面有所让步的方式，让对方在最核心条款上做出妥协。在合同谈判陷入僵局时，找到合适的中间人也很重要，甚至在整个签约谈判过程中，如果有一个双方都信任的中间人，那么合同的谈判效率和成功率都会高很多。律师有时也是谈判过程中很好的助推器。

第八，当不能答应对方提出的要求时，不要立即全部予以回绝，而应考虑在这个要求上附设一些前提条件，这样既让对方感觉红人一方接受了这个要求，也让对方理解红人一方答应这个要求来之不易，如此双方都会感觉更好一些。

如何选择：适合自己最重要

当红人没有话语权时，经纪合同谈判的实质就变成了如何选择一家适合的经纪公司。我的观点是，选择合适的经纪公司比选择有名气的经纪公司要好。签署经纪合同是双方的事，对新人来说，第一次签署经纪合约，就像第一次"谈恋爱"，红人可能首先会被对经纪公司的第一印象打动，但最终能否长久地"在一起"还是要看脾气、秉性。因此，红人在与经纪公司的老板接触的过程中，一定要多留心，从细枝末节中感受这个经纪公司的老板与自己是否合拍，这也会奠定之后合作的基调。在选择经纪公司时需要注意以下几点。

第一，公司资源。这应该是每个第一次与经纪公司签约的红人最看重之处，这些红人解约时大多会和我说："当时公司说有什么样的资源，承诺让我一年内拍几部戏，但后来一部戏都没有拍。"也就是说，经纪公司在吸引新人与自己签合同时，会有一点夸大宣传，这些内容通常不会被写进合同，因为现实情况是，经纪公司可以让红人一天去十个剧组面试，但是红人没试上戏，总不能怪经纪公司吧？"是红人自己能力不足，需要多多努力"，这一句话就能让红人无话可说，日子一天一天地过去，青春蹉跎，红人就会想解约。

签约前考察经纪公司时，红人的正确做法是：少听经纪公司的宣传，多从公开渠道或朋友的口中了解经纪公司既往的项目、业绩及当前签署的红人的情况，就算经纪公司现在没有较有名气的红人，也要看其对红人是否有规划、有培训。在这个行业里不要轻易相信所谓的"大公司"，因为无论多么大的经纪公司，如果不把重心和资源放在红人身上，所谓的"大"其实只是一个"噱头"。

第二，匹配自己的特长。虽然经纪公司很多，但不同经纪公司的资源和侧重点都不一样。所以红人一定要清楚自己的职业发展方向，想做演员，就不要签侧重于培养偶像、网络红人的经纪公司；想做偶像，就应该好好选择在偶像经纪市场中较为成熟的经纪公司。同时，还应注意经纪公司的发展方向，目前大多数经纪公司是粗放式发展，只关注短期的机会，很少有远景规划，自身的目标也不是很清晰，一旦进入这样的经纪公司，红人很容易陷入困境。所以红人在与老板沟通的过程中以及自行了解经纪公司的过程中，应特别注意这些方面。

第三，检索并了解经纪公司信息。红人可以通过工商信息查询工具检索到非常有用的有关经纪公司交易的信息，如股东信息，最好能一直追溯到自然人大股东和公司实际控制人，这样就能知道这家公司最终由谁控制，然后再检索这个人的相关信息，这样总能看到一些蛛丝马迹。另外，还可以看看企业的商标情况（比如是否将已签约红人的名字注册为商标、公司品牌商标等），注意经纪公司在工商方面是否存在异常信息，主要关注是否有诉讼信息，是否有公告送达情况（公告送达一般是正常情况下送不到才采用的司法程序），还要特别注意是否有与红人之间的相关诉讼纠纷等。这些都有助于红人对一家经纪公司进行比较全面的判断。

第四，了解内部消息。红人可以与经纪公司的经纪人或内部员工多接触，多了解一些内部情况，如果要了解一家公司，找到其在岗员工了解情况是最靠谱的方式之一。

第四节 解约纠纷处理

红人提出解约似乎已成为经纪行业最大的问题，但是说实话，关于红人提出解约这件事，双方都负有责任。正所谓"一个巴掌拍不响"，红人提出解约多多少少地体现了经纪公司和红人之间的相互不信任与渐行渐远。

红人提出解约是经纪公司需要面对的最严重也最常规的纠纷。我认为对于这类纠纷，最好不在法庭上而在谈判桌上解决。

前期准备：了解双方的根本矛盾

在红人解约纠纷中，我发现双方给出的信息往往并不对等。经纪公司一方总觉得自己很委屈，明明做了很多工作，付出了很多资源，红人为什么仍要解约；红人一方也很郁闷，觉得经纪公司什么都没做，资源都是品牌方因红人的名气提供的，与经纪公司没有关系。

碰到这种情况，我经常会在第一时间通过询问了解一些事实问题，这是在进行解约谈判之前要做的准备工作，必须了解清楚事情的全貌。红人在谈判前不仅要"知己"，还应"知彼"，在获得有关对方的信息后再全面考虑事情。进行解约谈判前的首要任务是列清单：先根据经验罗列一些问题，然后根据经纪合同内容再找一些问题。

接下来，我依然会分别从经纪公司一方和红人一方来讨论解约谈判技巧，总体而言，红人一方会更被动、姿态也更低一些，毕竟一般是红人一方想解约。

经纪公司一方：强扭的瓜不甜

经纪公司一方在解约谈判中有以下可以使用的技巧。

第一，评估红人的发展，制定合适的方案。经纪公司一方在谈判前，需要先评估红人发展的可能性，权衡是否还可以为其制定更加合适的发展方案。如果经纪公司本身并没有更好的规划，也不打算好好发掘红人的潜力，我觉得"放人一马"也是个不错的商业决定。

第二，评估解约对后续商业模式的影响程度。这通常是经纪公司一方很纠结的关键点，也是红人在提出解约时需要替经纪公司想到的关键点。毕竟经纪公司不止运营一个红人，如果一个红人提出解约后很轻松地离开了经纪公司，那么其他红人可能也会"有样学样"。经纪公司最担心的往往是这次解约对后续商业模式产生不良影响。

第三，确定违约金数额。如果谈判的底线是接受红人提出的解约，那么就需要确定违约金数额。此时，合同约定的违约金数额可供参考，往往经纪公司第一次给出的违约金数额就是按照合同履行红人应付的违约金数额。不过违约金往往以填补损失为原则，因此，经纪公司一方需要先计算自己在红人身上的投入以及预期利益，即红人不提出解约的话，红人本来可以给经纪公司创造的利益。这两部分加起来基本就能确定违约金的数额了。在谈判时，经纪公司可以先基于这个数字给出一个稍微上浮的数额，违约金的底线就是经纪公司的投入成本。

第四，确认竞业限制。当双方对于违约金数额僵持不下时，经纪公司可以提出一些限制条件以交换降低违约金数额，如解约后的竞业限制，即对红人提出解约后又另与其他经纪公司签约的时间间隔进行限制，但在该时间段内红人可以自己对自己进行运营；也可以约定更严格的限制，如约定红人在该时间段内不能从事任何演艺活动。

第五，违约金支付方式。最简单的支付方式就是分期支付，也可以采用折抵的方式进行支付，即以红人今后的演艺收入进行折抵，如自解约之日起六个月内，经纪公司仍然享有红人非独家代理权，红人在此期间内的全部收入均归属经纪公司以折抵违约金。

第六，以合作代替解约。其实很多红人解约的意愿并没有那么坚决，只是觉得现在的经纪公司不怎么好，但也并不想马上就与另外一家经纪公司签约。在这种情况下，就有了用合作代替解约的空间。至于合作的具体形式，可以是红人对外仍然称自己是经纪公司的红人，但拥有了较大了自由度（适合用于经纪公司希望能提供附加值的红人）；也可以是释放股权给红人，双方进行深度捆绑，红人通过持有公司的股份享受全部利润分成，这种方式对红人来说比较有吸引力（适用于经纪公司培养的核心红人）。

此外，读者也可以思考一下，是否可以用资本市场经常提到的员工期权方式来提高红人履约的积极性？

【实务探讨】

面对红人解约，经纪公司就只能自认倒霉吗

红人解约纠纷越来越多，其中有经纪公司不专业的原因，也有红人方面的原因，此外和行业内的不正当竞争也有关。对于经纪公司来说，培养一个红人的成本很高，如果红人随意提出解约然后支付违约金离开，在现今整体判赔金额不高的情况下，无法留住红人其实就已经让其面临投资损失。

本文基于经纪公司合规经营、专业守序的前提进行分析，如果经纪公司本身不够专业、资源匮乏，甚至还采取一些非法手段，红人提出解约则是很必要的。

在经纪公司似乎毫无过错，红人单方面觉得经纪公司不够专业，以对其倾注的资源不够多，营销推广、危机公关能力较弱等理由诉请解约时，在当今司法实践更注重对判决可执行性的考量的背景下，多半还是会判决红人赔偿一定数额违约金后解约。

因此，我们不难推测，如果经纪公司未能在诉讼前通过各种方式与红人建立长期且有效的合作机制，一旦进入诉讼阶段，经纪公司被判决要与红人解约的可能性还是比较大的。

那么，经纪公司该如何留住红人呢？我认为这个问题的关键就在于如何在合约履行期间，加强与红人的利益捆绑和情感连接。经纪公司要注意以下几点。

合同规范

合同规范是第一位的，也是目前所有经纪公司最看重的，甚至经纪公司会认为只要签了合同，之后就可以对红人不闻不问，这种想法大错特错。

首先，合同内容中必须有较细致的约定，特别是关于违约金数额的约定。很多经纪公司会约定高额违约金，基本都达到千万元级别，但我国法律在违约损失赔偿方面遵循填平原则，也就是有多少损失就补偿多少，一般不会支持赔偿预期利益损失。况且法律还专门规定，法官可以对违约金数额进行调整，那么这种高额违约金的实现性就存在疑问。经纪公司想用高额违约金震慑红人单方提出解约的想法也因为信息渠道发达、司法判决公开等原因而无法达成最初目的，而红人对这些司法判决其实也心知肚明。因此，高额违约金其实在签约之初就已经在红人和经纪公司之间埋下了一个让彼此不够信任的雷。

对此，我一般建议可以用实际损失计算违约金数额，如前期投入、已签订合同的预期利益损失或者用前几年收入平均值和固定违约金数额进行比较，以高者为准。同时，对于违约行为，合同中不仅要约定解约后的违约金数额，更要约定违反合同中其他单个事项的违约金数额，比如不履行已经签订的商演合同的违约处理，无故缺席排练或对外毁坏名誉的违约处理。对单次违约行为的处理，可以帮助经纪公司在红人解约诉讼中通过引用这些合同条款对红人提起反诉。

其次，必须严格依照合同约定履行义务。对于当初各方博弈后订立的合同，经纪公司应该按照白纸黑字确定的条款严格履行，特别是付款义务、承诺的作品数量等，这些都是经纪公司最核心的合同义务，如果这些义务出现延迟履行，经纪公司进行其他抗辩的立场就不够正当。

最后，合同宣讲也是不可或缺的。一些经纪人不太看合同，一些红人本人也不看，因此，当签署最终经纪合同后，很多经纪人和红人根本就不知道合同中具体有哪些内容。我建议对红人和经纪人进行合同宣讲，即由律师清楚明确地告知双方合同条款内容，并进行拍照和录像留存。

情感连接

除了最基础和传统的合同规范，情感连接是经纪公司留住红人的另一种方式。

很多经纪公司或经纪人始终没有转变自己的心态，一直用"管理者"的方式"控制"红人，这种心态是需要被教育和改变的。

在目前的环境中，知名红人甚至是稍有名气的红人都已经是这个行业的头部资源，品牌方、制片方都追着红人跑。经纪公司要清楚，品牌方、制片方不是在追着红人背后的经纪公司跑，因此如果这个红人脱离了这家经纪公司，品牌方和制片方会选择的仍然是这个红人，而不是这家经纪公司。

因此，经纪公司必须明白，红人是自己的客户。先有了这种心态上的转变，才能分析情感连接。经纪人和红人之间应是朋友关系，双方应在动态中寻找平衡点，早期的裙带经纪人（即由红人的亲戚朋友做红人经纪人）正是因为与红人有情感连接，所以能比较持久地与红人合作。因此，经纪公司和红人也需要创造这种情感连接和吸引。具体来说，我认为有以下几种创造方式。

第一，尊重红人的意见。经纪人的眼光并不一定是最专业和精准的，红人毕竟是最了解自己的人，多倾听红人的意见一定是没错的。双方的本质利益和最终目标是一致的，经纪人希望红人更加出色，在具体事项的操作中一定要多倾听红人的意见，避免强压红人。

虽然合同中约定经纪公司安排的所有演出事务，红人都必须参加，但红人毕竟是一个活生生的人，如果他不愿意参加，也很难逼他参加，所以可以在有沟通技巧的情况下让红人参加。比如现在有一个活动，经纪人想让红人参加，虽然经纪人本来可以不用和红人细说，可以直接让他去，但如果此时经纪人能通过其专业意见，从各方面分析利弊，让红人觉得这个活动他必须参加，就既能达到经纪人的目的，又能让红人觉得自己受到了尊重。

第二，对红人讲明经纪人的工作量。很多红人其实根本不知道经纪人付出了多少，为了对接一个代言或商演，经纪人可能无数次地对接各种细节，最后合作却没有达成，但红人可能并不知道这些工作，而认为经纪人没有资源，自己也没有露出。很多时候经纪人没有将最真实的声音传递给红人。

所以在合适的时候，经纪人可以适当向红人说明自己的实际工作量。我说的不是非常刻意地向红人"邀功"，而是细水长流地让红人知道他每一次没有接到代言与商演的原因。这样，一方面可以让红人明白自身的不足，另一方面也能让红人知道经纪人在这当中付出的努力。

第三，老板亲自与红人沟通。很多经纪公司的老板原本并不是从事这一行的人，可能原先是从事投资或金融行业的。即使做了经纪公司，公司的事务基本都交给职业经纪人打理，老板对真正的业务运营不闻不问，与红人缺少沟通与交流。

对于名气大小不同的红人，经纪公司可能需要提供不同的服务方式和沟通技巧。对于新人，经纪公司可能会有更多的管理和引导，指导做很多事情；但对于中部和头部的红人，经纪公司则需要多提供精良且准确的服务，让其意识到，虽然经纪人主要负责的是执行层面的事情，但经纪人不仅提供执行服务，还给出很多对红人来讲无疑是有附加值的专业意见。

利益捆绑

合同和情感是一个硬币的两面。通过严谨、客观、中立的合同条款进行规范，这是理性；通过朋友、亲人的关系进行情感连接，这是感性。但这些都无法让双方真正产生利益关系。在娱乐圈巨大的名利面前，情感的力量有时微不足道，违约也非不可能，因此真正有用的方式是进行利益捆绑。

员工期权可以激励员工更努力工作、吸引员工留在公司，它其实也可以用于降低红人解约的可能性。我建议设立期权池，让有资格的红人或红人安排的人进入这个期权池，享受经纪公司所有利润的分成。这样，红人就可以与经纪公司的利益实现高度捆绑，红人不仅能享有合同约定的自身活动的分成，还能共享经纪公司利益的分成，这大大提高了红人作为经纪公司主人翁的意识。同时，对于谁有权进入这个期权池，经纪公司可以专门设计一套激励办法，这对红人来说都是非常有吸引力的。

红人一方：置之死地而后生

首先需要指出的是，下面我提供的技巧都应结合不同经纪公司的风格在实务中选择应用。此外，谈判时一定要平和，即使谈判时已经完全听不进别人在说什么，红人也仍需耐心听完别人要说的话，并且一定不能本着吵架心理、带着一肚子气去谈判。基于此，红人一方在解约谈判中有以下可以使用的技巧。

第一，勾起经纪公司的怜悯之心，也就是先从感情入手。不过，这种技巧可能会有反作用，有些经纪公司就特别不喜欢这样的红人，觉得公事公办，不要聊感情。我在这里强调的是，红人一方的姿态要放低一些，因为如果经纪公司不同意解约，剩下的唯一选择就是诉讼，但诉讼无疑费心费力。同时，红人也可以寻求家人和朋友的帮助，循序渐进地攻破一道一道"防线"，最后再让律师出面，由此就水到渠成了。

第二，对违约金数额绝对保密。前面提到，经纪公司一方不愿意解约的关键点之一是怕其他红人纷纷轻易与其解约，因此红人应该尽量打消经纪公司一方的这个担忧，对解约理由和违约金数额绝对保密，或者按照经纪公司要求，统一口径再对外发布。

第三，从经纪公司角度出发思考解约路径。红人一方应该把自己当作整个事件的法官，在审理这个案件时，思考经纪公司一方最在意的是什么，并解决那些事情，如前面论述的保密、后续分成、分期付款等。

第四，寻找经纪公司的违约行为。在谈判时如果红人一开始就说经纪公司的违约行为，往往会引起对方反感。因此，关于经纪公司的违约行为最好放到谈判的最后，对经纪公司而言，如果自己的确违约，比如没有及时结算等，它自己肯定最清楚。

【经典案例】

红人解约都有什么理由
——某公司与熊某合同纠纷

在红人解约案件中，应该试图尽力寻找以下证据。

1. 梳理合同中关于经纪公司义务的条款，确认经纪公司是否完全履行合同约定的义务，其中最主要的是关于红人的知情权、获得报酬权等的义务。

2. 梳理红人与经纪公司工作人员之间的微信聊天记录，找出对解约有利的证据。

3. 适当运用格式条款的解释法则。经纪公司一般是合同文本的提供方，应对合同作不利于经纪公司的解释。

4. 人身、财产权利因演艺活动受到伤害时，应及时就医并获得伤害证明。

5. 因经纪公司的不专业使自己利益受损时，应多从行业角度搜寻各方证据。

案情简介 [①]

2016 年 4 月 1 日，某公司（甲方）与熊某（乙方）签订演艺经纪委托合同。

2016 年 8 月至 2017 年 6 月间，该公司与多家影视公司共签订了七份演员聘用合同，内容为聘请熊某在七部影视作品中担任角色，其中包括五部电影、两部电视剧。

2017 年 8 月 18 日，熊某发函通知该公司解除合作关系，理由是该公司未尽到经纪公司对于红人的责任，熊某的大量时间未得到合理安排，该公司未按合同约定安排熊某以主角参演一部电影及电视剧，亦未尽到诚信义务。

案件分析

第一，熊某主张该公司在签约时不具有演艺经纪资质，但该公司许可证资质是对经营行为和经营范围的许可，并非对合同效力的许可，演艺经纪委托合同已然成立并生效，该公司亦不因此而构成违约。

[①]　判决书案号：（2018）京 0105 民初 13983 号。

第二，签订演艺经纪委托合同后，该公司安排熊某参演了七部影视作品，并在各媒体平台发布了宣传熊某的文章，现有证据不足以证明该公司存在不积极履行合同义务的行为。

第三，关于熊某认为该公司未能保证熊某在合作第一年主演一部电影、一部电视剧的意见，演艺经纪委托合同约定，该公司在合作第一年保证熊某参演一部电影、一部电视剧，合同并未约定该电视剧或电影必须由熊某主演，而事实上该公司也完成了该合同义务，并不存在违约行为。

第四，熊某主张因该公司未协调好工作时间，导致熊某身心俱疲，精神崩溃，其提交了微信记录为证，但该公司不认可微信记录的真实性，并且即使微信记录属实，微信记录中的内容也仅能体现熊某因连续拍摄而身体虚弱，而且与该公司沟通过工作时间安排，并不能达到熊某的证明目的。

第五，熊某主张拍戏时因合作演员"假打"变"真打"，导致头部受伤并提交了视频，但该公司不认可上述视频的真实性，并且即使视频属实，视频内容中的合作演员也并未击打熊某头部，并且熊某也未能提交其他证据证明其身体权益受到侵害。

第六，演艺经纪委托合同中约定熊某对于该公司签署的文件有知情权，并有权保留文件的副本或复印件，该公司虽主张曾向熊某出示所有演艺合同，但未举证证明，应负举证不利的责任，该公司未向熊某交付文件副本或复印件，构成违约。

第七，关于是否应配备助理的问题，双方对于演艺经纪委托合同中"如若乙方片酬达到一个月实收价格 8 万元，甲方有义务在乙方工作期间配备助理一名"的理解存在争议，熊某主张在 2017 年 5 月实收片酬为 8 万元，符合配备助理的条件，该公司认为该条款应理解为熊某在分成后的实得片酬达 8 万元。根据法律规定，对格式条款有两种以上解释的，应当做出不利于提供格式条款一方的解释，因此该公司作为演艺经纪委托合同文本的提供方，应作不利于该公司的解释，故该公司未依约在 2017 年 5 月给熊某配备助理，构成违约。

第八，关于报酬，该公司在诉讼中自认欠付熊某片酬为 4000 元，但熊某表示仅主张 2400 元，该公司以片方拖欠片酬为由拒绝向熊某付款，但并未提交证据予以证明，应承担举证不利的后果。

之所以签署演艺经纪委托合同，是希望双方通过合作实现共同发展、共同获益的合同目的。红人的成功不仅和经纪公司的包装、推广、宣传等有关，也和红人本身的努力、天赋乃至机运相连。该公司在与熊某签订合同后，熊某参演了七部影视剧，拍摄了写真并获得宣传推广，该公司已履行了主要的合同义务，虽存在一定的违约情况，但该违约不足以构成根本性违约，熊某也未证明其遭受重大损失，故双方应依据演艺经纪委托合同继续履行。

案件处理：依赖损失证明能力

我为各位读者总结了司法实践中红人解约赔偿的考虑因素（见图 3-4）。

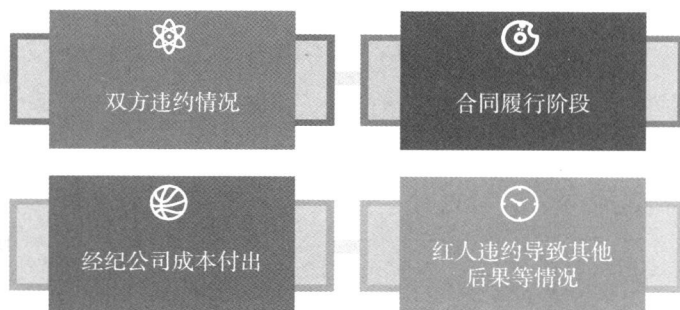

图 3-4　红人解约赔偿的考虑因素

第一，双方违约情况。比如红人是否与其他经纪公司已经签约，红人是否配合经纪公司已安排的活动，经纪公司是否按时发放分成等。

第二，合同履行阶段。一般来说，若在合同履行初期解约，因为经纪公司投入相对较少，可以主张的损失也会相应减少，在这种情况下，违约金数额相对也会更少；若在合同履行后期解约，由于红人的商业价值较大，经纪公司的投入也同步增大，违约金数额也会相应增加。

第三，经纪公司成本付出。包括为红人制作歌曲的费用、宣传费用等。这部分举证主要依赖于经纪公司的举证能力，经纪公司应在日常运营过程中注意留存这部分支出的相关证据。

第四，红人解约导致其他后果等情况。如红人突然提出解约导致合同期内安排的工作无法完成，经纪公司需向第三方进行赔偿。因此，我建议红人在提出解约时，应当配合完成在解约通知发出前已经应允的工作。这将有效降低红人应当支付的违约金数额。

此外，对红人一方来说，如果经纪公司存在相关违约行为，最好先根据合同条款约定对经纪公司发出违约通知函，要求对方立即纠正违约行为（如要求查账、要求查阅演出合同等）。这样做的好处是，如果经纪公司对此不予理睬，则构成直接和更进一步的违约证明，从而给嗣后发出解约通知奠定基础。司法实践中，如果没有先发出违约通知函直接发出解约通知，有可能被法院认定为没有履行合同约定的前置程序，从而导致程序上的败诉。

【经典案例】

红人解约，到底要赔多少钱
——叶某某与某公司合同纠纷

红人解约相对来说已形成比较固定的判决模式，就算经纪公司没有严重的违约行为等，若红人提出解约，多半因为合同的人身性质、判决不解约难以执行等原因，最终法院会酌情判决红人赔偿一定违约金后解约。在损失填平原则的语境下，经纪公司获得高额赔偿的想法仍因无法证明自身投入、无法论证预期利益的可靠性而无法实现。

本案是一个赔偿数额较高的案件，一审、二审对于红人解约赔偿数额意见不一致，体现了比较典型的红人解约案件中的法官裁判思路。读者可以从这个案件中反向思考出前期培养红人时需要注意的合规方向。

案情简介 ①

叶某某与某公司签署独家经纪合同，合同中约定：叶某某违约或以任何原因需提前终止本合同的，叶某某同意赔偿某公司 800 万元及支付某公司的所有投入及预期利润。

2014 年 5 月 19 日，叶某某向该公司发函，认为该公司存在违约行为，要求解除合同。该公司次日收到该函件。

庭审中，该公司提交了各类对叶某某进行培训的项目、培养叶某某所产生的费用清单、培训叶某某出席各类演艺推广活动的目录表、各类媒体对叶某某的相关报道、叶某某参加的各类演艺活动（拍电影、制作歌碟、拍写真集及平面媒体封面等）。

一审法院认为，该公司并无违约行为，全部支持了合同约定的违约金数额 800 万元，这在红人解约案件中是比较少见的。不过，红人一方提起了二审。

二审中，该公司为证实其在 2008 年至 2014 年间对叶某某进行了培训、包装、企划推广、媒体宣传而投入资金 4 803 835.72 元，提供了叶某某 2009 年签字确认的费用开支明细表以及 2009 年至 2014 年间的公司财务凭证，其中叶某某签字确认的费用共计 2 904 496.60 元；同时提供了 2008 年 4 月 1 日至 2013 年 12 月间叶某某参与的演艺活动的合约，包括 2010 年参演的两部影片，2012 年参演的三部影片，2013 年参演的两部影视剧。

---

① 判决书案号：（2017）粤 01 民终 12579 号。

案件分析

1.关于叶某某提出的在合同履行期间其知名度未能获得显著提升的问题

该公司提供了充分证据证实其对叶某某投入大量资金、人力、社会资源进行培养、培训以及媒体宣传、包装和推广等工作，履约期间不仅已为叶某某争取了一系列影视的演出机会，并且从相关刊物、媒体、网络报道来看，叶某某也已实际获得了一定的市场知名度。由于演艺活动市场的特殊性，红人是否可以完全获得其预期的影响力及市场价值，并非单纯取决于经纪公司的宣传、推广，还与红人自身能力、市场机会等息息相关。

2.关于该公司主张的违约金数额是否过高的问题

违约金数额的确定应以守约方的实际损失作为衡量的基础，同时兼顾合同履行情况、当事人的过错程度以及预期利益等综合因素进行考量。

该公司主张其实际损失为前期投入的480万元以及预期利益600万元，并就前期投入资金情况提供了叶某某签字确认的支出明细（总计290余万元），但对于其他资金投入情况仅提供了公司内部账册，其证据效力存在瑕疵。

该公司提出预期利益损失达600万元，但依据该公司提供的叶某某2012年至2014年间的参演作品及演艺收入情况证据，并不能推算出该公司所称的高额收益损失。

从合同履行情况来看，该公司在履约后期未如期向叶某某支付佣金，双方也曾协商变更原合同约定的合作方式。

综合考量以上因素，该公司主张叶某某支付800万元单方解约违约金，显然有违公平原则和诚实信用原则。根据前述认定，二审法院酌情判决叶某某应向该公司支付违约金300万元。

特殊规则：主播解约诉讼策略

在红人解约诉讼慢慢淡出人们的视线之际，越来越多的主播解约诉讼吸引了人们的眼球。以往红人解约诉讼中关于经纪合同性质、单方解约等的研究和司法案例虽然同样适用于主播解约诉讼，但我发现主播解约诉讼与红人解约诉讼存在不同之处，如对于主播解约诉讼，法院判决的违约金数额较高，鲜少判决继续履行合约，各地法院的判赔尺度不统一等。

我检索了浙江法院的一系列案件，下面我将从三个方面详细分析在直播解约诉讼案件中可以采用的诉讼策略，当然读者也可以反向思考经纪公司在与红人合作的前期阶段可以着手的合规事务。

第一，委托关系。与传统红人解约诉讼相似的是，主播解约诉讼也可以从合同性质入手，但在主播解约诉讼中，合同有被认定为委托合同的，也有被认定为劳动合同的，主要是因为目前主播合作协议尚未形成较统一的范本，不同平台的主播合同各式各样，越是早期签署的主播合同越容易引发纠纷，毕竟在主播行业发展初期，合同往往都不太完善。因此，必须从所签署的合同版本出发，仔细研究合同条款及其背后的合同实质。

比如，杭州法院对于同一份合同的性质是否构成委托关系的意见也并不一致，但在大部分最终审理程序中，合同性质均被认定为构成委托关系（见表3-1）。

表 3-1　委托关系认定一览表

当事人	一审	二审	再审
鲁某某	非委托关系	委托关系	委托关系
连某某	非委托关系	委托关系	—
张某某	非委托关系	委托关系	—
裴某某	委托关系	委托关系	—
彭某	非委托关系	—	—
刘某	非委托关系	—	—

目前的裁判案例一般从以下思路进行分析，这也是我们可以采取的诉讼分析策略，主要分析以下几个关键点。

1. 合同名称：有些主播合同被直接命名为"特别委托主播协议""委托协议"等，本身在合同名称中就已经有委托的意思表述。在这种情况下，如果合同没有与委托相反的条款，被认定为委托合同的可能性比较大。

2. 实质解释：有些合同虽名称为合作协议、主播协议等，但仍需基于合同条款正文以及交易的性质、合同上下文进行解释。平台方应该尽量避免将合同解释成委托协议，而应将合同向有多重法律关系的综合性合同方向上靠拢，尽量避免适用委托人单方解约的法定条款。

3. 有偿委托：即使无法从合同条款中得出合同为综合性合同的结论，或者合同条款已经明确合同为委托合同，我认为也还有一个角度可以对合同进行解释，即从"有偿委托"与"无偿委托"的区别入手。虽然委托人享有单方解约权，但法律规定即使单方解约也仍须赔偿损失，因此平台方可以从有偿性的角度出发进行辩解，因为自己支付了费用，所以这种单方解约的行为不应被支持。

4. 非完全信任关系：在主播合作协议中，双方其实并不完全是相互信任关系，因为当初签约时，双方相互之间并不了解，只是因为平台有资源、主播有人气才组合在一起。因此，这种合同更类似于商事合同。而委托合同一般是基于信任关系签订的。

5.明确约定：无论合同名称或合同条款如何约定，我都建议在撰写合同时直接通过加黑或协议约定等明确的方式降低可能出现的合同被认定为单一的委托合同、劳动合同等风险。如可以表述为：

"本合同不构成单一的委托合同或劳动合同，双方对此已充分知晓。"

第二，劳动关系。劳动关系在早期的主播合同中比较常见。特别是在直接以人力资源公司或劳务公司作为合同主体签署的主播合同中，双方很可能被认定为具有劳动关系。不过，通过劳动合同来抗辩获得支持的情况非常少，即便被支持了，在最终审理阶段也会被修正为非劳动关系（见表3-2）。

表3-2　劳动关系认定一览表

	一审	二审	再审
唐某	劳动关系	劳动关系	非劳动关系
符某	非劳动关系	—	—
王某某	非劳动关系	—	—
曹某	非劳动关系	—	—

想构成劳动关系，一般需符合以下四个特征：当事人双方主体资格合法；用人单位的各项规章制度适用于劳动者的实际情况，包括工资报酬、劳动纪律、奖惩规则等；劳动者接受用人单位的管理，从事用人单位安排的有报酬的劳动，即劳动者为了获取报酬，在用人单位的指挥和监督下从事劳动；劳动者提供的劳动是用人单位业务的组成部分。在主播解约诉讼中，我们可以从以下实际情况出发，对案件进行分析整理。

固定工资：主播一般都会有固定收入，而且按月发放。

没有社保：一般来说，这一点是比较好的抗辩理由，但有的平台会为主播缴纳社保费，因为很多地方想买房都需要满足一定的社保要求。所以有时候平台出于好心做的事，最后可能会成为对自己不利的证据。即使需要帮主播缴纳社保费用，我建议可以将这部分社保费用计算在发放给主播的收入中，让主播自行缴纳。

无须到公司：虽然有些公司会在其办公场所设置直播间，主播也会每天都到直播间直播，但大多数头部主播并不会在公司进行直播，因此想以此证明构成劳动关系就比较牵强。我建议公司尽量不要对直播设置考勤，也不要设置打卡的环节。

第三，格式合同与欺诈、乘人之危。为避免被认定为格式合同等，建议公司尽量在前期履行合同时注意以下方面。

提供不同版本的合同：尽量针对不同的主播提供不同的合同版本。比如，头部主播在违约金数额、义务约束等方面与新人主播可以有所不同，二者可以用不同的条款。也尽量不要使用"通用条款＋附加协议"的方式签署合同，因为这种通用条款很可能被视为格式条款。

允许修改：经纪公司不应禁止主播修改任何合同条款，而应允许其在非核心条款上做适当修改，尤其是在对方有律师审核和把关的情况下，完全可以在不违背核心原则的前提下适当接受对方的部分修改要求，但应记得留存对方修改的版本，并用邮件传输合同修改文本等。

签约录像：行业内很多平台在与头部主播签约时，一般会采用直接录像的方式，并对重要条款进行宣读，确认主播无异议且自愿确认并签字。对于其他新人主播的批量签约，可以由律师制作相关条款的宣讲视频并发送给这些主播，并在主播阅览后要求其确认并签字，这些都可能是在后期诉讼中可以使用的证据。

【经典案例】

游戏主播跳槽的违约成本
——杭州某文化传媒有限公司与李某某的合同纠纷

李某某的跳槽给该公司造成的损失不能仅包括约定合作期内的佣金收入损失，还应包括因该公司行业的特殊性而产生的其他损失，兼顾协议的履行情况、李某某作为游戏主播在用户中的影响力、当事人的过错程度以及该公司的预期利益等综合因素，根据公平原则和诚实信用原则予以衡量，酌情确定李某某应承担的违约金数额。

案情简介[①]

2017 年 6 月 28 日，双方签订主播独家合作协议，约定"乙方（李某某）同意在 A 平台进行游戏直播，并将其独家经纪代理权全权授予甲方；合作期限自 2017 年 6 月 28 日起至 2020 年 6 月 28 日止，未经甲方事先书面同意，乙方不得以任何途径或任何方式在 A 平台以外的其他网站、直播平台、企业或实体从事游戏直播、解说、推广、电商服务或其他类似行为"。

2018 年 8 月 2 日起，李某某停止在 A 平台进行游戏直播解说，改在 B 平台进行游戏直播解说。该公司遂提起诉讼。

---

① 判决书案号：（2020）浙 01 民终 2448 号。

案件分析

李某某在未与该公司达成一致的情况下，于 2018 年 8 月 2 日开始擅自停止履行合同义务，并在同类平台继续从事相同工作，导致该公司希望李某某在 A 平台从事游戏解说活动的目的无法实现，李某某的行为构成根本违约，在无法继续履行合同的情况下，该公司有权要求李某某承担违约责任。

对于该公司要求李某某赔偿及支付违约金合计 200 万元的诉讼请求，李某某擅自停止履行合同并在同类平台从事相同解说活动的行为构成根本违约，双方对此约定的违约责任为按以下两种计算方式中数额较高者支付违约金：（1）乙方年合作费用的三倍；（2）违约金 1000 万元。双方另对李某某的违约行为约定了其他赔偿损失的违约责任。

双方签订的协议为独家经纪合约，目的是由李某某在 A 平台从事独家、具有排他性的游戏解说直播活动。A 平台与李某某此后从事主播活动的 B 平台都为直播平台，二者所处行业相同、经营模式类似、受众相近，都是通过主播的直播活动吸引平台用户观看并打赏，以期由此获利。李某某擅自停止履行合同，将会导致 A 平台无法通过李某某的主播活动吸引用户观看直播、进行打赏，必然会导致 A 平台遭受损失。

虽然平台损失不能直接等同于作为经纪公司的某公司的损失，但该公司作为为平台推荐主播的经纪公司，其旗下主播带来的收益也必然会减少。

本案争议所涉游戏主播行业为新兴行业，主要依靠主播的影响力来吸引受众，游戏主播为平台、经纪公司带来的经济价值很难客观衡量，主播"跳槽"所带来的损失亦难以用客观标准估计。

综合考虑双方的履约时间、李某某作为游戏主播在平台用户中的影响力，并考虑诚信守约原则等因素，法院认为该公司主张 200 万元违约金数额过高，法院最终酌情确认李某某应当综合赔偿该公司 80 万元违约金。

本章小结

本章为读者建构了文娱合同审查方法论，并以行业内最重要的经纪合同为例，从双方视角出发进行了剖析。针对业内频发的各类解约纠纷，我从司法实践和行业规则等角度出发，为读者全面分析了谈判原则和诉讼策略。

希望读者记得在日常工作中多多训练自己的"看电影"技能。

思考

1. 请制作一份红人参与综艺节目录制合同的可视化流程表。

（思考方向：红人从哪里出发？红人当天会在哪里？节目有相关安全措施吗？录节目的红人都有哪些？红人之间有没有关系不合的情况？主赞助方是谁？节目背景是怎样的？会不会有竞品信息？等等）

2. 在红人与经纪公司的经纪合同签约过程中，红人该如何处理有争议的条款？

3. 请分别站在经纪公司一方和红人一方的立场，就下述案例设计出不同的解约方案。

（1）合约背景：为期八年的练习生合同，目前履行了两年，且该练习生已经出道；合同没有约定红人的单方解除权，但是提到了如果红人单方要求解约则需支付违约金 300 万元；合同没有约定任何对于经纪公司的量化标准义务；截至目前，经纪公司仍有一笔费用拖欠且未予支付，已逾期六个月。

（2）履行情况：经纪公司突然被收购，整个经纪团队被撤换；经纪公司总共有 10 个练习生，两年内总共投入 100 万元；红人觉得自己不受重视，并且与经纪人的理念不合，红人想拍戏，但经纪人却说红人现在主要任务是唱跳，但该红人并不喜欢唱跳，双方产生矛盾，红人想解约的意愿十分坚决。

第四章

品牌运营

从这一章开始，我们开始分析红人常规的业务运营。本章我将从商业演出、品牌代言、综艺录制、新媒体业务和对外宣传等方面为读者展现红人运营过程中涉及的法商知识。囿于本书篇幅，针对共性问题，我将分别在各个章节为大家介绍。

第一节　商业演出

针对红人的商业演出业务，目前仍主要依赖于红人知名度来确定谈判地位。对于知名度较高的红人，制作公司更主动寻求合作，基本可以按照红人一方的需求制定商业演出。但针对核心业务的约定，双方仍有商榷的余地。

鉴于红人的商业演出业务在红人运营过程中处于核心位置，基本上其他类型的业务都与演出有关，因此我为大家梳理了商业演出业务清单（见图 4-1），该清单可以作为红人运营过程中各业务类型的自查清单。

商业演出业务清单		
演出内容	著作权归属	演出改期的处理规则
费用支付	红人同意书	不可抗力与保密
税费处理	配合彩排与宣传	主办方劣迹条款
接待标准	短期不竞争	劣迹条款
安全与保险	红人方合理使用	公众形象要求
肖像授权与名誉维护	演出内容合法性	直播要求（是否含点播）

图 4-1　商业演出业务清单

演出内容：红人时间价值体现

除了需要明确常规的演出名称、演出场地，还需要注意以下内容：演出时间应精确到小时，比如某年某月某日某时开始某时结束；演出内容应明确表演几首歌曲或舞蹈，是否有与主持人的互动并写明互动不超过多少分钟。

如果能够确定演出曲目、演出顺序，则需在合同中予以明确，如果暂时无法确定，可以留个"口子"，由双方联系人以邮件确认的内容为准。演出形式也应明确，比如是带乐队演出、带伴奏演出，还是现场乐队演出等。

肖像授权：红人形象价值体现

不仅在演出合同中需要明确约定肖像授权条款，在与红人相关的所有合同中都应该注意此类条款，如一般肖像授权条款可以同步包括姓名和声音的授权。这类条款不仅应在合同正文中有所体现，如果可以，建议单独将这一条作为附件由红人本人签字确认。

在演出宣传活动中，当需要使用红人的肖像时，广告公司或媒体通常会要求主办方出具该类授权，而主办方因保密条款限制无法直接提供演出合同，这时如果有单独授权书，该问题则迎刃而解。

当然，在获取这类单独授权的过程中，经纪人应注意一些限制条款。

第一，限定范围，即仅限于在授权书约定范围内使用授权书所列的广告物料，其他任何涉及红人的肖像、姓名、声音等元素的使用，均须另行征得授权方的书面同意。

第二，限定用途，即要求被授权方不会将红人的肖像、姓名、声音等元素用于任何产品包装、产品广告等商业用途[①]，不会超出授权区域、授权期限使用授权内容，且不会对红人的肖像、姓名、声音等元素进行任何形式的剪辑、涂抹、拆分、添加等修改，不会将红人的肖像、姓名、声音等元素转授其他第三方使用。

第三，授权保证，即要求被授权方保证制作及使用的广告内容不会影响红人的健康形象，不含色情暴力及其他不良内容，不得违反《中华人民共和国广告法》（以下简称《广告法》）中关于广告内容的禁止性相关规定，并保证最终发布的物料不会侵犯任何第三人合法权益，包括但不限于著作权、名誉权等内容，如因物料中非红人肖像的其他部分侵犯任何第三人合法权益的，约定由被授权方负责解决。

第四，清理条款，即在授权到期后，要求被授权方及时销毁所发布物料。

演出费用：上台前拿到全款

一般来说，知名度较高的红人在演出前需要拿到全款才会上台，这在行业内已是惯例。对于其他红人，可以采用分期支付的方式，演出前预付一部分，演出全部结束后再付一部分，或采用所有款项都后付的方式。此外，红人一般只收取演出费，其收入与主办方的赞助、门票收入无关。如果是境外付款，关于由此产生的银行手续费和在境内代扣代缴税问题，需要明确由谁来承担。

---

① 如此约定是为了区别代言产品使用。

【经典案例】

如何认定演出合同付款条件已成就
——上海 A 工作室与 B 公司合同纠纷

演出合同存在居间方时，居间方一般会约定其需要得到聘请方的确认才负有支付义务，在这种情况下，如何认定演出合同付款条件已成就？

案情简介[①]

2017 年 7 月 10 日，B 公司（甲方）与 A 工作室（乙方）、林某某（乙方红人）签订演出合同，载明甲方拟邀请乙方红人林某某担任某综艺第三季节目的嘉宾；林某某作为特邀嘉宾参与两期节目录制，时间为 2017 年 7 月 14 日及 2017 年 7 月 15 日，地点在三亚；林某某参与本次演出的费用共计 400 万元，甲方应于收到乙方提供账户资料后的 10 个工作日内支付全部费用，乙方应于甲方付款前 5 个工作日内向甲方提供增值税专用发票；付款前提为：在付款前甲方必须收到 C 卫视给甲方出具的有 C 卫视盖章和 C 卫视负责人签字的付款确认通知书。

2017 年 10 月 26 日，A 工作室向 B 公司开具 400 万元策划服务费发票。

2017 年 10 月 11 日，C 卫视员工胡某向鲍某禄等人发送名为"某综艺林某某补充合同付款通知"的邮件，载明：现在该综艺第三季已播完九期，暂时处于停播状态，因节目拍摄录制已全部完毕，现 C 卫视通知并确认，B 公司与第三方就某综艺第三季项目已签约的合同仍可继续支付合同款，包括某综艺第三季林某某的演出合同，代表 C 卫视通知并确认甲方（B 公司）可按某综艺项目红人林某某演出合同的规定，自签订之日起 10 个工作日内向乙方（A 工作室）支付协议款 400 万元。

B 公司认可该邮件真实性，但表示其未收到 C 卫视盖章确认的通知书。诉讼中，C 卫视表示其认可员工胡某在上述邮件中的表述，邮件表达了 C 卫视确认 B 公司可以向 A 工作室付款的意思表示。

案件分析

合同约定"付款前提为：在付款前甲方必须收到 C 卫视给甲方出具的有 C 卫视盖章和 C 卫视负责人签字的付款确认通知书"。对合同条款存在争议且无法达成协议的情况

---

① 判决书案号：（2021）京 03 民终 13395 号。

下，应按照交易习惯、行业惯例及合同制定的目的等对合同条款做出解释，该条款的目的在于通过第三方 C 卫视确认 A 工作室的履行情况。而合同其他条款中亦有"C 卫视、甲方及乙方三方之间相关人员的电子邮件往来是本合同履行的直接书面文件，邮件中三方确认的内容视为本合同的补充，对三方具有法律约束力"的内容，在实际履行中，C 卫视的制片人胡某已于 2017 年 10 月 11 日向 B 公司发送"可向 A 工作室支付协议款400 万元"的邮件，C 卫视认可邮件内容，故应认为 C 卫视作为第三方已经对 A 工作室要求 B 公司完成的履约行为进行了确认。付款条件成就后，B 公司未按照合同约定支付演出费用，违反了合同约定，应承担违约责任，法院按照合同约定判决 B 公司以 400 万元为基数，从 2018 年 9 月 25 日起至实际支付之日止，按照每工作日万分之一的标准计算违约金。

红人一方：需要注意的事项

我建议，红人一方在日常工作中应及时制作和更新红人一方的接待清单，包括交通、住宿、餐饮标准等，尽可能明确各项细节，比如飞机舱位、高铁座位等级，红人及随行人员人数、保险要求（知名度较高的红人保额在 1000 万元左右，其他红人或随行人员的保额可能在 50 万 ~ 200 万元，根据棚内、户外演出活动不同有所区分）、酒店星级要求、酒店地段要求、酒店房间要求、健身房要求、训练室要求以及是否需要配乐器、是否需要含早餐与点餐服务、是否需要翻译人员等，都需要罗列清楚，以免最终产生纠纷影响演出。

此外，红人一方需要注意一些条款。

1. 红人应配合主办方进行彩排及接受采访，但红人有权拒绝合同约定的彩排、演出、采访等以外的与本次演出的举办没有直接关系的商业行程要求。

2. 主办方如果需要红人配合宣传，一般应提前告知红人演出宣传计划和具体内容。为公平起见，红人有权拒绝内容不适当的宣传，对于该种权利需要加上一些限制，如红人应当在收到上述资料后三日内告知主办方"内容不适当的宣传"的具体内容，由双方再协商沟通。

3. 为演出宣传需要，红人需在指定社交平台（包括但不限于新浪微博、微信公众号、豆瓣等）和指定的发布时间内（包括演出门票预售阶段、演出开始一周前、演出结束后一周内）发布主办方指定的演出宣传内容。一般来说，主办方会提出需要红人帮忙宣传的有关要求，但宣传内容需经双方协商一致。红人发布宣传内容前，应当事先征得主办方的同意。

4.红人的经纪公司同样有宣传红人的需要，因此对于红人参与的演出，经纪公司可以与主办方约定在演出结束后经纪公司进行宣传及活动报道时对与演出相关的录像带、照片和其他录音录像制品进行合理使用（非商业用途），但主办方一般会要求经纪公司在使用时带上主办方的 LOGO。

5.红人一方需保证演出内容不涉及任何政治、色情内容，并对演出内容有完全的知识产权。同时，针对这类条款，一般会约定较严重的违约责任，比如违反上述保证内容造成损失的，由红人一方负责解决；因此造成主办方损失的，红人一方应赔偿主办方的所有损失。同时，红人的演出内容需提前得到主办方的认可，并且主办方有权根据实际情况对演出环节和演出内容进行适当调整。

6.红人于合同期间不得做出与本次演出活动相关的任何不利言论或行为，如涉及赌博、色情、暴力、抢盗、诈欺、毒品等违法犯罪行为给本次演出活动带来负面社会影响。这种情况对主办方的影响可能是致命的，并可能对主办方之后再举行其他类似活动产生重大影响，因此合同中需要对此做出特别的约定：如发生此种情形，主办方有权单方解除合同，红人一方不仅应全额退还已支付的演出费用，如果因此给主办方造成损害，还应全额赔偿。

主办方：需要注意的事项

直播行业兴起后，很多演出有进行实时网络视频直播的需求，但传统现场演出是不包括直播的，因此在这类演出合同中，主办方需要对是否直播或点播进行前期约定。如果需要直播，很多红人可能会另外收费，并且对于点播，大多数红人是不允许的，或需要另行收费，这些都需要在签订合同之前谈妥，否则主办方很容易在没有授权的情况下侵犯红人的表演者权。

对于主办方而言，还有其他权利义务需要注意。

1.提供舞台、音像、灯光和舞台工作人员。需要说明的是，有些红人对音乐设备有特殊的需求，对此需要约定清楚，如红人应在演出前 30 日向主办方交付设备需求清单，主办方应尽力按红人需求租赁设备，如无法在演出当地的设备租赁公司租到红人要求的设备，主办方应在演出前 7 日通知红人，双方另行协商。当然，额外设备的租赁费用一般由红人承担。

2.负责演出审批工作。即由主办方负责获得演出资质审批，因为某些原因，有时某些演出活动并不能如期举行，因此双方需要明确约定不能按期举行活动时的处理办法：

若本次演出因未通过相关部门审批而不能如期举行，双方一致确认后可协商更改本次演出的时间。

3. 对于主办方在红人演出当天为红人所拍摄的演出影像及照片资料，主办方可以用于该演出或主办方公司宣传报道。除了按照合同约定在演出宣传材料中展示演出赞助单位及合作单位的名称及标示等，主办方一般不得以任何形式将红人上述影像及照片资料用作付费广告。演出活动虽然是即时活动，但后期宣传以及之后主办方进行的报道都需要使用相关红人的姓名、肖像、表演作品等，因此需要明确约定对于该类资料的使用授权。

4. 演出合同一般在主办方与红人经纪公司之间签署，过程中并没有得到红人本人的确认。对此，目前业内通行的办法是，在签署演出合同时，经纪公司一般应向主办方提供由红人亲笔签署的红人同意函，或直接在合同上签署红人姓名。

短期不竞争：保证演出稀缺性

红人演出稀缺性是其演出具有竞争力的原因之一。因此，如果红人在某个时段内在同一地点连续演出，其演出的门票价格就不会一直保持在高位（演唱会除外）。因此，演出合同中一般会约定红人保证在此次演出前多少日内不在演出地举办其他任何演出活动。这类条款的约定有利于保证红人演出门票价格的稳定，是行业内的惯例。

演出改变：特殊情况处理之道

有很多情况会导致活动无法举行，如红人因某些理由未参加演出或因红人无正当理由违反合同规定而使演出无法完成，此时红人应返还主办方已经支付的全部演出费，至于是否按约定支付违约金，则可以由双方协商；如因主办方无正当理由违反规定而使演出无法完成的，红人一方一般不会退还任何款项，因为红人存在档期损失，这也是红人价值公式中时间要素的体现。

相关部门的管控也可能导致很多本已经签订合约的红人无法参加演出，对于这种情况，需要明确约定哪些属于不可抗力，哪些属于红人一方的违约。因形象过于负面等原因而不能参加演出的情形，一般属于红人一方的违约行为；若出现政策变更，双方对此可以直接约定解决方案，如延期举行或调整演出方案，或双方扣除各自成本后返还资金等。

第二节 品牌代言

代言行为是红人价值最复杂的体现，也最好地体现了我前文总结的红人价值公式。

在读者现在看到的这张代言法商图谱中（见图 4-2），我将代言区分成了代言前、代言中和代言后。代言中需要关注的重点与商业演出合同中的类似，而代言前和代言后的规制则是代言行为中比较特殊的地方，也是本节需要重点分析的。

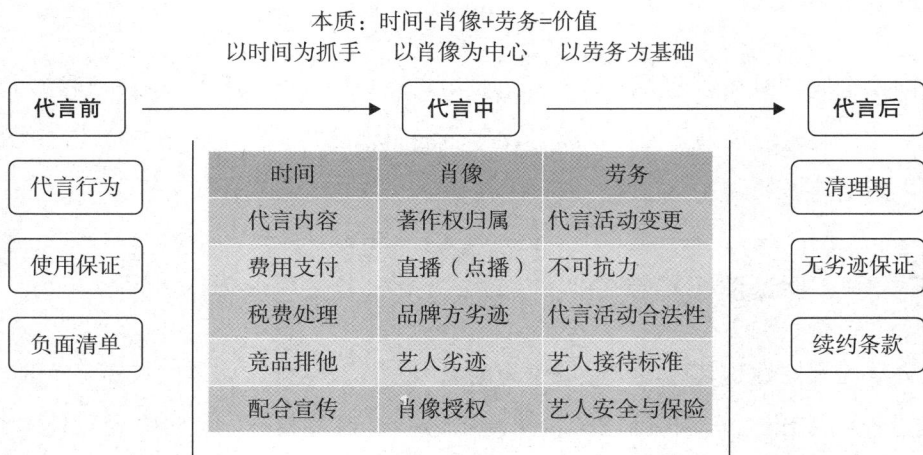

本质：时间+肖像+劳务=价值

以时间为抓手　　以肖像为中心　　以劳务为基础

代言前	→	代言中			→	代言后

代言行为		时间	肖像	劳务		清理期
使用保证		代言内容	著作权归属	代言活动变更		无劣迹保证
负面清单		费用支付	直播（点播）	不可抗力		续约条款
		税费处理	品牌方劣迹	代言活动合法性		
		竞品排他	艺人劣迹	艺人接待标准		
		配合宣传	肖像授权	艺人安全与保险		

图 4-2　代言法商图谱

代言内容：红人价值最大化

代言合作是最直观地体现红人商业价值的地方，很多红人一炮而红后代言合同忽然纷至沓来。与其他红人业务不同的是，代言往往实际工作时间短，但授权时间长，价格也比较高。按照红人价值公式，我们需要首先明确红人在代言期间的工作范围，我根据实践经验将代言的工作范围整理如下。

1. 录制视频：一般指红人一方与品牌方协商一致，以确定的形象设计、服装服饰、口播内容等在视频中演出。关于视频拍摄部分，有以下几点需要注意。

第一，拍摄时间。需约定每部视频拍摄的工作时间（一般约定为不超过几个工作日，每天不超过多少小时，并且包含红人化妆、造型及置景等时间）。为保证红人一方的权益，一般需要约定拍摄前的服装试穿，如不超过多少小时并且以几套衣服为上限。

第二，配音录制。一般需约定配音录制内容的语种（如普通话或粤语、英语等）配音时长（在几天内完成，实际工作时长以几小时为上限，自红人抵达录音室开始录音起计时）。为更精确地约定配音时间，一般可以约定配音录制的时间初步定于视频拍摄完成后多少日内，具体的录制时间和地点由品牌方于录音前多少个工作日以书面方式与红人一方进行沟通确认。

第三，视频的拍摄均需经双方共同确认，方可进行拍摄。视频中红人的形象应与红人一方为红人所设计的形象具有一致性，若在拍摄过程中需要修改拍摄脚本，应事先得到红人一方的确认及同意并经双方协商一致确定。

第四，经红人一方书面确认同意后，品牌方可以在合同约定代言期间内剪辑（或重新剪辑）和播放视频。一般需要同时约定视频中可以使用红人的姓名及签名。为保证红人形象的统一性，红人一方可以要求视频成品以及一切形式的修改剪辑版本在投入使用前均需提交红人一方进行内容确认，否则均视为侵权使用。

2. 硬照拍摄：约定参加不超过几次广告照片拍摄，并且约定红人工作时间不超过多少工作小时（包含试装、化妆、造型及置景等全部时间）。有时候硬照拍摄和视频拍摄是同步进行的，行业内称之为"套拍"，这样可以节省时间，提高效率。

3. 商演活动：品牌方往往会要求红人在代言期间出席不超过一定次数的与品牌有关的公开活动，包括新闻发布会、市场公关活动等，红人可以与品牌方约定不参加品牌方公司年会及内部盛典等活动。关于这一点，还有以下方面需要注意。

第一，红人需配合完成双方确认的全部活动流程。其中活动流程、时间、地点及内容、主持人选等均须由双方共同确认，而红人及相关工作人员的差旅费用（包括机票、住宿、膳食安排、梳化、造型等必要支出），由品牌方于活动结束后的几个工作日内按红人一方提交的结算单金额一次付清。

第二，作为产品代言人，红人经品牌方要求后，可在出席代言活动时发言、接受媒体采访（品牌方需提前为红人准备必需的资料）。具体工作内容及时间档期须由双方协商一致，品牌方应根据活动性质及规模准备足够的保安人员，以确保红人及相关人员的人身安全和活动的顺利进行。

4. 新媒体营销：红人在其个人认证的微博等新媒体平台上累计发布多少次关于品牌的推广文章或微博。发布的方式有很多，如直发、转发、点赞、评论等。有些红人不愿意直发商务推广信息，一般就会通过在品牌方官方微博发布评论的方式解决这个问题。除了在红人个人认证的微博上发布商务微博，红人工作室也可以发布商务微博。此外，品牌方是否需要开屏广告等，也需要详细约定，推广内容一般由品牌方确定，当然，红人一方也可以要求品牌方对发布内容的合法性等风险负责，并且可以对明显违法或违背公序良俗、违背红人形象规划的内容予以拒绝。品牌方有参加直播活动要求的，红人则需注意避免品牌方过度消费红人形象，如在直播间卖货等。

代言范围：期限和地域限制

传统品牌代言合同虽然基本以一年为基准，但是之所以更多的红人代言以短期代言为主，一方面是因为红人不愿全年被一个品牌捆绑，另一方面是因为品牌方也觉得全年代言费用较高。因此，一个月、三个月或六个月的短期代言更为常见。

实物产品的代言合同期限会与实物的包装与销售期限有差距。比如约定了广告代言期限自 2021 年 11 月 1 日至 2023 年 10 月 31 日，就需要再说明一下：涉及红人肖像的产品及产品包装等的最后出品日应当以产品的生产上市周期作为依据，不能超过 2023 年 9 月 30 日（以一个月为产品从生产到上市的周期）；涉及红人肖像的广告及其他广告宣传品必须于合同期满结束放映与使用。只有这样，才能避免实物产品或其他广告内容超出代言期限却仍在使用的情况。

代言区域主要是地域限制，如代言区域是否包括我国港澳台地区，还是全球范围内等。在互联网语境下，如在合同约定的使用区域和时间期限外，发生不受品牌方控制的播放（如网络转载），品牌方一般不应承担责任也无须支付费用，但应尽力阻止这等侵权事宜的发生并负有通知义务。

有个问题留给各位读者思考：当品牌代言合同到期后，红人一方是否可以删除曾经发布的商务推广微博？

代言行为：日趋复杂的认定标准

广告代言人是指广告主以外的，在广告中以自己的名义或者形象对商品、服务作推荐、证明的自然人、法人或其他组织。

广告代言活动是广告代言人受广告主（商品经营者或者服务提供者）委托，在广告中以自己的名义或者形象对广告主的商品或者服务进行推荐、证明的一种商业广告活动。

根据上海市市场监督管理局发布的沪市监广告〔2022〕38 号《商业广告代言活动合规指引》，下列行为都属于代言行为。

1. 在广告中将身份信息予以明确标示的，如姓名、职业等，对消费者表达自己对产品的推荐、证明，影响消费者购买选择的，属于以自己的名义，利用自己的独立人格进行广告代言；

2. 科研单位、学术机构、技术推广机构、行业协会等法人或者其他组织在广告中以其名义对商品、服务作推荐、证明的，也属于广告代言；

3. 对于一些知名度较高的主体，如：知名文艺工作者、知名体育工作者、专家学者、"网红"等明星艺人、社会名人等，因其具有高度身份可识别性，虽然广告中未标明身份，但公众通过其形象即可辨明其身份的，属于以自己的形象，利用了自己的独立人格进行广告代言，即使是以不为公众所熟知的其他身份，如"××体验官"等进行推荐证明，也不能改变广告代言人的身份特征；

4. 网络直播活动中，直播内容构成商业广告的，参与网络直播，以自己的名义或者形象对商品、服务作推荐、证明，应当履行广告代言人的法律责任和义务；

5. 含有商业植入广告的综艺节目中，参与的明星艺人、社会名人等，以自己的名义为植入的商品、服务进行了推荐、证明（如通过创意中插、情节设计等广告形式），符合广告代言人的定义，应当履行广告代言人的法律责任和义务；

6. 广告主及其工作人员对自己所推销的商品或者服务进行推荐、证明，一般不认为是广告代言人；

7. 如果广告中没有标明身份，公众也难以辨别其身份，则不是以自己的独立人格进行商品或服务推荐，该种情形可以认为属于广告表演，而不是广告代言；

8. 已建立广告代言关系的广告代言人接受广告主、广告经营者的委托，通过自设网站或者拥有合法使用权的互联网媒介（包括各类自媒体、社交媒体）发布广告，同时构成该互联网广告的广告发布者。

竞品排他：精彩纷呈的除外条款

竞品限制是代言和其他商业演出的最大不同之处，实际上品牌方因为一段时间内的竞品限制而获得了独家权益，这也是代言费用高昂的原因。不过在这类交易中，竞品限制也在不断升级。

如下述同类产品的合作限制的表示。

乙方红人为甲方之品牌及其系列产品广告形象代言人，协议有效期内不得接受本广告发布区域内与甲方品牌及其系列产品具有直接或者间接竞争性的非品牌及其系列产品的产品之广告代言或推广合作工作，具体包括但不限于下列品牌竞品，品牌名单如下：……（竞品品牌名字等）。

关于此类表述的争议主要在于三个方面。

第一，如何定义"及其系列产品"？虽然品牌方希望将代言范围扩大至系列产品，但是红人却希望明确系列产品包括什么。因此，我们建议直接列明对产品的定义，有多少种产品就写明多少种产品名字，而尽量不要用"及其系列产品"这样宽泛的定义。同时，如果品牌方需扩展竞争性品牌的名单，应与红人一方协商，经双方书面确认后方可扩展名单。

第二，产品类别要细化到何种程度？有时候碰到强势的品牌方，在没有办法穷尽产品名称时，就需要注意将产品类别细化，比如食品类（例如某品牌面食，可能包括水饺、汤圆、馒头等，那么代言产品可以细化到水饺，甚至是什么口味的水饺，而其他品牌的其他口味水饺则不在竞品之列）。

第三，如何罗列竞品？是否属于竞品，应在合同审查时从严把握，最好把产品分为两个队列：一是品牌竞品，如阿迪达斯和耐克，不论产品是什么，非此即彼；二是产品竞品，如三全水饺和湾仔码头水饺，水饺是竞品，无论品牌是什么，红人都不能再代言水饺类产品。

同时，面对越来越多的赞助商，最好约定好例外情况，这比单纯的竞品条款更重要，大多数会出现的情况都可以在这些例外情况中进行约定。

第一，影视剧同框豁免。红人参与电影、电视剧、电视访谈或电视节目拍摄活动时，除去红人本人穿戴、手持、台词植入的情况，仅仅与竞品同框的情况应该豁免。

第二，冠名、主办豁免。参加品牌冠名或主办的商业活动时，除去红人本人穿戴、手持、采访口播植入的情况，仅与竞品同框的情况应该豁免。不过，红人应当合理地避开与竞品同框，比如使用不带品牌方冠名卡片的话筒，尽量避免所在位置会使自己与竞品同框等。

第三，团体成员代言豁免。匹配目前偶像团体迸发、共享经纪分约的趋势，可以约定红人所在团体以团体形式接洽合作的广告代言、推广不受单个红人代言合作限制的约束。

第四，在大背景下多人同框时豁免。

其他重点：珍惜红人声誉

第一，代言称谓。这是很多红人和经纪人最关心的核心内容，称谓可以是代言人、推荐官、品牌考察官等，不同称谓匹配不同工作内容和代言价格。有些红人还会约定，品牌如需增加同领域的代言人还需要取得红人一方同意，即意味着品牌在此期限内只能授予这位红人代言人称谓。

第二，物料确认。一般来说，品牌方应承诺含有红人肖像的物料需要经红人一方确认方可对外发布。是否需要确认宣发渠道，可以在合同中具体约定，现实中各种情况的应对方式并不相同。为保险起见，我建议进行再次确认。一方面，合同中很难全面约定所有宣发渠道；另一方面，很多渠道可能是合同签订后才出现的新型渠道等。也可以在合同中列举一些可以发布的渠道，这些渠道不需要再次确认，这些渠道之外的则需要再次确认。

第三，使用限制。主要是拍摄物料的使用渠道范围限制。这里我们区分线上和线下两种使用途径。线下渠道主要包括线下实体门店、户外广告牌、公交、地铁等硬广渠道等。有些品牌方还会制作一些周边产品，如日历、随产品附赠的明信片、粉丝解锁等。线上渠道比较丰富，主要有网络媒体，电商渠道，如天猫、京东、唯品会等。对电商渠道的使用，红人一方往往应该更谨慎一些。

第三节　综艺录制

2020 年上半年，湖南卫视自制的某综艺节目掀起收视热潮，相关话题引发热烈讨论，并衍生人们对女性价值等社会类话题的讨论，成为年内"爆款"娱乐综艺。娱乐综艺与文化类综艺不同，过往的舆论对其的刻板印象、标签化较严重，多被诟病有"快餐文化""毒害青少年"等问题。但是，结合近三年综艺行业的发展规律可以发现，每年均会出现以"爆款""引发社会广泛热议"为特征的娱乐综艺。此外，热门综艺节目在出圈力方面还表现为"贡献年度流行语"，如"C 位""pick""乘风破浪"等热词。[①]

因此，参与综艺录制，是红人在观众心中塑造人物性格的最快方式。

参加诉求：节目爆点与个人形象

红人参加综艺节目的首要前提是了解这档综艺节目是否适合自己。对此，我建议从以下几个角度对综艺节目进行判断。

第一，拍摄内容、流程和形式。很多综艺节目在首播第一季时并没有拍摄内容、流程和形式等参照物，对此，经纪人可以通过观看国外类似的综艺节目或根据节目的流程进行分析和判断。特别需要双方关注和了解的是，综艺制作方想通过节目传递的价值观与红人形象的塑造具有很大关系。

第二，录制时长。大部分综艺节目录制时间较长，可能会持续一个月甚至更久，红人需要了解节目录制具体需要占用多少时间，自己是否有合适的档期，以及是否需要推掉别的节目等。

---

① 司若.影视蓝皮书：中国影视产业发展报告（2021）[M].北京：社会科学文献出版社，2021.

第三，嘉宾类型。了解自己是常驻嘉宾还是飞行嘉宾，以及参加节目的其他嘉宾。

剪辑制作：三分内容，七分后期

综艺节目后期制作与电视剧后期制作的最大不同之处在于，除了内容剪辑，综艺节目在后期制作中还需要加入表情特效、花字旁白、背景音乐等大量素材。有人戏说，综艺节目"三分靠内容，七分靠后期"，这话有点夸张，但后期的重要性确实不容小觑，如某综艺节目因不当剪辑引起人们对红人黄某某的误解，之后红人黄某某的工作室发布了正式声明，节目组重新上线修正过的节目，并发表致歉声明。由此可见，剪辑与"人设"之间的关系非常紧密，如果剪辑不当，可能会侵犯红人的肖像权或名誉权。

事实上，红人有时候也可以化被动为主动。如陈某在某综艺节目中被指只会偷懒，这多少会导致观众对其形象有些反感，但他反倒配合节目组的"人设"表演，在节目中先是接受这个形象，然后在后续节目中开始做更多体力活，后来，这种反差使其观众口碑大反转。

此外，剪辑时除了要考虑娱乐性和艺术性，还要考虑合规性，比如不能侵犯他人作品的知识产权等。

【经典案例】

综艺节目侵权使用音乐作品的赔偿标准
——李某诉某综艺节目表演《天空之城》侵权纠纷

某综艺节目中歌手演唱及供观众在线点播的行为侵犯了李某对《天空之城》享有的表演权和信息网络传播权。另外，法院在本案中确定了经济损失赔偿数额的考量要素，包括市场授权价格、主观过错程度、社会影响及侵权时间等。

案情简介 [①]

在某综艺节目第二季第一期中，歌手邱某在未获得李某许可的情况下，演唱了歌曲《天空之城》。

2018年7月3日，该综艺节目第二季第一期的播放量为2.4亿次；2018年7月11日，该期节目的播放量为5.2亿次。

---

① 判决书案号：（2018）粤0305民初15249号。

案件分析

截至该综艺节目第二季第一期播出前，该综艺节目中使用音乐作品《天空之城》的行为没有获得李某的授权，并且最终未取得李某的追认授权。故 A 公司、B 公司和 C 公司前述行为已侵犯原告李某对音乐作品《天空之城》享有的表演权和信息网络传播权，应依法承担相应的侵权责任。

关于经济损失的赔偿数额，因根据本案在案证据不能确定李某的实际损失及各被告的违法所得，法院综合考虑了以下因素来决定赔偿数额。

第一，李某在本案中的经济损失主要是授权费用的损失，故李某单首音乐作品的市场授权价格应当作为确定本案经济损失赔偿数额的主要因素；法院认为，通过第三人北京某公司与李某经纪人进行协商的过程，可以确定李某单首音乐作品的三年期市场授权价格为 10 万元或略微上浮。

第二，本案中，A 公司、B 公司和 C 公司在该综艺节目播出前未尽到应尽的审查义务，致使播出的综艺节目中包含了原告的音乐作品，其主观过错明显。此外，当前我国正在大力推行音乐作品正版化工作，但仍有部分综艺节目的制作者在未经相关权利人许可的情况下使用其音乐作品，如果仅按照原告单首音乐作品的市场授权价格确定本案的经济损失赔偿数额，不利于营造"尊重创作、尊重版权"的良好氛围。因此，经济损失赔偿数额应当较之正常的市场授权价格有所提高，以示惩戒，并有助于对市场行为予以规范。

第三，该综艺节目第二季第一期上线后播放量达 5.2 亿次，传播范围较广，影响力较大，但该综艺节目的超高播放量并非单纯因被侵权音乐作品《天空之城》的知名度和影响力而形成，决定性因素是该综艺节目的模式、内容、质量以及社会大众的接受程度等，因此，不能以该综艺节目的超高播放量过度扩大经济损失赔偿数额，但该综艺节目的超高播放量应当作为确定本案经济损失赔偿数额的参考因素。

第四，在该综艺节目播出后的第二天，第三人北京某公司即代表被告 A 公司与李某经纪人沟通，希望获得授权，沟通未达成一致后及时下架，侵权持续时间较短。

最终，法院酌定本案经济损失赔偿数额为 20 万元。

安全保障：高危节目的红人保险

综艺节目业务与影视演员业务类似，经纪人需要了解节目的流程和形式以及红人是否有基础疾病，并准确告知节目组。同时，经纪人还应要求节目组负责组织保安人员，维持录制场地的秩序，尤其应要求节目组在红人参与一些具有挑战性的运动时，维护录制现场的良好秩序，采取合理、有效的措施避免可能导致节目录制现场混乱、危及红人人身安全的情况出现。另外，经纪人还可要求节目组提供常驻节目组的专业医护人员，以保证红人在身体状态不佳或受伤等情况下，能及时得到专业医治。

【实务探讨】

如何在综艺节目中保障红人的人身安全

购买商业保险和配备驻组医护人员

节目组一般都会为红人购买商业保险，但保险金额的高低是由红人的知名度决定的，知名度低的红人在户外录节目的保险金额大概是 50 万元，棚内录节目的保险金额为 20 万元，知名度高的红人在户外录制节目的保险金额为 500 万元至 1000 万元。

保险是预防风险发生的第一道防线，红人因为没有固定的工作单位和劳动合同，因此很难享受五险一金的待遇，此时节目组或剧组的商业保险就显得非常重要了。

此外，让专业的医护人员驻组，可以在第一时间发现危险并及时进行处理，不浪费救治的黄金时间。

设计节目时注意红人的能力极限

一些综艺节目为了吸引眼球，会故意难为红人，在节目设计中较少顾及红人演出的可行性，比如让红人在跑步机上唱歌，让红人进行高强度的体力运动等。这些做法违背了人的生理特点，虽然节目组也可能是想通过这种活动中传达红人做事坚持不懈的正向观点，但这个"尺度"需要严格把握，因为红人有时候也不知道自己的能力极限在哪里。

我们需要更加标准化的制度来对目前的综艺节目或影视剧进行可行性审查和批准，对一些明显超出常人体能范围的节目或拍摄应持否定态度。

经纪人应在日常生活中关心红人

经纪人可以说是最了解红人身体素质的人，甚至可以说比红人的父母更了解，毕竟他们和红人朝夕相处。

所以，从经纪人的角度出发，提倡经纪人多为红人安排譬如日常体检甚至心理咨询等，因为红人行业的高压力很容易让红人患上抑郁症或处于抑郁状态等。经纪人应该善于发现红人的身体和心态上的细微变化，在日常生活中督促红人注意身体健康，以免在过度劳累的节目录制或影片拍摄过程中因为身体素质不够好又过度劳累，身体出现问题。

进组前做身体检查

从节目组的合规性来分析，如果节目组能够在红人进组前安排红人进行一些常规的身体检查，可能会避免一些损害事件发生，因为大部分的损害和死亡并不是单一因素引起的，如果能提前对红人身体素质有清晰的认知，就能在节目设计或影片拍摄过程中寻找到替代方案。

相关政策：限薪令及内容管控

2018 年 10 月 31 日，《国家广播电视总局关于进一步加强广播电视和网络视听文艺节目管理的通知》中提出，各电视上星综合频道 19:30—22:30 播出的综艺节目要提前向总局报备嘉宾姓名、片酬、成本占比等信息，每个节目的全部嘉宾总片酬不得超过节目总成本的 40%，主要嘉宾的片酬不得超过嘉宾总片酬的 70%。每部电视剧、网络剧（含网络电影）全部演员片酬不超过制作总成本的 40%，其中主要演员不超过总片酬的 70%。坚决摒弃以明星为卖点、靠明星博眼球的错误做法，严格控制偶像养成类节目，严格控制影视明星子女参与的综艺娱乐和真人秀节目，减少影视明星参与的娱乐游戏、真人秀、歌唱类选拔等节目的播出量等。

2020 年 2 月中国网络视听节目服务协会发布了《网络综艺节目内容审核标准细则》。依据网络综艺节目内容审核基本标准，网络播放的网络综艺节目，及其标题、名称、评论、弹幕、表情包等，其语言、表演、字幕、背景中不得出现以下具体内容（常见问题）。

1. 主创及出境人员选用问题。主创人员包括制片人、导演、策划等；出镜人员包括主持人、导师、评委、特邀嘉宾、选手、节目参与人员等。常见问题为选用扰乱社会秩序的人员；选用有因丑闻劣迹、违法犯罪等行为造成不良社会影响的艺人；选用外国国籍或港澳台籍人士不当等。

2. 关于节目制作包装问题。常见的有以流量艺人、制作经费炒作话题，进行过度营销和夸大宣传；对节目内容进行背离原意的剪辑、拼接；使用消音或哔音掩盖节目中低俗语言，制造强调和突出效果等。

3. 关于选秀及偶像养成类节目问题。常见的有推荐、宣传偏离主流价值观和大众审美取向的选手或节目参与人员；汇集、宣扬或炒作嘉宾、选手、节目参与人员低俗、庸俗、消极、颓废的观点与态度；节目中设置"花钱买投票"环节，刻意引导、鼓励网民采取购物、充会员等物质化手段为选手投票、助力；推荐、宣传选手或节目参与人员时，忽略其内在专业素养而渲染其外在条件；将相关管理部门明确禁止的违规歌曲用于演唱和背景音乐；有未成年人参与选秀类节目等。

4.关于少儿亲子类节目问题。常见的有在节目内容设置、宣传推广、现场提问等环节，存在窥探或侵犯少儿隐私问题；少儿着装暴露或模仿某些成年人装扮，不利于其身心健康成长；以少儿为主要角色的成人化、商业化选秀活动；将少儿交友进行成人化演绎与炒作；未成年人节目宣扬童星效应或者包装、炒作明星子女；未成年人参与的歌唱类选拔节目、真人秀节目、访谈脱口秀节目不符合国务院广播电视主管部门要求等。

【实务探讨】

综艺节目名称可以使用"第一"等词语进行宣传吗

《广告法》对最高级、绝对化用语做出了明确的禁止性规定，如"国家级、最高级、最佳"等用语被禁止在广告中使用，因为上述词语不仅违反了公平竞争原则，还违背了广告的真实性原则。

在实体商品或服务的宣传里，大多数广告主已经能够较好地规避该类词汇，但我们仍然可以在一些综艺节目宣传语中看到"全国首档亲子类节目""中国第一档野外生存节目""全国首部明星真人秀"之类的词语。

这类词语中是否也属于《广告法》的规制范围呢？

1."节目"是否为广告法规范中所定义的商品或服务

《广告法》规定："在中华人民共和国境内，商品经营者或者服务提供者通过一定媒介和形式直接或者间接地介绍自己所推销的商品或者服务的商业广告活动，适用本法。本法所称广告主，是指为推销商品或者服务，自行或者委托他人设计、制作、发布广告的自然人、法人或者其他组织。"

《广告法》区分了很多不同类型的商品广告，比如保健品、医疗医药品、酒类、教育培训、房地产广告等，但并没有对商品或服务下过定义，没有提到过类似节目的说法。

以网络综艺节目为例，大部分网络综艺节目是平台一方推送给用户的，并且是免费收看的。那么网络综艺节目一定不是服务，因为它是有形的东西。那它是不是商品呢？商品是否与收费有关呢？

商品是为了出售而生产的劳动成果，是人类社会生产力发展到一定历史阶段的产物，是用于交换的劳动产品。政治经济学中对商品进行了科学的总结："首先是私人产品。但是，只有这些私人产品不是为自己的消费，而是为他人的消费，即为社会的消费而生产时，它们才成为商品；它们通过交换进入社会的消费。"

相信很多人都大体了解商品的定义以及价值和交换价值等概念，在此不再赘述。总结起来就是，商品应该具有价值和交换价值。

从上述商品的定义出发，综艺节目似乎是构不成商品的，因为免费的综艺节目不具有出售目的，自然无法获得货币，但在互联网环境下，有时候的免费并不意味着真正的免费，平台免费推送综艺节目往往是为了吸引流量，而流量最终可以用来兑换价值。况且，如果我们用是否收费来定义商品，就会产生"免费的综艺节目不是商品，收费的综艺节目是商品"这一无法逻辑自洽的结论。况且，现在很多综艺节目也需要成为平台的付费会员才能观看。

因此，我倾向于认为，综艺节目作为平台生产出来的产品，是商品。首先它具有价值，即满足了人们的某种精神需求；其次它具有交换价值，因为综艺节目一旦被生产，并不是只用于自己观看，而是会对外传播，可以用来交换价值。

2. 类似"首档"的广告语是否可以用于宣传综艺节目

中国广告协会相关负责人表示，绝对化用语的使用范围应当以广告内容为基本依据，并不是所有含"最"的词都不能使用。在使用绝对化广告用语时，如果能够提供充分证据证明绝对化用语在限定的时间和范围内符合商品或服务的真实情况，是不违反《广告法》关于绝对化用语的规定的。

上海市工商局也通过其官方微博表达了类似观点，"首个""独家""唯一"等用语，如有事实依据且能完整清楚地表示，不致引人误解的，可以使用。

我们回到节目制作领域，这毕竟是一个较为狭窄的范围，因为不是所有的生产者都有能力制作节目，行业准入门槛较高。如当年在某亲子节目出现前，的确没有出现过类似的亲子类节目，那么如果其标注"首档"就不违反《广告法》的规定，以此类推，节目制作领域创新多样、主题常新，很多细分门类的确存在"第一""首档"的领先优势。

因此，一般来说，在节目制作领域使用的某些绝对化的宣传用语若是在充分考察市场情况后进行的真实宣传，是不违反《广告法》的。

录制要领："真"与"实"切换自如

真人秀节目是否有剧本？红人们参与真人秀节目是表演行为，还是展示自己真实生存状态的行为？我相信这是很多读者心中都有的疑问，我认为答案是：介于两者之间。

在真人秀节目中，大部分情况下红人的行为属于自我的真实展现（除了一些规定场景动作，如植入广告需要、任务安排等），但不可否认的是，每一档真人秀节目都有剧本。若你留意各种综艺节目片尾的字幕，会发现有"编剧"这两个字，而且编剧人数还挺多。

编剧是如何做到让红人既有真实反应，又能按照剧本情节推进节目呢？举个例子，某真人秀节目里红人甲和红人乙在家里做饭的时候，有一只蜜蜂飞进了屋，两人都害怕蜜蜂，对此束手无策，而之前红人乙和其丈夫在家中时也有一只蜜蜂飞了进房内，两人解决了这个问题。那么真的这么凑巧，在拍摄过程中恰好有一只蜜蜂飞进了屋吗？

这里面存在两种可能，一是拍摄过程中真的发生了意外事件，凑巧有只蜜蜂飞进了屋又被红人发现了，导演也正好抓住了这个意外情节，顺理成章地继续拍摄；二是这其实是剧本中的一个情境设计，也就是说，有蜜蜂飞进来的这个情节是编剧设置的，但是红人并不知道有这个情节，他们是用自己最真实的状态来面对的。我认为第二种的可能性更大些。

所以，即使有剧本，红人也很可能并不知道具体情节，他们的当下反应是真实的。这样的节目才会吸引人观看，而这些情节走向又都在导演或编剧的安排里，因此节目才有可控度和可看性。

同时，关于红人参与综艺节目，有时还要注意是否存在法律合规风险。

【实务探讨】

参加综艺有违法风险，各方应有法律底线

近日，韩国女星李某某在某韩国综艺节目中捕捉并分食被泰国政府列为濒危保护动物的库氏砗磲一事引发极大争议，并被泰方追责。根据泰国相关法律规定，违反者将被判处罚款以及不超过五年的监禁。

事件发生后，一时引起轩然大波，韩国网友纷纷表示这件事应该是节目组的责任，李某某本人没有任何责任，希望韩国政府出面并让节目组为此事负责。

综艺节目不按常规进行容易导致违法风险

一般来说，节目拍摄需要取得当地主管机关的批准，综艺节目也不例外。

韩国某综艺节目在泰国的拍摄取得了泰国当地旅游局对其在某海湾拍摄的许可，但因为拍摄当日风浪太大，节目制作方转而进入了另一处未取得拍摄许可的海湾进行节目录制。同时，节目组原本保证了不会在泰国拍摄或播出狩猎相关的内容，但最终还是让红人进行了猎捕。

可见，节目制作方并未遵守当地相关政策，也未遵守自己做出的承诺，才导致此事

件的发生。节目制作方作为此事件的第一责任人，应清晰了解当地的政策，对于节目制作过程中能预见的风险做好提前防范，并且该综艺节目作为一档以生存冒险为主题的节目，理应对动物保护相关条例做更细致的深入了解。

经纪公司和红人无端受难

从此次事件来看，首先，红人李某某应该不知道这类动物属于泰国濒危保护动物；其次，就算李某某知道该动物为保护动物，可能也不清楚捕食这类动物会面临行政处罚，甚至刑事责任；最后，当时节目处于拍摄中且情况紧急，节目组提出要求时，红人的第一反应一般是予以执行。

因此，李某某的猎捕行为似乎情有可原，但有一个法理也要引起经纪公司和红人的注意，即不懂法从来不是违法的"挡箭牌"。此类节目对于经纪公司和红人的法律意识和认知度都有更高的要求，经纪公司接洽这类活动时，应该提前学习相关法律知识，咨询法律专业人士，厘清节目的法律风险，并告知红人在节目中遇到不合理要求时的回应策略。

此外，这次事件的发生还给红人和经纪公司做了提醒：在参加类似节目时需要考虑可能面对的刑事风险。同样存在刑事风险问题的还有一些明星整蛊类节目，如果在公众场合损害公私财物（节目组准备的道具除外），有可能构成故意毁坏财物罪。

综艺节目的法律底线在哪里

近些年来，有关红人的真人秀节目不断推陈出新，很多综艺节目聚焦人与自然相处时的智慧和勇气，考验着红人面对动植物、自然环境产物的反应。

不过，这类节目播出后很容易遭受到各方的质疑。比如，某卫视的某个综艺节目在播出后不久就遭到了动物保护组织的强烈抗议，相关人士认为这个节目不仅从某种角度上实际伤害了动物（如训练大象表演倒立），还传播了一些与动物教养相关的错误理论（如把野生动物包装成"萌宠"）。

此外，红人参与这类节目也容易让自己置身于较大的风险之下，比如红人与动物近距离接触，这样的近距离接触把红人和动物同时置于危险的境地，给红人和动物的健康都带来了风险。

联合国类人猿生存合作组织（GRASP）曾提出抗议，认为这些节目有损动物福利，传递了关于野生动物保护的错误信息，并对公共健康造成了潜在的威胁。这些都是节目制作方、红人及其团队需要考虑的问题。

第四节　新媒体业务

新媒体业务是目前红人着力开发的重点领域，如直播和短视频业务，本节我将从直播政策合规和直播操作合规两方面为各位读者解读直播业务。

直播政策合规：日趋明确的合规管理

2020年7月1日起实施的《网络直播营销行为规范》对直播电商中的商家、主播、直播平台、MCN机构等主体的行为均作了全面的定义和规范，适用于商家、主播等参与者在电商平台、内容平台、社交平台等网络平台上以直播形式向用户销售商品或提供服务的网络直播营销活动，侧重为从事网络直播营销活动的各类主体提供行为指南。其主要内容如下。

第一，严禁流量造假和虚假宣传。"网络直播营销主体不得利用刷单、炒信等流量造假方式虚构或篡改交易数据和用户评价；不得进行虚假或者引人误解的商业宣传，欺骗、误导消费者。"

第二，要求商家具备相关资质并亮照经营。对于商家的资质问题，该规范分别从营业执照、特许经营、品牌授权等方面进行了详细的资质规定。也就是说，作为商家在销售相关品牌产品时，应该取得品牌销售授权证明。"商家应具有与所提供商品或者服务相应的资质、许可，并亮证亮照经营。""商家销售药品、医疗器械、保健食品、特殊医学用途配方食品等特殊商品时，应当依法取得相应的资质或行政许可。""商家应当按照网络直播营销平台规则要求提供真实、合法、有效的商标注册证明、品牌特许经营证明、品牌销售授权证明等文件。"

第三，商家广告应符合《广告法》规定。"商家发布的产品、服务信息，应当真实、科学、准确，不得进行虚假宣传，欺骗、误导消费者。涉及产品、服务标准的，应当与相关国家标准、行业团体标准相一致，保障消费者的知情权。"

第四，严格售后管理，退换货程序公开透明。"商家应当依法保障消费者合法权益，积极履行自身做出的承诺，依法提供退换货保障等售后服务。"很多主播虽然直播数据很好，但退换货率也很高，实际上并没有获得较高利润，对这一点，该规范也进行了重申，要求保证退换货渠道公开透明。

第五，主播应该具备一定专业性，账号专人专用。"主播应当了解与网络直播营销相关的基本知识，掌握一定的专业技能，树立法律意识。主播入驻网络直播营销平台，应提供真实有效的个人身份、联系方式等信息，信息若有变动，应及时更新并告知。主播不得违反法律、法规和国家有关规定，将其注册账号转让或出借给他人使用。"从以上内容可知，应加强对主播的管理，主播需要具备资质和与营销相关的知识，这些都对主播的专业性提出了更高的要求。同时，也规定了主播账号应该专人专用，禁止转让或出借。

第六，主播昵称和头像需符合相关规定。"主播入驻网络直播营销平台应当进行实名认证，前端呈现可以采用符合法律法规要求的昵称或其他名称。主播设定直播账户名称、使用的主播头像与直播间封面图应符合法律和国家有关规定，不得含有违法及不良有害信息。"

第七，禁止三类主播直播场所。"主播的直播间及直播场所应当符合法律、法规和网络直播营销平台规则的要求，不得在下列场所进行直播……（一）涉及国家及公共安全的场所；（二）影响社会正常生产、生活秩序的场所；（三）影响他人正常生活的场所。"

第八，禁止六类主播言行。"主播在直播营销中应坚持社会主义核心价值观，遵守社会公德，不得含有以下言行：（一）带动用户低俗氛围，引导场内低俗互动；（二）带有性暗示、性挑逗、低俗趣味的；（三）攻击、诋毁、侮辱、谩骂、骚扰他人的；（四）在直播活动中吸烟或者变相宣传烟草制品（含电子烟）的；（五）内容荒诞惊悚，以及易导致他人模仿的危险动作；（六）其他违反社会主义核心价值观和社会公德的行为。"

第九，不得引导用户私下交易。"主播在网络直播营销活动中不得损害商家、网络直播营销平台的合法利益，不得以任何形式导流用户私下交易，或者从事其他谋取非法利益的行为。""主播向商家、网络直播营销平台等提供的营销数据应当真实，不得采取任何形式进行流量等数据造假，不得采取虚假购买和事后退货等方式骗取商家的佣金。"

第十，区分不同网络直播营销平台。"电商平台类的网络直播营销平台经营者，应当加强对入驻本平台的商家主体资质规范，督促商家依法公示营业执照、与其经营业务有关的行政许可等信息。""内容平台类的网络直播营销平台经营者应当加强对入驻本平台的商家、主播交易行为规范，防止主播采取链接跳转等方式，诱导用户进行线下交易。""社交平台类的网络直播营销平台经营者应当规范内部交易秩序，禁止主播诱导用户绕过合法交易程序在社交群组进行线下交易。社交平台类的网络直播营销平台经营者，应当采取措施防范主播利用社交群组进行淫秽色情表演、传销、赌博、毒品交易等违法犯罪以及违反网络内容生态治理规定的行为。"

此外，国家互联网信息办公室、公安部、商务部、文化和旅游部、国家税务总局、国家市场监督管理总局、国家广播电视总局七部门联合发布《网络直播营销管理办法（试行）》，规定"直播营销人员或者直播间运营者为自然人的，应当年满十六周岁""直播间运营者、直播营销人员使用其他人肖像作为虚拟形象从事网络直播营销活动的，应当征得肖像权人同意，不得利用信息技术手段伪造等方式侵害他人的肖像权"。同时，该办法还要求"直播营销平台应当建立健全账号及直播营销功能注册注销、信息安全管理、营销行为规范、未成年人保护、消费者权益保护、个人信息保护、网络和数据安全管理等机制、措施"。该办法已于 2021 年 5 月 25 日起施行。

2022 年 5 月 7 日，中央文明办、文化和旅游部、国家广播电视总局、国家互联网信息办公室四部门联合发布了《关于规范网络直播打赏 加强未成年人保护的意见》，要求"网站平台应加强主播账号注册审核管理，不得为未满 16 周岁的未成年人提供网络主播服务，为 16 至 18 周岁的未成年人提供网络主播服务的，应当征得监护人同意"；要求"网站平台在本意见发布 1 个月内全部取消打赏榜单，禁止以打赏额度为唯一依据对网络主播排名、引流、推荐，禁止以打赏额度为标准对用户进行排名"；要求"网站平台在每日高峰时段，单个账号直播间'连麦 PK'次数不得超过 2 次，不得设置'PK 惩罚'环节，不得为'PK 惩罚'提供技术实现方式，避免诱导误导未成年人"。

【经典案例】

直播销售假货承担"假一赔十"责任

在一场直播购物中，主播大嘴（化名）承诺直播售卖的项链材质为和田玉，若不是和田玉则"假一赔十"。王某购买后，怀疑不是和田玉，将项链送去鉴定，检测结果显示该商品并非和田玉。就此，王某将商家起诉至法院，要求商家退货并承担项链价值十倍的赔偿金。"假"意指虚假描述，既包含以假充真，也包含以次充好。案例中的和田玉虽为和田玉，但不属于和田玉中品质较高、价值较高的籽料，主播着重描述、刻意渲染其为籽料，构成以次充好的虚假描述，应当按照"假一赔十"的承诺承担违约责任。最终法院判决主播支付王某货款十倍赔偿金。

宣称保健功能，责令停止发布

上海某生物科技有限公司以直播或播放直播录像的方式，通过购物频道发布广告，该广告通过主播语言文字表述"某综合果蔬酵素益生菌"能"有效改善肠道均衡""优化肠道环境，保护自体机能""改善食欲促消化""改善气血""排毒清肠"等宣传保健功能的内容。主播对于普通食品用广告宣传其保健功能，上海市徐汇区市场监管局对商家罚款 2496 元，责令停止发布宣传。

直播对比宣传，责令停止发布

某厨具股份有限公司的主播在京东旗舰店直播节目"教你选购集成灶"中，将该公司自主设计生产的集成灶与其他集成灶配件进行对比，不客观、不全面地贬低其他厂家的集成灶配件。海宁市市场监管局责令其停止发布广告，罚款 30 000 元。

直播销售假药，构成犯罪

2019 年 2 月至 4 月间，任某某在快手和微信平台上通过直播及朋友圈宣传的方式向孙某、贾某等多人销售"可治疗颈椎、肩周炎等疾病"的无药品批准文号的袋装黄色粉末。经松原市食品药品监督管理局证明，任某某销售的袋装黄色粉末"药品"按假药论处。法院判决任某某犯销售假药罪，判处有期徒刑一年六个月，缓刑二年六个月，并处罚金 10 000 元。

直播销量虽不尽如人意，公司仍需支付佣金

水水（化名）在抖音拥有 730 万粉丝，服装公司觉得她人气高，"带货"能力肯定也很强。2019 年 5 月 1 日，双方签订了"互联网商务合作合同"，约定以水水的名义开立社交平台账户和销售账户，用于销售服装公司产品。2019 年 5 月开始，水水按照合同要求，开始在抖音、快手和微博等平台宣传服装公司产品。2019 年 6 月下旬，服装公司突然向水水发函要求单方终止合作项目，理由是水水的带货能力没有达到预期，一个多月的营业额只有一两万元，公司的淘宝店铺无利润产生。

因水水与服装公司没有约定保底收益，法院认为服装公司未获预期收益不构成拒付保底收益的理由。最终法院判决解除双方的"互联网商务合作合同"，服装公司支付水水保底收益 50 万元及违约金 15 万元。

直播操作合规：直播带货构成广告代言吗

有观点认为，红人作为主播，直播带货可能构成《广告法》上的代言人角色，需要承担代言人的法律责任。那么，直播带货究竟是一种什么性质的经济行为？与传统的商业广告有何不同？主播在带货过程中又承担了什么角色？

首先，通过仔细观察各个平台的直播形式和内容，可以发现一般是主播详细地向观众介绍某件商品的品名、产地、用途、性能、规格、等级、主要成分、生产日期、有效期限等，有时甚至会当场打开商品，展示商品的使用效果。《中华人民共和国消费者权益保护法》规定"消费者享有知悉其购买、使用的商品或者接受的服务的真实情况的权利"。因此，上述直播带货的行为看起来更偏向于商家为保障消费者知情权而向公众介绍商品信息。而传统商家找红人做广告代言，重在利用名人效应为品牌和商品背书，从而起到宣传和推荐的作用，这与直播带货时向消费者介绍、销售商品，让观众了解商品，从而促成交易的目的明显不同。

其次，直播带货的另一个交易特征在于它实现了主播推荐商品和消费者购买商品在时间和空间上的合一。不管是线下商店购物，还是线上电视购物，导购人员的卖力推荐通常很难激发消费者当场下单达成交易。即使在电视上看到喜欢的红人代言某类产品，具体的下单行为和广告行为也往往是分离的；但直播带货因为主播与消费者的互动性和气氛烘托，交易往往就发生在主播介绍完商品、投放链接的那一瞬间，商家或主播对所售商品做出的介绍更像是要约行为，消费者下单的行为即构成了一种允诺。因此，直播带货的销售特征非常明显：限时促销、体验感强、即时反馈，满足大多数人的冲动消费心理，与传统的商业广告性质明显不同。

最后，《互联网广告管理暂行办法》[①] 规定，法律、法规和规章规定经营者应当向消费者提供的信息不应当认定为广告。因此，在主播直播带货的模式下，主播对直播间所售商品价格、产地、检验合格证明、使用方法说明书、售后服务等进行介绍的，不应当被视为广告，应被视为经营者的销售行为。那些形成自身品牌、供应链和生产线的独立主播，若在直播带货的同时以自身名义或形象对商品做了详细推荐和背书，甚至亲身试用，只有这种情况才可被视为包含了交易行为和广告行为，构成经营者和销售者两者身份的融合。在这种情况下，不管是否与厂家签订有代言合同，都可能被视为广告代言行为。[②]

【经典案例】

直播主持人非公司员工，"口播"侵权，公司需要承担责任吗
——A 公司诉 B 公司不正当竞争纠纷案

经营者在采取直播营销模式进行直播测评时，应恪守诚实信用原则，不得以不正当形式扭曲信息，或对他人的产品作不真实、不全面的信息披露，否则可能构成虚假宣传、商业诋毁等不正当竞争行为。

本案被告在测评其自有空调及竞品公司的空调性能时，虽未明确提及原告，但在进行对比时明确其所比对产品为市面上的无风感空调，而原告作为生产无风感空调的企业之一，相关公众已经可以通过无风感空调将相关评价内容与原告建立联系。被告不正当地影响相关公众对两款产品的认知评价和购买选择，进而获得更多的交易机会和市场份额。

---

① 本办法自 2023 年 5 月 1 日起施行。
② 本部分内容"星娱乐法"微信公众号实习作者章诗媛亦有贡献。

案情简介[1]

2020 年 4 月 18 日，被告在其注册的官方微信公众号上举办了一场线上直播。直播过程中，被告工作人员使用其自行准备的精确度较低的测试仪对原告和被告生产的空调不同位置的风速分别进行检测，得出其生产的"柔风空调"远比原告生产的"无风感"空调制冷效果好、"B 公司柔风空调完胜"的结论。同时，被告工作人员在直播过程中不断使用"这可比友商高多了""友商连风都没了，制冷效果还在吗""连个风扇都不如"等词句对原告生产的空调进行诋毁与贬损。该场直播播放量超 4.5 万人次，并且支持回看。截至原告起诉时，该视频仍在网络上传播。

此外，被告还通过其官方微信公众号发布了一篇文章，内有"友商的无风感空调连风都没有了，制冷效果还在吗，连冷空气都没有了，制冷效果怎么办，在第一个环节 B 公司柔风空调完胜……友商的产品在人体风速区域风速在 0.01 米／秒，这几乎是没有风流到的……没有风感也没有空调的凉感，连个风扇都不如"等表述。截至原告起诉时，该微信公众号文章的阅读量为 2240 人次。

案件分析

1. 被告行为是否构成虚假宣传

虚假宣传的本质在于"引人误解"。应根据日常生活经验、相关公众一般注意力、发生误解的事实和被宣传对象的实际情况等因素，考察宣传是否足以使一般的相关公众对于被宣传的产品等产生错误认识进而影响其购买选择，以此为标准判断是否构成虚假宣传。

本案中，从被告对其柔风空调产品与市面上无风感空调产品所做对比的内容看，被告虽通过现场测试的方式得出相关数据，但该测试均在被告公司单方控制下完成，相应的测试环境、测评产品的挑选过程等均未做出详细的说明、介绍及披露，无法反映测试环境及测试数据的客观性；同时，从被告所进行的对比内容看，其不仅只对当下测试数据进行对比，更重要的是通过测试数据对两款产品的性能等进行评判。而针对柔风空调及无风感空调两款产品尚不存在国家标准或行业标准。

故在此情况下，被告作为空调生产企业，在对比两款产品时应当注意履行更多的审慎注意义务，对相关事实做全面、客观的介绍，并采取适当措施避免使相关公众产生误解或误认。换言之，被告作为同业竞争者，在将两款产品进行对比时更应当有严谨的技

---

[1] 判决书案号：（2020）粤 0604 民初 11072 号。

术分析和论证，综合考虑产品的技术手段、科技含量、整体设计等因素，进而确定产品的性能等。

据此，被告在直播活动中针对柔风空调与无风感空调所做出的对比应认定系对商品的片面对比，当该片面对比被运用在被告对其柔风空调进行宣传推广时，会促使相关公众产生"柔风空调性能或质量优于无风感空调"的认识，不正当地影响相关公众对两款产品的认知评价和购买选择，从而"抬高"被告的柔风空调产品，使被告获得更多的交易机会和市场份额，故被告的行为应被认定为构成虚假宣传的不正当竞争行为。

2. 被告行为是否构成商业诋毁

被告对涉案产品进行片面对比，不能证明其评价标准符合同行业判断空调产品性能的判断依据时，基于现场测试数据对无风感空调所做出的"空调白开了，连个风扇都不如"等负面评价，已经超出相关经营者在进行商业评价中正当评述的范围，客观上向相关公众传达了无风感空调制冷效果差等误导性信息，从而贬低无风感空调产品的生产企业在相关消费群体心目中的形象，使得无风感空调这类商品的声誉受到负面影响和评价。

被告所做的片面对比中虽未明确提及原告，但被告在进行对比时明确其所比对产品为市面上的无风感空调，而原告作为生产无风感空调的企业之一，相关公众已经可以通过无风感空调将相关评价内容与原告建立联系。

因此被告在其直播活动中对涉案产品进行片面对比评价的行为，主观上具有抬高自己柔风空调产品性能或质量，影响相关公众评价和购买选择而获取市场竞争优势削弱竞争对手无风感空调产品的市场竞争力的目的；客观上亦贬损了包括原告在内的其他公司生产的无风感空调产品的商品声誉，其行为亦应认定为构成商业诋毁的不正当竞争行为。

3. 直播活动主持人并非公司员工，是否可以就此主张抗辩

本案被告虽抗辩认为其进行网络直播的受众仅限于被告公司的员工及长期合作的自由签约客户，直播活动中的主持人并非被告公司员工，相应话术亦没有事先演练，是临场即兴发挥，并无不当言论，但被告进行该直播活动的意图及形式均系对其空调产品进行商业宣传，与实际参与直播的受众类型无关；从直播活动中主持人对直播活动的介绍及直播内容等均可以看出，直播活动系由被告组织并以其名义对外发布，相应的主持人亦代表被告主持相关产品的宣传推广，故该直播活动应认定为被告的公司行为，相应责任亦应由被告承担。

第五节　对外宣传

红人要想做好内容管理，应加大宣传力度，拓展对外影响力，这样才能获得更多关注。在红人的对外宣传方面，我梳理并总结了如下宣传类别。

第一，微博等社交平台。这类宣传是红人可以主动运营的领域。

第二，广告发布。这类宣传往往是跟随品牌方一起进行，红人在其中担任代言人等角色。

第三，物料拍摄。这类宣传包括杂志拍摄、Vlog 拍摄等，也是红人可以主动运营的领域。

社交平台：主动出击的最佳场所

我们首先需要界定社交平台的范围。微博和微信公众号等无疑是具备社交属性和媒体属性的，但对于微信朋友圈、微信群等是否也属于红人应该管理的宣传渠道，人们可能存在不同看法。红人的微信朋友圈被截图发布、微信群内聊天记录被转发是常见情况，所以对于在这类具有半公开属性平台上发布的内容，我建议同步纳入宣传渠道管理。

在社交平台进行宣传的总体原则是"三思而后行"，绝不能将这类平台看作自己的私人社交平台。为此，我总结了如下几个需要注意的方面。

第一，在发布微博前一定要认真检查，特别是品牌文案，如"微博小尾巴"是否正确，手机代言人一般应该用其代言的手机发布微博等。

第二，对于文字及标点符号的运用要慎之又慎，应做认真检查，避免出现文字和标点符号错误。

第三，注意是否标记地点。很多时候红人的所处场合和地点需要保密，比如拍戏地址等，在发布微博时需注意不要标记地点（微博的标记地点功能在第一次被打开后，再发微博时默认打开，这一点要特别注意）。

第四，对于不愿意曝光的行程照片，尽量不要与朋友在同一个场景或同一天发布（很多网友会在各种照片中寻找蛛丝马迹）。

第五，仔细检查发布的照片、视频等图像资料中是否存在竞品品牌。专业的经纪人在红人参加任何活动时，都应该提前在红人可能出镜的地方进行一次筛查，以避免竞品与红人同框出现在画面中。

第六，切忌复制粘贴品牌文案，务必多检查。圈内红人为此闹过不少笑话，经常对品牌文案不加修改，把一些提示性话语也同步发送出去。

广告发布：与品牌方精诚合作

由于红人宣传过程中最常涉及的就是广告发布，因此红人有必要了解《广告法》相关知识。下面我介绍一些与广告相关的基本知识，特别是与虚假广告有关的知识。

广告以虚假或者引人误解的内容欺骗、误导消费者，构成虚假广告。虚假广告主要有两种：不实广告和误导广告。其中，不实广告可以分为以下四类。

1. 宣传的商品或服务根本不存在。这类广告往往构成虚构商品或服务。

2. 宣传的商品或服务信息与实际情况明显不符。可能是对产地造假，如产地并非德国，广告语却为"从德国引进"；也可能是对年份造假，如并非创建于 1903 年，广告语却为"创建于 1903 年"。

3. 使用虚构、伪造或无法验证的科研成果、统计资料、调查结果等。比如，某种电子人体增高器，广告宣传称使用一周可使人增高 3 厘米。

4. 虚构使用商品或接受服务后的效果。比如，根据上海市工商局的调查，某品牌双效炫白牙膏广告中曾邀请某知名红人代言，但广告画面中突出显示的美白效果是后期通过电脑修图软件过度处理生成的，并非牙膏的实际使用效果。该则广告构成虚假广告，已被工商部门依法处罚款 603 万元。

经纪人对于这类广告一定要非常当心，应审慎审核广告内容的合法性，及时指出不符合红人形象的宣传语。

而引人误解的误导广告，是指对商品或服务的情况做出使购买者容易产生错误理解的宣传，以诱导购买者对商品或服务产生不切实际的错误理解，从而影响消费者选择的广告。误导广告可以分为以下三类。

1. 隐瞒或者混淆商品和服务的重要信息。

2. 使用明显的具有歧义的表述，造成消费者产生错误判断。例如："买一送一"实际并未明确"送一"是否为本品；"距离地铁站 800 米"实际无法直达，需要绕路 2000 米。

3. 利用科学技术手段和艺术表达方式，误导消费者。

这类广告在现实生活中其实非常常见，红人对此要有基本的分辨意识。

除了虚假广告，红人在宣传过程中经常在广告语上与品牌方发生纠纷，因此要特别注意广告语的合规审核，特别是对绝对化用语的使用，如"第一""最佳"这种最高级别用语是《广告法》中明令禁止的，但市场监管总局发布的《广告绝对化用语执法指南》（2023 年 2 月 25 日公布）规定了一些例外情况，具体如下。

1. 仅用于同一品牌或同一企业商品进行自我比较的。如"最大户型""最小尺码""最新产品"等，在限定范围内且明确又客观真实的情况下可以合法使用最高级别用语。

2. 仅表达商品经营者目标追求的。比如"顾客第一、诚信至上""追求极致安全"等。

3. 仅用于宣传商品的使用方法、使用时间、保存期限等消费提示的。比如某手机摄像头的"拍摄最佳角度"。

4. 商品名称、规格型号、注册商标中或者专利中含有绝对化用语使用商品名称、规格型号、注册商标或者专利来指代商品，以区分其他商品的。比如"极致"牛奶，完美系列产品等。

5. 在限定具体时间、地域等条件的情况下，表述时空顺序客观情况或者宣传产品销量、销售额、市场占有率等事实信息的。比如"全网首发"或某个产品在某个时间段"销量第一""独家代理""唯一授权"等。

【经典案例】

比车商"多卖 ×× 元"的比价宣传是否构成不正当竞争
——A 公司与 B 公司不正当竞争纠纷案

曾几何时，某二手车品牌"没有中间商赚差价"的广告语在传统媒体或网络媒体上大量播放，效果十分好。而实际上，该品牌直卖网还在网站上使用了"比车商多卖 ×× 元"的对比宣传方式。这种比价宣传是否构成不正当竞争呢？

我国法律不排斥经营者利用比价广告或其他类型的广告对其商品或服务加以宣传推广，但是，经营者的宣传广告必须符合公认的商业道德，不能达到引发消费者误解的程度。

既然选择使用比价广告的宣传方式，经营者就应当合理、谨慎地尽其义务，保证自己的价格对比信息真实、客观并且有科学的数据来源，不引起消费者误解，也不损害竞争者的合法权益。

案情简介[①]

A 公司系一家专业从事二手机动车（以下简称"二手车"）经营的公司，在全国范围内设有 30 余家实体店，并同时运营"某认证二手车超市"网站。

B 公司亦为二手车经营公司，通过"某二手车直卖网"、移动应用软件、新浪微博、

---

① 案号：（2018）沪 0107 民初 15944 号。

微信公众号以及保卖体验店等平台（以下合称"B平台"），在全国范围内从事二手车经营活动。

B公司在其经营活动中大量且反复使用"没有中间商赚差价"等广告语，并以显示"比车商多卖××元"的对比宣传方式使消费者相信在其平台上交易不需要经过中间交易环节。

A公司认为B公司贬损了包括其在内的所有车商在消费者心目中的形象与声誉，造成消费者产生错误认识，构成不正当竞争。

案件分析

要判断是否构成不正当竞争，可从两个方面进行分析：一是该商业宣传本身是否有事实依据，是否属于虚假陈述；二是该商业宣传是否达到"引人误解"的程度，是否会影响消费者的判断，进而影响公平竞争的秩序和经营者、消费者的合法权益。

第一，本案中，被控宣传用语"比车商多卖××元"虽然没有出现在被告的二手车直卖网的首页上，但进入上述网站，希望通过该平台售车的车主，可根据网站的提示进入"我要卖车"界面，该界面下方显示有关"最新成交"的信息，每辆最新成交的车辆下方均标注车辆的详细信息、成交价以及"比车商多卖××元"等内容。如在近期成交记录查询中输入车型、上牌时间等信息，则可见最近成交的车源记录，每辆车的图片、文字描述下方均显示成交价以及"比车商多卖××元"等内容，供车主进行参考、比价。

故该宣传用语仍具有向潜在的不特定交易对象介绍、推销己方服务产品的特征，符合《广告法》中商业广告的定义，其所处页面位置等因素并不影响其广告定性。

第二，B公司与C网站建立数据合作关系，上述宣传用语"比车商多卖××元"中，"车商"的概念来自C网站，数据同样源于C网站，而C网站的运营商南京某网络信息技术有限公司出具《说明》，表示其数据源于全网和线下实体交易市场对接的交易数据。

这里面有以下几点需要注意。

其一，上述宣传用语的表述方式只是简单地列明该二手车比车商多卖××元，既未标明比较的基准（即系与哪个车商或平台进行比较），亦未标明比较的方式（即如何得出上述具体数字），并非科学、严谨的表述与比较方式。

其二，南京某网络信息技术有限公司未能提供相关证据证明其数据来源。

其三，客观上来说，二手车系特定物，应为一车一价，上述宣传用语未标明系同时段、同类型二手车的比较方式，可能使人误解系同一辆二手车在不同平台的询价结果。

其四，退一步说，卖家确有可能通过B公司的平台获得卖出更高车价的机会，但B

公司在使用精确的数据描述进行宣传推广时，在向相关公众披露与其他市场竞争者有关的信息时，应遵守经济伦理、慎言慎行，对数据来源、比较方式、比较基准等信息进行注释、注解，公开尽量多的相关信息和背景资料，引导受众正确理解相关数据。

最终法院认定，B 公司未向相关公众披露其比价的数据源于 C 网址，以及其与 C 网站运营商之间的关系，亦未能提供实际交易的比价数据来源，上述宣传用语缺乏事实依据，其表述方式亦易引人误解，属于对其服务质量、销售状况等作虚假或引人误解的商业宣传，欺骗、误导消费者的行为，构成虚假宣传的不正当竞争。

物料拍摄：对外确认与素材保密

在拍摄对外宣传物料的过程中，红人需要注意所有对外发布物料的书面确认程序，特别需要注意拍摄现场是否与品牌或商品相关联，以防止商品与红人形象发生捆绑。此外，还可以通过控制物料使用范围和渠道保证红人形象不被超范围使用，如在杂志拍摄过程中得到的关于红人形象的物料应只被允许在杂志中使用，而不能脱离杂志使用。

此外，还需要注意拍摄现场的保密工作。比如，拍摄时清场，暂时保管现场工作人员的手机或在手机摄像头上贴上胶带以防止偷拍，现场签署保密协议，杜绝未经许可进行的直播活动等，以防止宣传物料泄露。

本章小结

本章从红人业务类型出发，为读者拆解了各类业务运营过程中的核心法商要点，其中素材确认与保密、医护安保、相关政策等作为常规注意点，在多类业务中均有提及，读者对此应特别注意。

思考

1. 如果红人较外向，特别喜欢回复微博粉丝评论，该怎么处理？

2. 董明珠自己给格力电器做推荐，算广告代言吗？演员在电影中用角色名义推荐植入产品，算广告代言吗？

3. 上海制皂厂曾经有个广告语："今年 20，明年 18 ！"你认为这是虚假广告吗？

第五章

关系处理

红人始终需要处理两类关系，一类是与粉丝之间的关系，另一类是与经纪人之间的关系。其中，处理与粉丝之间的关系是重点，2021年相关部门政策频发，发布了《国家广播电视总局办公厅关于进一步加强文艺节目及其人员管理的通知》《关于进一步加强"饭圈"乱象治理的通知》等，对娱乐圈的"唯流量论"，"饭圈"控评、集资、应援等行为进行规范。

第一节　处理与粉丝之间的关系

以往在人们的认知里，红人与粉丝分居产业链的两端，粉丝作为红人产业链终端的单向度追随者，购买红人提供的产品或服务，如电影票、演唱会门票、音乐唱片等。只要红人专注于提供物有所值或物超所值的产品或服务，粉丝就可以通过持续性的消费行为来进行正向反馈。但在新媒介时代，红人与粉丝的身份属性都在发生变化，二者间的关系也越发微妙、复杂。红人不再仅是产品或服务的提供者，其自身的身份属性已经成为极具辨识性的符号，可以被标记、被量化评估、被商业变现。粉丝在消费红人的产品与服务之外，还会购买红人代言的产品、红人推荐的商品，甚至复制红人的消费行为。与此同时，粉丝的身份属性也在发生多重变化，其对红人的期待性诉求愈发多元与复杂。"追星"不仅体现了一种（拟）社会关系，还体现了一种身份认同，粉丝通过对红人的"镜像"认识自己，塑造价值观。[1]

因此，粉丝对于红人而言，不仅意味着一种正向的喜欢，也意味着一个需要经营和管理的群体。

粉丝经济：爱屋及乌之购买力

粉丝经济虽然是近些年才被广泛讨论的概念，但粉丝围绕红人的经济行为一直存在。如所谓"歌迷"和"影迷"花钱购买红人的磁带和录像带，其实就是粉丝经济的雏形，只不过那时粉丝的购买行为更理性，同时因为那时网络不发达，粉丝间的交流和沟通较少，难以形成规模化的聚集购买效应。

进入互联网时代后，粉丝经济得到了长足发展。"粉丝购买力"等词汇也应运而生，红人代言产品的粉丝购买数据也会影响红人能否接到更好、更多的代言业务和商演活

---

① 刘红艳.品牌危机与品牌长期管理：心理契约理论视角［M］.北京：中国经济出版社，2019.

动。在这种情况下，经纪公司和粉丝就可以通过运作粉丝购买行为、制作产品购买数据等，使红人实现更好的发展。

各方开展对粉丝经济的研究，有报道总结出以下几步层层递进的粉丝购买行为。

第一步，如前所述，粉丝自愿、自发地购买存有红人演唱、演出过程的音乐带、录像带、电视剧 VCD 等，这是最基本的粉丝消费行为。

第二步，粉丝基于对红人的信任，开始购买红人代言的商品，如某个品牌的手机、计算机、饮料、化妆品等。此时，红人影响力的辐射广告效应开始形成。

第三步，也是诞生粉丝经济最重要的基础。粉丝开始不囿于红人的主业作品和代言产品，他们还购买与红人相关的东西，如红人出版的图书（红人自传等），红人自己喜欢吃的、穿的、用的东西，印有红人头像的衣物，等等。这些商品未必由红人代言，但粉丝会爱屋及乌，消费与红人相关的商品。此时，这种消费可能是较不理智的，粉丝不是按需购买，不是因为产品本身的属性而购买，而是为了这个商品购买量背后所承载的红人荣誉感和红人代言产品数据而购买。这是粉丝经济最初级的消费形态，也是粉丝购买行为最直接的体现。

读者还可以进一步思考，粉丝的购买行为（如去看红人演唱会等各类演出）自然会带来人员流动，甚至是人员迁徙，这中间的交通费、住宿费等对交通及各地餐饮和酒店业将产生带动效应，甚至还可能促进当地中介行业的出现、解决场馆零售小商贩的就业问题等。总之，因为粉丝支持红人而出现的对衣食住行的消费，都将间接带动演艺行业相关产业链的发展。

此外，粉丝行为还同步创造了不少无形资产，这里主要是指一些综艺节目因知名度过高所形成的品牌效应，很多选秀类综艺节目都进而形成了知名娱乐品牌，这些品牌推动了不少衍生品诞生，产生了巨大商业利益，而这一切都是基于足够庞大的粉丝基数以及粉丝购买能力、号召能力、数据制作能力实现的，这一过程中粉丝创造了极高的无形资产价值。

在红人与粉丝的关系中，之所以要研究粉丝经济，正是因为目前的文娱环境下，红人，特别是偶像类红人，越来越依靠粉丝的购买能力和号召能力。

除去单个粉丝的价值，研究粉丝经济还不得不讨论的另一个问题是"粉丝圈经济"。在当代互联网语境下，粉丝越来越容易"成团"。这种成团不需要见面和互相喜欢，只需要都喜欢某一个红人。粉丝之间结成联盟，结成各种组织，如微博上的各种后援站、打榜组等，只要关注这类微博账号，自然就可以找到与红人相关的超话，往往也会被拉入微博群或微信群，自然就找到了粉丝圈组织。无数个粉丝圈形成了巨大的粉丝群体，他们之间相互影响、相互鼓励，必然能够促进消费。

更重要的是，粉丝圈的活动方式有更多维度。扩大后的粉丝圈使粉丝行为蕴含了天然的商业属性，变成了评估红人价值的标准，成为制造红人的重要环节。尤其是在移动互联网的作用下，粉丝成为可被量化的"大数据"，粉丝群体中的粉丝数量、粉丝活跃度、粉丝评论数等都以数字符号的形式留存汇总，成为商业考核的前期指数与发展指征。粉丝的时间、精力、金钱等成本投入不断增加，其职能也被不断放大，为了维持红人的热度与良好形象，粉丝要有组织地参与红人的商业运营。在此过程中，粉丝圈成为一个有着严密序列的群体，粉丝圈中处于核心圈的粉丝对红人的关注时间最久、黏性最高也更具有专业知识，相对而言，处于外圈的粉丝则很可能只是心血来潮地关注红人，只是看看热闹。处于不同位置的粉丝对红人显然有着不同的期待性诉求。处于核心圈的粉丝与红人之间有深度的情感关联——尽管这种情感关联可能带有粉丝自我投射的意味，红人承接粉丝的情感投入，粉丝则希望红人能维护好自身的品牌形象，甚至升级自己的品牌价值。在此意义上，粉丝已开始介入红人制造的核心环节，涉及红人发展路径和形象维护问题，而二者之间一旦在形象定位、审美趣味、对艺术性与商业性尺度把握等方面产生分歧，粉丝便以"脱粉"来表达自己的诉求与价值取向。[1]

有人发现这是一个可以长期去做的事情，也可以当成一个产业来做，其潜力是巨大的，因此慢慢出现了专业粉丝、职业粉丝以及专门做粉丝运营的公司。专业粉丝不是某个红人的粉丝，而是把这个红人的粉丝组织在一起，策划活动、运营更多资源的人，也由此诞生了专业的粉丝公司。这些公司通过招募粉丝、组织活动、在网上发帖子、举横幅和呐喊等行为为红人活动提供造势服务，进而分享演出后的利益，还通过会服、会费、荧光棒、外地粉丝门票、赞助等获取收益。

有必要提及的是，粉丝也是一个很容易被"利用"的群体。2021年，由国家互联网信息办公室部署开展"清朗"系列专项行动。其中"'饭圈'乱象整治"专项行动针对网上"饭圈"突出问题，围绕明星榜单、热门话题、粉丝社群、互动评论等重点环节，全面清理"饭圈"粉丝互撕谩骂、拉踩引战、挑动对立、侮辱诽谤、造谣攻击、恶意营销等各类有害信息。在这期间，关闭解散一批诱导集资、造谣攻击他人、侵犯他人隐私等影响恶劣的账号、群组，从严处置"饭圈"职业黑粉及有恶意营销、雇用网络水军等行为的违法违规账号，从重处置纵容乱象、屡教不改的网站平台。

---

[1] 刘红艳.品牌危机与品牌长期管理：心理契约理论视角［M］.北京：中国经济出版社，2019.

星粉关系：从仰望到平视

红人与粉丝的关系经历了不断迭代的发展过程，具体可以分为三个阶段。

第一阶段，即1990年左右，当时营销红人的主要方式是经纪公司举办演唱会、红人出演影视作品及代言产品等。这个阶段的红人往往以一种近乎完美的形象出现。因为那个时候互联网不发达，要接触红人的确非常难，红人更容易被包装。这一阶段的星粉关系基本上是以红人为中心，双方很少有互动。

第二阶段，即选秀时代。那时仍然以传统营销方式为主，但随着移动通信的高速发展，观众也渐渐加入对红人的挑选与打造中。比如，李某某当时作为"全民票选第一人"，以"平民偶像"的形式出道，其与第一阶段的红人有了本质区别，因为这位偶像的诞生与她和每一个观众的连接分不开。所以，这个时候的红人自然就具备了观众基础。当其发布作品时，粉丝更愿意延续之前的投票规则，为其付出时间、精力与金钱，这种由选秀所引导的"投票决胜负"的观念，慢慢在粉丝心中形成了定式，也奠定了一些粉丝"无理性"支持明星的基础。

第三阶段，进入了培养粉丝阶段。最典型的例子是一些养成系偶像团体，即从红人进入这个行业接受训练开始，经纪公司就开始对其进行营销，观众似乎是看着红人一步步出道直到登上高峰的，并且认为这个过程与自己紧密相关。在这个阶段，粉丝圈层中的粉丝普遍低龄化，以在读学生为主。这是互联网环境下的星粉关系，其中粉丝共情能力强、与红人互动性增强。特别是直播产业迅速发展后，直播的亲民性、即时性让粉丝与红人似乎变得更加亲近了，粉丝更愿意为红人消费了。

相关政府部门对粉丝圈的管理越来越严格。对于目前市场上"唯流量论"的现象，相关政府部门要求取消所有涉明星艺人个人或组合的排行榜单，严禁新增或变相上线个人榜单及相关产品或功能。仅可保留音乐作品、影视作品等排行，但不得出现明星艺人姓名等个人标识。在音乐作品、影视作品等排行中，降低签到、点赞、评论等指标权重，增加作品导向及专业性评价等指标权重。不得设置诱导粉丝打榜的相关功能，不得设置付费签到功能或通过充值会员等方式增加签到次数，引导粉丝更关注文化产品质量，降低追星热度。

对于经纪公司，相关政府部门则要求强化网站平台对明星经纪公司（工作室）网上行为的管理责任，制定相关网上运营规范，对账号注册认证、内容发布、商业推广、危机公关、粉丝管理等网上行为做出明确规定。强化明星经纪公司（工作室）对粉丝群体的引导责任，对引发粉丝互撕、拉踩引战的明星及其经纪公司（工作室）、粉丝团，对其账号采取限流、禁言、关闭等措施，同时，全平台减少直至取消相关明星的各类信息发布。

粉丝行为：毫无保留的爱也有限度

既然粉丝对于缔造红人的商业价值不可或缺，那经纪人就有必要对粉丝行为进行梳理和管控，而不能完全听之任之，或对粉丝行为不管不顾。我总结了如下几种应当引起足够注意的粉丝行为。

第一，粉丝接送机。粉丝追星本来属于个人行为，然而个别粉丝为了追星未核验登机牌就直接冲进登机口堵门拍照，堵塞、冲击值机柜台、安检通道，买卖明星航班信息等，这些行为已经严重影响机场秩序，干扰航班运营。2021年前5个月，仅首都机场公安局就侦办了涉粉丝违法违规追星案件共计17起，涉及刑事拘留2人次，行政拘留10人次，行政罚款342人次，警告121人次。

其实早在2018年，民航局就发布了《关于加强粉丝接送机、跟机现象管理的通知》，其中提到因为近期"粉丝机闹""粉丝接送机致航班延误"等现象影响了其正常的工作及治安秩序，要对此加强管理。

此外，还有个别红人经纪公司为了自身利益暗自在粉丝背后"推波助澜"。据警方披露，很多粉丝的机场接机聚集其实是受经纪公司鼓励与资助的，经纪公司希望借此为红人刷"存在感"并提升知名度，这助长了部分粉丝"贴身式"疯狂追星的气焰。

经纪人针对此类行为，可以通过发布倡议书的方式号召粉丝不接机，如某工作室就曾发表倡议书，其中写道：不提倡、不建议、不希望粉丝做出任何跟车、跟机、接机，甚至花钱购买红人行程信息的行为。

第二，粉丝送礼。粉丝为了表达爱意，自愿购买礼物送给红人的情况并不鲜见，这也有利于维护星粉关系。但有以下三类情况值得注意：一是粉丝送高价值礼物，如奢侈品等，价值过高的礼物容易让粉丝对红人产生心理依赖及一对一的联系，不利于正当星粉关系的建立；二是粉丝集资购买礼物，这类行为因管理不规范、监管缺失等，很容易触犯集资诈骗罪等刑事罪名，红人至少不应该倡议这类行为，在发现此类行为时应该及时制止；三是红人通过明示或暗示索要礼物。当然，红人还需要注意的是，对于粉丝在机场、剧组等购买的饮料等食品，要注意食品安全问题。

第三，红人私下联系粉丝。红人私下联系粉丝、与粉丝谈恋爱是行业内的大忌。

【经典案例】

某偶像组合成员陈小姐曾对粉丝表示："哪个月低于1万元那个月就不见面，我一开始说2万元是指稍微亲密的关系，既然你手头紧，我们就考虑普普通通地交往吧。"

公司认为，陈小姐的不当言行败坏了其自身和公司的社会形象，严重损害了公司前期投入大量人力、物力所建立的良好声誉，同时也侵害了公司的预期利益，已构成根本违约，最终将陈小姐诉至上海某法院，请求法院判令解除双方签订的专属红人合约，并要求陈小姐向公司支付合约违约金300万元及律师费5万元。庭审中，陈小姐辩称，其确曾有私下联系粉丝、收取粉丝财物的行为。

上海某法院审理后认为，陈小姐应当知道私下联系粉丝、收取粉丝财物的行为是违反守则规定的，应属违约。考虑到实际情况，法院酌情确定陈小姐支付原告公司违约金35万元，并支付原告公司律师费3万元。

第四，签名。红人一定要注意尽量不要在空白的白纸上签名，尤其不能签在空白白纸底部。同时，要尽量使用特殊笔，如记号笔等。尽量设计一些不常见的签名样式，而不是正楷签名样式。

第五，粉丝"轮博""刷榜""组织控评"等行为。如粉丝对微博上的明星榜刷榜，组织"水军"给红人转发微博、点赞、评论等。

【实务探讨】

粉丝"轮博"等行为是否会触犯相关法律规定

1. 不正当竞争行为

这是目前比较常见的界定，工商处罚中也明确了对刷榜这一不正当竞争行为的界定，即通过虚构交易、删除不利评价等形式，为自己或他人提升商业信誉。

从民事法律角度出发，《中华人民共和国反不正当竞争法》第二条规定"经营者在生产经营活动中，应当遵循自愿、平等、公平、诚信的原则，遵守法律和商业道德。本法所称的不正当竞争行为，是指经营者在生产经营活动中，违反本法规定，扰乱市场竞争秩序，损害其他经营者或者消费者的合法权益的行为"，因此刷榜行为的性质也符合该兜底条款，涉嫌构成不正当竞争。

实务中经常需要举证证明存在"水军"行为，有些"水军"行为较为隐蔽，比如都是正常使用的账号（大部分"水军"公司都会有一批活跃的账号），评论的内容也并不雷同，这种情况下很难分辨是有组织的"水军"行为还是自发行为。而且，目前流量红人粉丝普遍控评的行为，其实就是大规模、有组织的"水军"行为，只是评论都是向好的而已。

2. 虚假宣传或商业欺诈、消费者欺诈

轮博、控评等行为，实际上造成了产品或红人的"虚假繁荣"。有报道表明，目前红人微博显示的粉丝数量背后可能只有不到30%的活跃粉丝数，一些流量红人的活跃粉丝数可能更少，因为这类红人有专门的粉丝团队为他们"做数据"。

在这样的情形下，品牌方或消费者若因为这些数据邀请红人或购买产品，能否构成红人或产品方的虚假宣传？是否涉及商业欺诈或消费者欺诈呢？我认为，关于这类行为，如系产品方有组织进行的，则涉及虚假宣传或消费者欺诈等；但如系粉丝或第三方行为，则很难认定这类行为是商业欺诈。

3. 有可能涉及刑事犯罪

温州市中级人民法院在其审理的吴某、周某某等非法获取计算机信息系统数据、非法控制计算机信息系统罪案① 中进行了分析。

这个案件主要利用破解后的苹果账号刷榜进而获利。最终法院以非法获取计算机信息系统数据罪对其定罪处罚。因此，这类行为如果不是通过"养号"而是通过窃取个人信息的方式进行的，有可能构成非法获取计算机信息系统数据罪。

粉丝管理：建立合法授权渠道

在相关政策出台前，红人和经纪公司对于粉丝行为的管理较少，对于该不该管理、引导和倡议粉丝行为等，经纪人和红人往往没有清晰的原则。

那么，红人或经纪公司到底要不要管理粉丝？对偶像红人来说，粉丝与红人的关系就是"水能载舟，亦能覆舟"。经纪公司大多会与有号召力的粉丝保持联系，但较少以管理的名义约束或引导粉丝行为。

自国家互联网信息办公室发布《关于进一步加强"饭圈"乱象治理的通知》（以下简称《通知》）后，这个问题浮上水面。《通知》明确要求"粉丝团、后援会账号必须经明星经纪公司（工作室）授权或认证，并由其负责日常维护和监督"。《文化和旅游部关于规范演出经纪行为加强演员管理促进演出市场健康有序发展的通知》指出"演员经纪公司、工作室应当加强对粉丝应援行为的正面引导，做好对授权粉丝团、后援会网络账号的内容监督。对扰乱网络公共秩序和社会秩序的粉丝群体，应当督促演员主动发声，积极引导"。自此，红人经纪人的粉丝管理工作也就提上了日程。

---

① 判决书案号：（2018）浙03刑终289号。

那么，该如何管理和引导粉丝呢？

我认为，应用"服务"思维替代"管理"思维，将粉丝视为公司的客户，毕竟他们才是真正愿意为红人消费的群体。目前，市面上还没有真正以服务粉丝为宗旨的红人经纪公司，但在粉丝群体越来越庞大、"饭圈"文化日益盛行的当下，如果有一家以服务粉丝、以粉丝为客户的经纪公司，说不定能异军突起，在红人经纪行业成为一个独特的存在。

同时，我认为，工作室应该安排专人与粉丝对接。因为工作室不可能和每一位粉丝都建立联系，也没有必要这样做，但是工作室一定要和粉丝中比较有号召力的人建立联系，甚至可以安排专人专门负责与这些粉丝进行对接。在日常管理中，这些人主要负责上传下达的沟通工作；而对于一些如肖像侵权等纠纷，粉丝其实能完成大量的证据检索工作，这样在出现关键危机或需要粉丝评论时，经纪公司就可以有的放矢。但红人不宜直接与粉丝建立联系，一般应通过工作室、经纪人等渠道与粉丝进行联系。

第二节　处理与经纪人之间的关系

红人与经纪人之间的关系比较微妙。对于红人而言，经纪人有时候像自己的领导，有时候又像自己的员工。一段好的经纪关系，往往需要红人与经纪人相互配合、相互信任才能够建立。因此，处理好与经纪人之间的关系，是红人的必修课。

红人与经纪人在日常沟通中多会进行口头交易和口头合同。虽然这些交易与合同没有落实到纸面上，但也一定要注意更多地以人为中心进行思考，因为很多不信任往往是在日常沟通交流过程中累积的。一次不信任，就会在双方心中种下一个种子，种子慢慢生根发芽，到后来一件本身很不起眼的事情，会因为有了前面累积的不信任，变成让红人想解约的"最后一根稻草"。

经纪人角色：思考红人是员工还是客户

只有红人和经纪人充分理解了经纪人的角色，双方才能更好地处理彼此之间的关系，在处理红人与经纪人之间的关系这一节中有两个问题，我首先需要向红人和经纪人都抛出第一个问题。

经纪人是要做红人的保姆、司机，还是要做专业的经纪人，家长式的经纪模式是否符合经纪行业的现状？

很多场合中，一提到经纪模式，大多数人都会提出这个问题。一些国家的经纪人细分程度较高，分为经理人和经纪人，分管执行和经纪；而中国没有"专业的经纪人"，经纪人在大部分工作时间里是作为红人的保姆和助理，从衣食住行到商业演出都像家长一样大包大揽地处理，甚至很多红人工作室本来就是由红人的父母或亲戚掌握。

我曾一度认为应该让经纪人极速走上专业的道路，只处理一些专业度更高的事务与问题，但我细细思考后发现，中国当前的经纪模式中经纪人是否专业、是否大包大揽，可能与经纪团队的分工是否明确、与红人的关系是否对等及话语权的轻重有更大的关系。基于这些现状，也许家长式经纪模式才恰恰是更符合我国的红人行业的。

我在与红人沟通时，感觉红人总有一些不安全感，甚至会有一种居无定所的感觉，这可能是因为红人常年都在飞机和酒店之间来回奔波。有些红人会为自己缴纳社保费，怕自己需要看病时没有医保（并不是所有红人都很有钱，毕竟知名度高的红人是少数人，大部分红人都是普通人，难以承担高额商业保险），他们也会担心自己因为一些问题而买不上房子。

因此，在这种生存模式下，红人渴望获得全方位的关怀，希望经纪公司帮助他们解决一切问题，包括租房、交水电费、叫车等一切琐碎的事情，这是家长式经纪模式存在的基础。

而我进一步想到的是，目前如果不能摒弃这种大包大揽的局面，要想促进经纪行业的长足发展，只能在经纪团队的分工上付出努力。我接触的经纪团队大多已经区分了商务、宣传和经纪三部分工作：商务负责代言工作或与品牌的沟通；宣传负责媒体资源的对接；经纪则更偏向于执行。此外，一些红人还会有生活助理。我觉得这类分工已经比较能够凸显经纪团队的专业度，大家各司其职，并且将一些大包大揽的生活工作交给生活助理，让经纪团队在商务、宣传和经纪方面有提升专业度的时间和空间。

同时，我比较反感将红人商品化的想法，因为这是根本不可能的，除非红人是一个虚拟偶像。试图通过一纸契约来对一个人进行控制是非常不现实的。目前行业内较少发生解约纠纷的经纪公司大多是因为有足够资源和专业度吸引红人，或者对红人有一定的情感吸引。

除去练习生体制的经纪模式，传统红人的经纪模式中似乎应该更多将红人视为客户，经纪公司应通过自己的专业度、知名度和过往成功案例吸引红人加盟，委托其成为自己的经纪人（也是经纪合同的应有之义），并通过服务过程中的细心、用心和贴心赢得红人的持续认可。

经纪人对待不同红人本应有不同的服务模式和合同模式，但目前经纪行业普遍用一套合同、一套流程对待所有红人，总会让人产生"鞋子不合脚"的感觉。对待新人、腰部红人及头部红人，经纪公司通常应有不同的方式。如前文所述，新人往往是"人找资源"，头部红人则是"资源找人"，而至于腰部红人，可能是最能让经纪公司发挥自身能力的红人类型。

工作报告：让红人了解经纪人的工作

处理红人和经纪人之间的关系的第二个问题是：经纪人是否应在给红人提供服务过程中按月或季度进行工作总结？

我认为这是必须做的，好处是能够与红人一起复盘某一阶段的工作进展和效率。我始终认为，红人不知道经纪人在做什么，是最危险的情况。

大部分红人在和经纪人产生隔阂后，往往都会说"经纪人什么都没做，还花了我的钱"这样一句话。但后来我发现，经纪公司在真的面临与红人解约的情况时，会提供证据证明自己做了很多事情。其实，经纪人每天都很忙，有时还要忙到凌晨两三点为红人对剧本、找导演聊天、与副导演沟通等。

经纪人在这些事情中的付出其实很难以结果来衡量，也许经纪人和 10 个导演争取到试戏机会，最终能让红人参演的只有 1 个，但不能说这个试戏的过程没有价值，因为试的越多，得到的机会就越多。另外，经纪人可能在微信上与很多人沟通过，才能谈成一个试戏的机会，在那些没有达成试戏的沟通中经纪人也付出了劳动。

所以，经纪人一定要让红人知道自己在做什么，而最好的方式就是向红人做工作报告，与红人一起成长。

表达方式：转换沟通方式，以诚待人

双方可以采用多种沟通技巧沟通，我根据自己的经验，在此给读者介绍以下几种表达方式。

第一，调整表达语境的表达方式。

在日常沟通过程中，在不同的语境下表达同一件事会得到不同的结果。红人与经纪人相处的场景大多是在后台、车内等，在不同场景中应使用不同的说话方式。比如，红人刚拍摄了一组杂志照片，对整体造型和拍摄成果都很满意，这种情形下，经纪人就可以在红人休息时和红人聊聊接下来可以接洽的红人平时比较抗拒但经纪人认为不错的另一种类型的杂志拍摄。这一表达方式可以总结为"场景连贯性原则"，即当一个人在某一场景下有了较好体验时，他会倾向于继续做类似场景下让他得到较好体验的事情。又比如，在剧组时，红人大部分时间可能都在等待，很容易感到无聊。经纪人可以在探班时和红人聊一下接下来的工作计划。相较于平时专门抽出时间大聊特聊工作计划，在拍摄休息间隙聊工作计划会让红人本能地产生一种充实感，此时双方也比较容易形成一致意见。所以，在不同语境下表达，会得到不同的结果。

还需要考虑的一点是，很多人在与他人沟通特别是与下级沟通中，会不自觉地使用命令的语气。如果能够换成商量的语气，语境一下子就会变得缓和很多。

例如，经纪人说："我觉得这个活动非常好，我们去吧。"这是命令的语气。虽然用了语气词"吧"，但是在对方听来，经纪人内心已经有了"去"这一决定，如果回答不去，就等于驳斥了他的决定。

如果换一种方式来表达同一件事，听者的感受会变得不一样。比如经纪人将上述内容表达为："这个活动我个人觉得还是不错的。你觉得呢？"

不知道读者发现没有，经纪人缓和了一步，先表达的是对于这个活动好坏的个人主观意见，其表述中不带任何决定要去或不去的意思，而是在与红人探讨这个活动的好坏，至于是否参加活动，则尊重红人的想法。使用这种方式表达的时候，就不会让回答的人有压力，他们才能真实地表达自己对于这个活动的想法。当得知红人的真实想法后，经纪人则可以根据具体情况进行针对性的说服。

第二，固定证据类的表达方式。

红人与经纪人之间的沟通大多是在线上进行的，而且很多时候是以语音的方式进行的。这里我需要提醒的是，关键的内容一定要采用书面方式确认，或者通过微信、电话沟通后，将双方达成共识的内容通过文字方式再给对方发送一遍，并且最好能够得到对方的书面确认。这也是在其他任何商业交易环节都可以尝试的表达方式。

第三，抒发情感类的表达方式。

适度的情感抒发对于增进感情是有益的。偶尔交心的表达，沉浸式的沟通，都有利于双方感情的延续。

本章小结

本章主要对红人与粉丝、红人与经纪人的关系进行了分析。经纪人往往在其中处于"两面夹击"的状态，需要具备极高的情商和果断的决策能力。同时，在相关政策的规范下，经纪人需要更快、更好地处理红人与粉丝的关系。

思考

1. 你觉得红人或经纪人有必要管理粉丝吗？该如何管理粉丝行为？

2. 作为经纪人，你对接到了一个非常难得的代言机会，但红人比较排斥代言这类产品，你会选择坚持让红人代言还是顺从红人的想法放弃代言？如果选择坚持，你会采用什么样的方式说服红人接受呢？

3. 作为经纪人，请你尝试根据当月的工作进度和内容，给红人写一份工作报告。

第六章

危机公关

-
-
-
-

危机公关是很多业内人士感兴趣的领域。似乎能够优雅地处理好一次危机公关事件，就能略胜别人一筹；如果能够力挽狂澜、转危为机，基本上就能被誉为公关界的佳话了。

我认为，公关其实不是神话，更不是博弈。如果我们深入了解公关的一些基础理论，辅以足量的实战经验，可以发现公关是一个可以量化操作的过程。本章，我将与各位读者一起，从基础理论和实战经验两方面分析危机公关。

第一节　危机公关要素

我认为，要想处理好危机公关，需要同时具备法学、心理学和传播学知识。我将危机公关的本质总结为：法律真相下对外态度的心理博弈（见图6-1）。这里涉及对几个重要概念的区分和理解，如法律真相、对外态度和心理博弈。

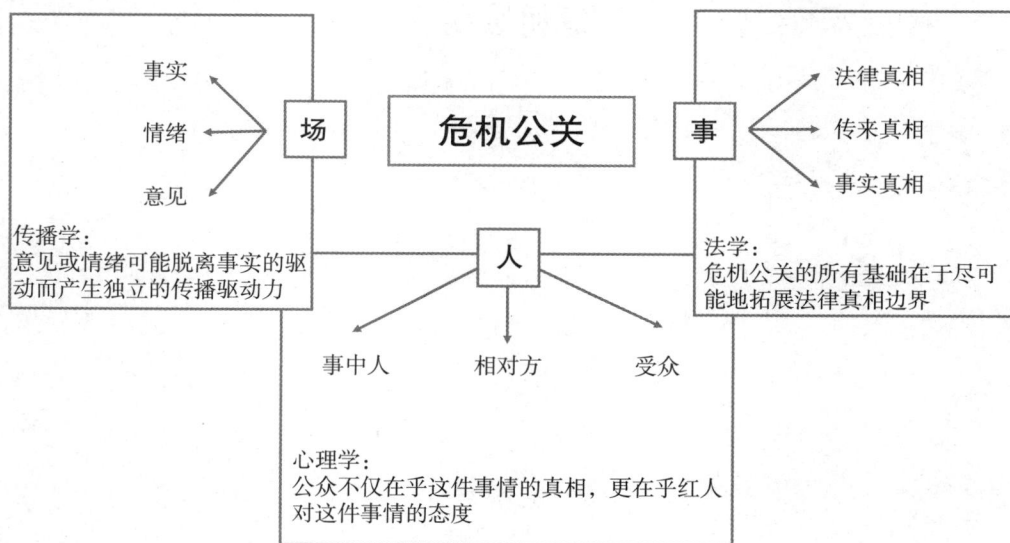

图 6-1　危机公关本质：法律真相下对外态度的心理博弈

法律真相：绝不对大众撒谎

很多红人和经纪人在处理危机公关时，第一时间总是想着"瞒天过海"，存有侥幸心理，企图蒙混过关。因此，我将寻找法律真相作为危机公关的第一要素，是想说明无论最终的危机决策是不是实话实说，经纪人首先要对整个事件的法律真相有全面的了解。俗话说的"不打无准备之仗"便是这个道理。

在面对真相时，我们要区分可以证明的真相（法律真相）、红人眼中的真相（传来真相）以及事实真相（在此，我们假定"事实真相"就是事件的真实面貌，但事实往往并不一定如此）。

第一，可以证明的真相是我们可以通过证人证言、视频记录、照片等还原的那部分事实。

第二，红人眼中的真相是：红人陈述的事件全貌。

在这个环节中，经纪人如何询问非常重要，因为只有询问到位，才有可能得到有关事实真相的重要信息。

每个人在面对危机时都会选择陈述对自己有利的部分，这并不是说红人在说谎，而是个人的心理防御机制在起作用，甚至红人本人可能也没有意识到这件事。因此，有时在红人陈述完所有事实后，如果再反问或询问红人，有可能得到不同甚至矛盾的说法，这时的信息就非常关键了，因为这可能是公关中最重要的信息。

掌握的信息越多，越能做出准确的判断。因此，当任何一个危机来临时，经纪人第一时间要做的都是核实和还原事实真相，而不是一味地谴责红人、寻找删帖公司等。

当然，这种对真相的判断规则类似于民事案件中的"优势证据"标准规则，即只要获得足够说服自己内心的法律真相，就可以开始做判断了。因此，我认为，做危机公关的基础是尽可能全面地掌握法律真相。

掌握了全部法律真相，并不意味着需要将全部事实公之于众（这一点可以在询问红人时向红人强调，打消红人的排斥心理），而是可以选择阐述部分事实。只陈述对己方有利的事实，将一部分事实隐藏起来不进行陈述，不代表在说谎。

危机公关中的第一大忌就是对公众说谎。现在，一部手机就代表一个自媒体，在公开场合下，甚至在家里没有拉窗帘的时候，红人都有可能被人偷拍，在这种情况下隐藏事情几乎是不可能的。所以不要因心存侥幸而说谎，一旦说谎，便会有无数人来戳破这个谎言。

不过，在网络红人领域也有例外的情形。加上滤镜后，网络红人在镜头前和镜头后几乎判若两人，人们往往很难把线下的红人与线上视频里面的那个人联系到一起，除非红人有如标志性的声音或脸部特征等，才容易被人识别。针对这一类危机公关，往往还存在黑白混淆的可能。[①]

---

① 我不赞成任何的说谎行为，所以对这类红人以说谎进行的危机公关持否定态度。

对外态度：情绪独立于事实

在研究微博平台上的危机传播过程后，我将相关信息大致分为三类：事实、意见和情绪。

事实是引发传播的根本原因，事实驱动传播。事实又是意见和情绪的源头，催生意见和情绪。在微博平台上的危机传播过程中，事实居于核心地位。针对这三者之间的关系，有学者给出了如下明确的观点。

意见和情绪具有相对独立性，与事实相比有更长久的生命力，尽管它们几乎伴随着事实同时产生并随其传播而传播，但它们常常在事实传播结束后持续传播，形成了传播过程中的"长尾"。一旦微博平台上事实驱动传播的现象逐渐减弱，意见或情绪即可能脱离事实的驱动而产生独立的传播驱动力。"在危机传播的第一阶段，即危机传播由小到大的涌现过程中，意见和情绪依附于事实，三者混合为一体，共同推进危机传播规模不断扩大、危机事件不断升级。其中，事实性信息的传播起主要的决定性作用，意见和情绪在侧面或背后起着辅助作用。"[①]

下面，我结合微博上的一些危机事件进行分析，如红人家暴类事件。

事实：根据公安机关最终发布的通报，基本证实了之前的舆论。

意见：针对家暴犯罪行为"零容忍"。此时众多的媒体、关键意见领袖（KOL）开始频繁发表各自的意见，其中官方媒体的意见是最重要和权威的。

情绪：愤怒情绪、女权主义情绪等。

经过进一步分析可知，当情绪被激发的时候，其实事实就不是最重要的了。情绪完全独立于事实，形成了事件传播的"长尾"。在这类事件的最终传播路径中，公众通常只是在发泄情绪，而并不关心事实真相。

由此可以看出，在处理危机公关事件时，尽量不要让公众脱离对事件本身的关心，一旦诱导出公众强烈的负面情绪，危机公关的推进将变得非常艰难。

面对互联网舆论环境下的公关危机，我们首先要判断这个危机是否与政治因素相关，是否与法律因素相关，是否为违法犯罪行为，是否为相关部门管控的劣迹行为，因为这些都是不能触碰的"红线"。对于红人来说，最可怕的不是做错事，做错事还可以真诚地道歉；最可怕的是做错事还不承认，非要用控评等方式进行运作，这是公众最难以接受的。

很多人觉得，危机公关似乎就应该是力挽狂澜、转败为胜。但在很多情况下，道歉

---

① 姚广宜．新媒体环境下突发事件的危机管理与应对［M］．北京：北京大学出版社，2016.

恰恰是最好的危机公关方式。比如，涉及一些触犯法律红线的危机事件时，第一时间进行道歉是必须的，甚至有时红人还需要通过举办新闻发布会的方式道歉，以示自己对过错的歉意程度。

心理博弈：寻找受众的情感共鸣点

当弄清楚事实后，则应反思是否需要发布声明或首要任务是做什么。危机公关显然不只有发布声明这一种方式。我认为，这时完成红人形象与大众态度之间的心理博弈，寻找双方的情感共鸣点，才是危机公关的关键，而这需要围绕危机公关的目的进行思考。

此类危机公关的目的是坚持维护红人往日的形象（坚持），还是满足大众对红人的期待（从众）？

危机公关的关键不是与红人"作对"，而是寻找红人与受众的情感共鸣点，也就是说，要思考红人的行为从哪个角度去理解会被原谅或被认为情有可原，从而使公众仍然愿意相信红人。而这才是危机公关的最难之处。

群体心理学研究表明，形成群体后，群体内的人更容易变成高情绪化和低智商化的个体，他们不仅在乎事情的真相，更在乎当事人对待这件事情的态度。

例如对于涉及出轨的事件，公众关心的不仅是红人的出轨对象是谁，其爱人会怎么表态，更关心红人的态度是"浪子回头金不换"还是"一刀两断，你情我愿"。

如果经纪公司之前塑造的红人形象都是"好爸爸"或"好妈妈"，那么现在面临的问题就是"红人形象与现实出现了矛盾，公众想看你如何圆这个场"。这里面包含公众的期待和诉求，所以在应对时，不应该拘泥于这件事情本身，在事实证据确凿的情况下，任何澄清和解释或许都是无力的。

出现此类危机时，一味指责或埋怨红人是没有意义的，因为经纪公司与红人此时应处于同一立场，所面临的情况是如何向公众交代，或者说如何向公众表明态度。

这个时候，经纪公司与红人要做的是寻找自身和公众之间可以架起的一座桥梁，找到一个平衡点，让公众觉得经纪公司与红人此刻展示的态度是值得肯定的，让公众内心的情绪能够平息下来，而不是拘泥于这件事情本身一味地解释或澄清。所以，要寻找到某个平衡点，争取在公众心中激起情感共鸣。

这就是基于坚持和从众这两种不同的危机公关目的所产生的结果。

区分和理解了上述三个定义后，我们再来了解其他一些重要内容。

一锤定音：减少二次伤害

关于危机公关是要一锤定音还是分几步长时间完成，我建议选择"一锤定音"。无论是很成功的危机公关，还是平平如水的危机公关，本质上都是对红人的伤害。就算红人因为这次危机而知名度更高，流量也更大了，经纪公司似乎完成了一次力挽狂澜的危机公关，但最终我们会发现，它仍是对红人及红人品牌形象的伤害。

所以，没有必要一次又一次地发布声明，一次又一次地让这件事情引发热议。我认为，在第一次决定发布声明时，就要想清楚发布后会产生的全部后果和应对方法，千万不要拿着律师函在网上互相"放狠话"。

合法删帖：危机公关的另一种完成方式

面对网络负面信息时，红人惯用的解决方式被业内人称为"删帖"，而按照法律关系来说，这种行为被称为"投诉"。

各大网络平台一般都遵循法律规则设置了合法的投诉渠道。我为读者列举几个例子，以后大家遇到这类负面信息时，在保存好证据后，可以第一时间选择用以下方式进行清除。

与发帖人沟通：这是最根本的解决方式之一。如果能和发帖人直接沟通且达成共识，并请他删帖，是最好的解决方式。我给各位读者准备了一个标准的沟通文字版本（当然，你也可以用你自己熟悉的沟通方式）：

"你好，我们发现你发表的×××，侵犯了红人×××的肖像权、名誉权、知识产权等，请立即删除，否则我们将通知律师进行维权工作，后果自负。"

与管理员沟通：当找不到发帖人（无法与其取得联系等）或者发帖人无理取闹时，可以找网络平台的社区管理员投诉，只要有足够的证据，管理员往往会做出公正的处理。

与网络平台沟通：规模越大的网络平台，其反馈机制往往越完善。只要投诉合情合理，平台一般都会受理并会给出是否删除的结论。

请专业律师：一般而言，如果上面几种方式都行不通，那就只能请专业律师协助了。但这种方式成本高、周期长，往往只用于较为严重的侵权情况。

除了删帖，还有一些方式能在一定程度上降低不良影响，那就是"沉帖"，也就是发布正面文章，通过营销推广，用新发布的文章覆盖原有的负面信息。不过这类方式同样成本高、耗时长，而且不关注该事件的人对这种行为观感不好，不适合用于处理急需解决的危机。

【经典案例】

多次转手删帖

2018 年 4 月，北京某传媒公司的职员于某某以 4.5 万元的价格联系其在某大学读在职研究生的同学晏某某，请求其帮忙删除帖子，晏某某以 4 万元的价格找到赵某某请求帮忙删除该帖，赵某某以 3 万元的价格找到王某某请求帮忙删除该帖，王某某以 2.5 万元的价格找到杨某请求帮忙删除该帖，杨某以 2 万元的价格找到冯某请求帮忙删除该帖，冯某最终以 8000 元的价格找到国家互联网信息办公室工作人员请求帮忙删除该帖。

法院认为，互联网信息服务分为经营性和非经营性两类，国家对经营性互联网信息服务实行许可制度，本案于某某、晏某某、赵某某、王某某、杨某、冯某未取得相关许可，违反国家规定，以营利为目的通过信息网络有偿提供删除服务，扰乱市场秩序，其行为均已构成非法经营罪，依法应予惩处。

有偿删帖

2017 年至 2018 年，被告人刘某在互联网上经营有偿删帖业务，即应有关公司请求，收取一定费用后，自己再委托梅某（已判刑）删除有关公司在互联网上的负面信息，并付给梅某相应费用，从中赚取差价。刘某在这期间共付给梅某删帖费用约 6.1 万元，获利 2000 元。

法院认为，刘某违反国家规定，以营利为目的，通过信息网络有偿提供删帖服务，扰乱市场秩序，情节严重，其行为已构成非法经营罪。

分工合作：提高危机处理效率

当发生危机事件时，整个团队应该立刻变成一个分工有序的小团体，比如，红人经纪团队应立刻转变为危机公关小团队，做好分工。具体而言，宣传岗位需要开始在微博平台上搜寻论点、论据等有效反馈，监测热搜的发展态势；经纪人则应掌握事件的全貌，统筹规划，快速做出决策；商务则应与以往对接或合作过的商务资源方和品牌方澄清或解释，稳住局面；生活助理可以安排红人与粉丝进行沟通，管理与调整粉丝情绪等。

同时，由于很多律师、公关专家或各种时评人会在网络上发表很多意见，红人经纪团队可以多搜寻这些有效的信息和反馈，有则改之，无则加勉。

第二节　危机公关步骤

本节我试图用可以量化的标准解析危机公关的步骤，当危机事件发生时，读者可以用图 6-2 来进行决策。

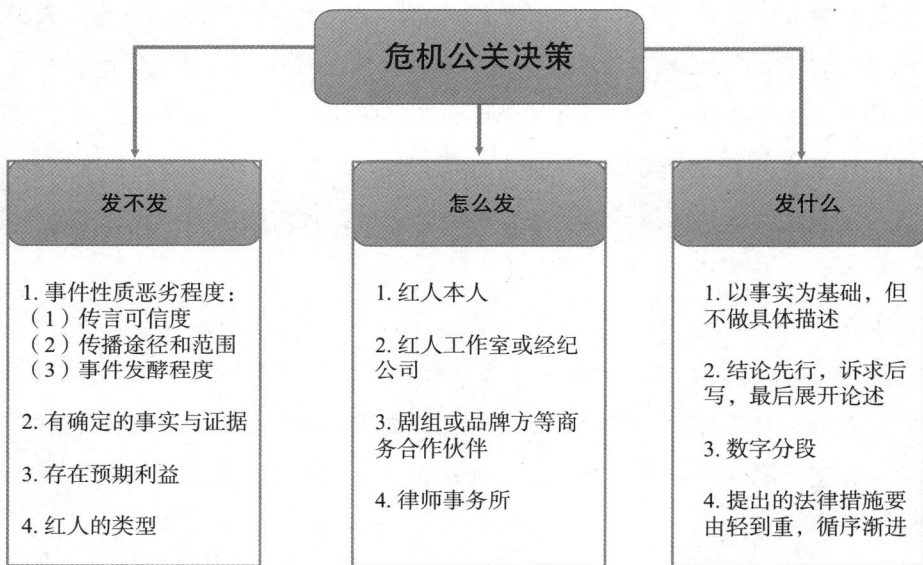

图 6-2　危机公关决策图

发不发：黄金三小时见转机

比起"发什么"，"发不发"更重要。互联网环境下危机公关行为的考量时间可能只有三小时，这三小时也被称为"黄金三小时"。也就是说，你得在三小时内判断"发不发，怎么发，发什么"。但在考虑"发不发"的时候，后面的事情其实几乎都想好了。所以对于危机公关，最重要的还是"发不发"。

上面我们围绕危机公关的目的是"从众"还是"坚持"展开思考，但其实还有另一种解读危机公关目的的方式，即，是转危为安还是转危为机。如果希望转危为机，那就得想办法将危机变成宣传自己的一次机会；如果希望转危为安，那就要努力让危机事件淡出公众视线，尽量不要扩大影响。随着时间流逝，这个事件一定会被其他事件掩盖，这即是"转危为安"。

对于如何考量"发不发"，我试图归纳一些可以量化的标准，具体如下。

第一，事件性质的恶劣程度。首先，这要看传言的可信度。参与人数多并不一定意味着事件性质恶劣，互联网时代瞬息万变，在传言的可信度不高时，红人没必要急着发布声明。原因在于粉丝可能已经为红人进行了澄清，此外也没必要给造谣者提供吸引他人视线的机会。有些传言虽然看起来像真的，有真实的照片或真正发生过的事件，但其实都是"移花接木"或"断章取义"，真真假假混在一起，这有可能是竞争对手在蓄意抹黑，遇到这种关键节点，红人一定要站出来明确澄清。其次，要看传播的途径和范围。虽说现在各平台有各自的流量，但红人和粉丝最主要的活跃平台还是新浪微博。若传言或事件本身尚未自然蔓延到其他平台，比如只在豆瓣平台存在的负面帖子，没有必要刻意在微博上澄清，因为一旦这样做必然导致更多的人进行二次搜索传播、增加事件热度。此处存在对"度"的把握，毕竟有关红人的负面言论在任一平台发展到超出预想或控制的程度时，都应及时干预，所以红人及其团队需要及时关注相关传言的扩散程度和范围，并应随机应变、快速决断。最后，要看事件发酵的程度。有红人的地方就有讨论，在互联网环境中，讨论似乎只能区分为极端性的赞美和批评。在针对红人的负面评论尚处于较轻程度的阶段，红人一方完全没有必要严肃表明立场，切忌小题大做，引发公众的反感。

第二，有确定的事实与证据。前面论述的这种情况下应在寻找到更多的法律真相后再做出判断。

第三，存在预期利益。在对"发不发"进行考量的过程中，如果红人本来就代言多个产品，危机事件又与代言产品高度相关，红人可能会"不得不发"。因为"不发"会影响红人代言的品牌方的利益，也可能违反合同条款的约定，根据合同条款，红人不得不做出一些澄清，这就是"不得不发"的情况。

第四，红人的类型。我们会发现，演员等传统红人发布声明的次数其实是比较少的，但是偶像类红人发布声明的次数则更多一些。很多时候，偶像类红人发布声明都是为了调整粉丝的心态，给粉丝一个交代。

【经典案例】

此前，针对网传"胖某数据为李某某做数据"一事，李某某直播官方微博发表声明称该消息不实。

为了方便说明，我将声明的全部文字稿附上，以供读者阅读。

声明

近日有多个自媒体散布不实信息，称"李某某背后团队被抓""胖某数据为李某某做数据"。此不实信息被部分网民跟帖、转发，对A网络科技有限公司（以下简称"A公司"或"我司"）以及李某某先生的声誉造成了严重损害，已涉嫌诽谤、名誉权侵权等违法行为，特此声明如下。

1.A公司及李某某从未与包括"胖某数据"在内的数据公司或营销公司展开数据合作。

2.我司始终严格遵守国家相关法律法规规定，从未对直播间数据展开过任何形式的干扰，也从不参与任何业内数据榜单的编造和制作，从未开展过任何涉及数据造假的行为。

3.数据安全是我司最为关注的，我们内部有严格的数据保密及管理措施，从未对外授权任何第三方机构相关数据权限。目前，市场上各研究机构涉及我司及李某某的销售等数据，均非我司提供，也不是事实数据。

4.我司已保留相关证据，并向谣言所在平台提出了投诉举报。

5.我司将与有关部门保持沟通，保留依法追究相关谣言发布者、散播者的法律责任的权利。

A网络科技有限公司

2021年×月×日

在危机公关声明中，针对不同的负面舆情，需要有技巧地区分是否陈述舆情内容。针对"出轨""小三"等，不建议正面陈述负面舆情，以免引发更多的负面搜索；而针对"被抓"等不实传闻，可以作简单陈述。

李某某团队的这篇声明中的第一句话就陈述了具体的负面内容，有的放矢。

同时，该声明还直截了当地陈述了观点。"开门见山"特别重要，因为在互联网上，可能没有人能有耐心看完整篇声明，因此声明的第一段内容尤为重要。

而这篇声明开宗明义地指出：已涉嫌诽谤、名誉权侵权等违法行为。

接下来的文字区分了段落，列举了序号，有逻辑的表达对于互联网阅读来说十分有必要。

1.A公司及李某某从未与包括"胖某数据"在内的数据公司或营销公司展开数据合作。

这是直接否认了谣言。非常清晰明了地否认了谣言内容，这也是必须的，不能含糊。

2. 我司始终严格遵守国家相关法律法规规定，从未对直播间数据展开过任何形式的干扰，也从不参与任何业内数据榜单的编造和制作，从未开展过任何涉及数据造假的行为。

这是拓展外延。对于近期内所有关于"双十一"直播数据的干扰等也一并进行了否认。自我陈述法律真相，避免新的谣言传播。

3. 数据安全是我司最为关注的，我们内部有严格的数据保密及管理措施，从未对外授权任何第三方机构相关数据权限。目前，市场上各研究机构涉及我司及李某某的销售等数据，均非我司提供，也不是事实数据。

这是表明态度。公众不仅对事实好奇，也更在乎当事人的态度，因此声明中最好能表达明确的态度。

4. 我司已保留相关证据，并向谣言所在平台提出了投诉举报。

这是采取措施。表明自己已按照法律程序采取了相关的保护措施，也表明自己的行为。

5. 我司将与有关部门保持沟通，保留依法追究相关谣言发布者、散播者的法律责任的权利。

这是保留权利。这对于那些发布和散播谣言的人以及之后可能散播谣言的人起一定的警示作用。

因此，我认为这是一篇非常完整的声明，可供读者学习和参考。

怎么发：不同发布主体威力不同

我梳理了四种发布危机公关声明的主体，按照情况由轻到重，这四种发布主体的排列顺序是：一是红人本人；二是红人工作室或经纪公司；三是剧组或品牌方等商务合作伙伴；四是律师事务所。

第一，红人本人。通常在危机不明确或称不上危机的情况下，由红人本人发布危机公关声明，可以理解为红人与粉丝打个招呼，做个互动，快速澄清一些事情。

【经典案例】

某红人参加某摩托车比赛，在最后一轮比赛中，跟在其身后的胡某摔倒，意外和该红人的车相撞，导致该红人当场摔倒，并翻滚出赛道。突然发生的意外让粉丝为红人感到担心，并纷纷祈祷红人平安无事。但不少粉丝认为胡某的赛车摔倒其实是故意为之。最让粉丝气愤的是，在胡某把该红人撞倒后，视频画面扫到胡某的车队成员，他们拍手欢呼雀跃的情形，更让粉丝感觉是其故意为之，因而很气愤。于是，粉丝开始纷纷指责胡某。

面对这个可能引发危机的事件，该红人用自己本人的微博账号发声："我的粉丝不要都我骂，有些事情我自己说。摔车虽属不幸，但这是每个运动员都要用正常心态去面对的事情，丢失了体育精神就不对了。"

在该红人本人发声后，该事件很快就平息了。

第二，红人工作室或经纪公司。这是最常见的发布危机公关声明的主体。一般在不具备发布后续两种声明的必要性时，可以通过红人工作室或经纪公司发布声明。

第三，剧组或品牌方等商务合作伙伴。这是前面提到的"不得不发"的情况，最后由剧组或品牌方发布声明。

第四，律师事务所。在这里我必须说明的是，我一向主张律师最好不要为红人的私生活发布声明，除非有确凿证据，比如红人被造谣吸毒，但经检测后证明红人的确没有吸毒。律师发布声明的依据，通常大部分来自红人本人的陈述，这对律师而言风险较大。因为律师很难仅通过红人的自述就能保证红人所述内容一定是真实的，所以，针对红人的私生活，律师不应该也很难从名誉权的角度为红人发布所谓的律师声明。

发什么：一切以事实为基础

一般来说，声明应采取严肃、谨慎、简明扼要的行文风格，没有人会期待一个声明能写成极富创意的广告文案，也没有人会想看2000字的小论文式声明。按照声明的行文顺序，我提出了以下建议。

第一，以事实为基础，但不必做具体描述。因为具体描述事件经过可能会对红人造成二次伤害，让事实二次传播，特别是有些不雅观的词汇，尽量不要重述。

第二，结论先行，诉求后写，最后展开论述。这种行文风格匹配了互联网上的阅读习惯，读者可以回想自己在手机上阅读文章时的习惯，通常，人们的注意力焦点只在前几秒或第一段，大概知道是件什么事后就匆匆略过中间的文字，迅速滑到文章结尾，再点一下评论，就关掉了这篇文章。阅读一篇1000字左右的文章，读者可能只需要30秒左右。所以，如果希望声明能被更多人看到，产生更大的影响力，应把重要的内容放在第一段，在中间展开论述，最后做总结。千万不要用第一段引入主题，那样大概率会让人们丧失耐心。

第三，数字分段。一篇文章往往会有分段并产生数字序号，很多读者在阅读完文章首尾之后，会倒回来再看一遍文章中有数字序号的小标题内容。所以，文章的首尾部分很重要，中间部分则应尽量用序号划分，这样的声明才能有的放矢。

第四，提出的法律措施要由轻到重，循序渐进。律师声明的作用在于既让发帖人看到并震慑住他，从而让他自己主动删掉负面信息，又让不特定的人看到并告诫他们不能再转发了。

【经典案例】

常规版声明 一般来说，发布在网络上的声明其实越短越好，字越多，越容易被人断章取义。下面我向读者分享的"公司声明"，即是按照上述行文要点撰写的，这则声明在其语境中起到了良好的效果。

公司声明

近日，网络上出现了大量针对我司艺人×××的肆意造谣和网络暴力行为，我司在此郑重要求发帖者立即删除相关言论、图片、视频等所有不当内容。

网络世界并非法外之地，对于任何针对我司艺人和练习生的肆意造谣与网络暴力行为，我司予以强烈谴责，并警告涉事者尽快消除不良影响。此外，任何未经许可使用我司艺人和练习生照片的行为均涉嫌侵犯肖像权。目前，我们已经委托律师做以下处理：

1. 对所有相关内容进行公证保全；

2. 要求平台方提供发帖者后台账户数据，并进行证据保全；

3. 通知平台方删除所有不当内容；

4. 针对利用互联网捏造或歪曲事实、散布谣言并扰乱社会秩序的行为，向网络违法犯罪举报网站进行举报；

5. 针对侵犯我司艺人及练习生名誉权、肖像权的行为，通过司法途径对侵权人进行追责和追偿，包括但不限于要求侵权者公开道歉、提出精神损失赔偿等。

我们珍视我司旗下每一位艺人和练习生，也绝不姑息任何侵犯我司艺人和练习生名誉的行为。

上海××××演出经纪有限公司

×年×月×日

抒情版声明　对于一些后果不太严重的引导粉丝类的声明，可以采取迂回劝导的方式，具体如下。

公司声明

近日，我们发现网络上存在较多针对我司艺人个人生活的讨论，对于因此占用公共资源，我们表示歉意。

我们尊重签约艺人作为普通公民的个人生活权利，但任何权利皆有边界，也不应违反公序良俗准则。而艺人作为公众人物，理应比普通公民有更高的社会责任感，敬畏不当行使权利所带来的后果。

我们一直认为，在公众舞台上站立的艺人更应学会感恩和尊重，感恩每一位粉丝汇聚的能量，尊重每一段经历构建的成长，这些才汇成了让艺人有机会站在公众舞台上的那一束光。

我们将一如既往并更全面地为艺人提供相关培训和支持，加强对艺人个人生活与工作衔接的管理，也真诚希望各位能够更多地关注我们为艺人打造的作品和舞台。

在前行的道路上，我们彼此都需要那一束光！

北京××××娱乐文化有限公司

×年×月×日

本章小结

本章我从危机公关的要素和步骤出发，为读者解读了面临危机公关时的决策逻辑，并提出了量化标准。读者在以后遇到危机公关类事件时可以从本章的两张图出发，思考解决方向。

思考

请根据下述资料回答问题。

1. 被爆资料

（1）红人被爆出其在国外街头标有出售大麻的便利店门口抽烟的照片；

（2）在工作室官方微博下方，各种负面评论充斥整个官方微博评论区；

（3）一些较有号召力的粉丝前来向经纪人询问有关情况。

2. 核实情况

（1）照片属实，红人的确曾在那家店门口抽烟；

（2）红人虽进过店里，但是红人并没有买大麻而是陪朋友去的；

（3）红人十分肯定地对经纪人说"我没有抽大麻"；

（4）红人，是偶像红人。

　　请结合图 6-2 判断是否需要发布声明，以哪个主体的名义发布，发布什么内容，并试着写出这份声明。

第七章

权利梳理

从法律角度出发，红人具备价值的基础是权利。本章，我将通俗易懂地为读者分析红人身上所享有的法律权利。

第一节　作为作者具有的版权

何为作品：如何理解独创性

身处内容创意行业，红人对基础的版权法[①]知识的学习不可或缺。本节我将用最简单的语言和系统的方法帮助红人了解《中华人民共和国著作权法》（以下简称《著作权法》）的基本原理，以初步应对工作中的版权问题。

版权法的基础是作品，也就是说，如果一件事物不构成著作权法意义上的作品，也就谈不上版权保护。但在红人行业里，很多场合中都闹过类似这种笑话，如发帖状告对方海报抄袭，但很可能海报中的很多元素或整张海报根本就不构成作品，从而也谈不上抄袭。

怎么才构成著作权法意义上受保护的作品呢？这是首先需要弄明白的问题。

作品在法律上的定义是"文学、艺术和科学领域内具有独创性并能以一定形式表现的智力成果"。

第一，范围。仅指文学、艺术、科学领域，这意味着只限于这三个领域存在作品。当然，文娱行业的内容基本上都可以纳入文学、艺术领域，因此，关于这个问题的争议并不大。读者可以思考，按照对范围的规定，第九套广播体操是否可以构成作品？

第二，独创性。这是最核心也是最难以判断的要素之一，独创性包含两层意思：一是独一无二，独立完成，源自本人；二是具备创造性。我将此问题简化如下。

表述 A：早上，小明去上学了。

表述 B：在一个周六的早上，太阳高高地挂在天上，云朵在旁边围绕着，好像很多小朋友围着老师在做游戏。坐在书房的小明正收拾着书包，此刻的阳光也从窗子外刚好射进来……

基于《著作权法》的相关认知，表述 A 有极大可能不被认为是作品，因为缺乏创造性；表述 B 则因其具备一定创造性而可能构成作品（如果也满足作品的其他条件）。

---

① 版权即著作权，本书对此不做区分。

【经典案例】

"舌尖上的中国"是否为受《著作权法》保护的作品 [①]

我国著作权法只保护符合独创性要求的劳动成果，因此任何劳动成果只有同时符合"独立创作"和"具有最低限度的创作性"两方面条件才能成为著作权法意义上的作品。

"舌尖上的中国"系两个通用名词的简单组合，并且仅有六个字，缺乏相应的长度和必要的深度，无法充分表达和反映作者的思想感情或研究成果，无法体现作者对此所付出的智力创作性，本身不包含任何思想内容，不符合作品独创性的要求，并不是作者思想的独特表现，"舌尖上的中国"此六个字的组合不是我国著作权法所保护的作品。

第三，能以一定形式表现。因此，纯粹的思想不构成作品。对于如何区分思想和表达，我们来看著名的著作权金字塔模型（见图 7-1）。

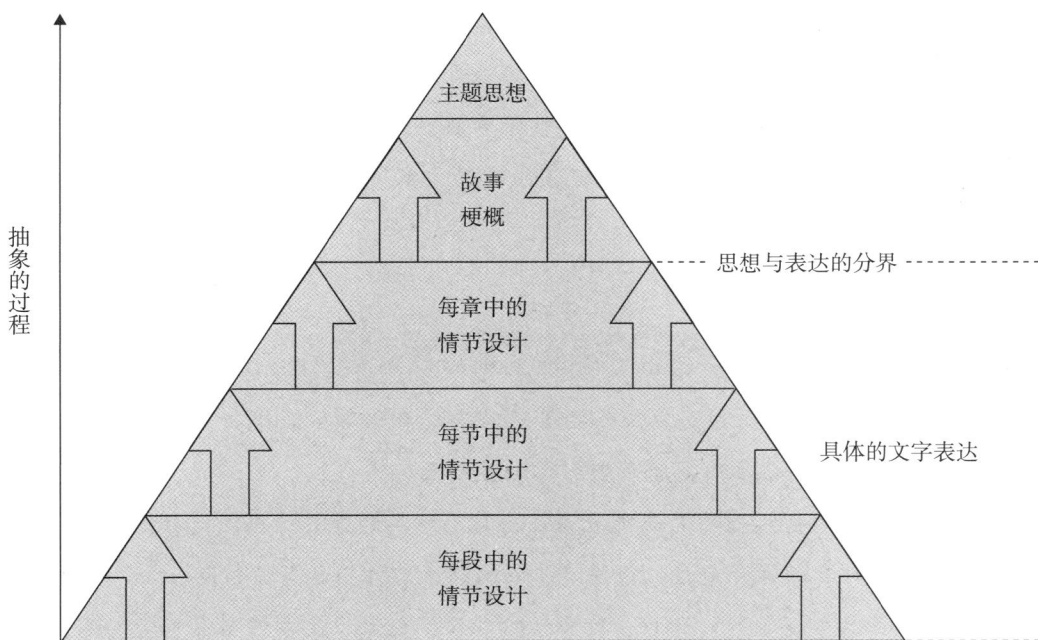

图 7-1　著作权金字塔模型 [②]

图 7-1 很形象地描绘了"思想与表达的二分法"，即著作权法不保护思想，只保护表达，也就是上图中具体的文字表达、每段中的情节设计、每节中的情节设计、每章中的情节设计等，当这些表达抽象成故事梗概和主题思想时，可能就难以受到著作权法的保

---

① 判决书案号：（2012）东民初字第 09636 号。

② 王迁.知识产权法教程（第七版）[M].北京：中国人民大学出版社，2021.

护了。在这个抽象的过程中，有一个"思想与表达的分界"。根据文字表达的不同，这个分界有时候在"故事梗概"这里，有时候又在"主题思想"这里。总之，并不是所有独立完成的内容都能受到著作权法的保护。

【经典案例】

既有素材的东拼西凑构成作品吗

案情简介 ①

2013 年 8 月，某洁具准备以招标方式选择制作单位拍摄广告片，徐某某受邀后制作了样片。样片时长 8 分 24 秒，包括 6 分 7 秒文字和 2 分 17 秒音乐视频两部分内容。

音乐视频为徐某某对从网上选取的他人创作的卫浴、房地产等广告片段进行组合、拼接，以标注中英文歌词字幕的英文歌曲 "*What a wonderful world*" 为背景音乐，片尾推出"某洁具"标识。全片无对白、配音，而以音乐视频的形式讲述了一个设计师享受恋爱、婚姻、生子的美好生活，并在享受快乐中收获灵感，设计出畅享精彩生活的该洁具产品的故事。徐某某以上述文字加视频组合的方式完成了名为"某洁具创意 .wmv"的广告片样片。

案件分析

《著作权法》并不禁止利用他人作品等既有素材重组等方式进行创作，关键在于利用既有素材创作出的作品本身是否具有自己的独创性。

尽管徐某某使用他人创作的英文歌曲作为自己作品的背景音乐，选择他人创作的视频画面作为自己作品的样片素材，但并不能以此否认其作品具有独创性。

徐某某的作品包括主题、题材、故事大纲、人物形象、主要情节等内容，形成了一个完整的故事，最终达到了宣传产品的效果。作品体现了创作者独特的艺术视角和表现手法，凝聚了创作者的创造性劳动，无疑符合独创性这一要求。

同时，徐某某的作品由抽象到具体，逐层展示了从主题思想到人物安排、从题材选择到故事情节、从歌曲选择到主题阐释等内容，呈现了某洁具品牌的丰富内涵和广告片的逻辑结构，不仅有鲜明的主题思想，更有主题思想下的具体创意和无数创作细节，其

---

① 判决书案号：（2014）成知民初字第 369 号。

故事情节、事件顺序、人物角色的交互作用和发展足够具体，这些足够具体的表达明显不是卫浴类广告的常用表达。

思想可由不同的方式表达，具有新颖性的创意能否由不同的方式表达，或者创意的具体表达程度是否已达到普通创作者无须创造性劳动即可按图索骥实现非创造性表达的程度，是判断创意能否上升到表达层面的关键。

徐某某的作品所蕴含的创意从主题选择到具体镜头的安排都进行了设定，其创意在具有新颖性的同时，也具体化到了无须创造性劳动即可将其完成为作品的程度，后继拍摄者在选定角色扮演者后，完全按照创意安排或者适当添加有关"设计"元素和画面后直接予以拍摄，就能够完成从创意到具体表达形式的转换，故该作品无疑已经属于受著作权法保护的"表达"范畴。

因此，从本案可知，对于将现存的各种素材进行拼接的情况，并不能一概否认其独创性，如果其中体现了创作者的劳动、智慧，也可以构成作品。

作品类型：不同作品的表现形式

《著作权法》中还具体列举了作品类型。根据相关法律概念判断是否构成作品后，往往还需进一步将这些作品与作品类型相对应。下面，我主要分析了与文娱行业相关的作品类型。

第一，文字作品。如小说、诗词、散文、论文等以文字形式表现的作品，这是文娱行业里最典型的作品类型，因此词作者、小说作者、编剧等都是著作权法意义上的作者。

第二，音乐作品。如歌曲、交响乐等能够演唱或演奏的带词或不带词的作品。文娱行业最典型的音乐作品通常用曲谱的形式体现，它的核心是旋律、音调等音乐要素和编排搭配的组合。

第三，戏剧作品。如话剧、歌剧、地方戏等供舞台演出的作品。一般来说，戏剧作品要通过演员在舞台上的表演才能被观众感知到艺术的美感。如果仅仅是文字上的戏剧剧本，则应该归属于文字作品的范畴。

第四，曲艺作品。如相声、快书、大鼓、评书等以说唱为主要表演形式的作品。

第五，舞蹈作品。如通过连续的动作、姿态、表情等表现思想情感的作品。对于舞蹈作品，著作权法保护的不是演员在舞台上的表演，而是演员的舞蹈动作、姿态和表情的设计。

第六，杂技艺术作品。是指杂技、魔术、马戏等通过形体动作和技巧表现的作品。这类作品是我国著作权法独有的分类，在国际上并未规定出这一作品类型，该作品类型在国内也存在争议，如难以与舞蹈作品进行区分等。

第七，美术作品。是指通过绘画、书法、雕塑等以线条、色彩或者其他方式构成的有审美意义的平面或立体的造型艺术作品。

第八，建筑作品。是指以建筑物或者构筑物形式表现的有审美意义的作品。最典型的建筑作品如上海东方明珠塔、悉尼歌剧院等，但并不是所有建筑都能构成建筑作品。"不够漂亮"可能就是一个判断标准，如建筑工地的工棚就不能被称为建筑作品。此外，有些建筑中具有实用功能的部分也不能从审美意义上加以考察，如有些居民楼的部分楼层有消防连廊，是安全防火设置，无论这个连廊设计得多么美或多么具有艺术美感，也不可能作为建筑作品被予以保护。

第九，摄影作品。是指借助器械在感光材料或者其他介质上记录客观物体形象的艺术作品。文娱行业里最常见的摄影作品，就是为红人拍摄的写真照片。

第十，视听作品[1]。由一系列有伴音或者无伴音的画面组成，并且借助适当装置放映或者以其他方式传播的作品。主要分为两类：一是电影作品，二是以摄制电影的方法创作的作品。文娱行业里最常见的视听作品，就是各类影视剧和综艺节目等。

【经典案例】

延时摄影作品构成摄影作品还是视听作品[2]

延时摄影是一种在视频中压缩时间的拍摄技术，其拍摄的是一组照片或视频，后期通过照片串联或视频抽帧，把几分钟、几小时甚至几天、几年的过程压缩在一个较短的时间内，以视频的方式播放。延时摄影通常应用在拍摄城市风光、自然风景、天文现象、城市生活、建筑制造、生物演变等题材上。

从作品及其制作过程中使用的摄影作品的关系看，作品的独创性表达不仅体现在其中包含的静态影像效果和影像内容，更体现在连续画面变化过程中呈现的视觉冲击。将涉案作品认定为试听作品，其保护内容既涵盖静态影像效果和影像内容，也涵盖连续画面变化过程中所形成的审美表达，保护范围涵盖了仅作为静态摄影作品所能够获得的保护，保护程度亦应当优于仅作为摄影作品可以获得的保护。

---

[1] 2022年9月29日发布的《中华人民共和国著作权法实施条例》将此类作品分类为"电影作品和以摄制电影的方法创作的作品"。

[2] 判决书案号：（2021）京73民终595号。

应当注意的是，著作权法保护的作品是具有独创性且能够被客观感知的外在表达，作品的创作手法和创作方式不是著作权法保护的客体。因此，"延迟摄影"这一创作方式本身不受著作权法保护，但由此产生的效果、形成的具有连续美感的动态画面倘若符合作品的构成要件，则能够得到著作权法的保护。

最后，我要提醒读者注意：一定要对委托作品的著作权归属进行明确约定，如果没有约定著作权的归属，则著作权属于受托人，公司最后很可能人财两空，得不偿失。

作品权利：作者最完整的著作权

出台著作权法一方面是为了鼓励创作，只有把通过辛苦的智力劳动创作出来的作品保护起来，内容创作者才有动力继续创作更多、更好的作品，这是著作权法对于人类文明的重大意义；另一方面，如果对所有作品都不做区分、没有限制地保护起来，又会使很多内容无法创作，实际上也限制了优秀作品的有效传播。如基本和弦、简单的文字表达等，都是创作词曲作品和文学作品必备的元素，因此著作权法又通过时间限制和权利限制对著作权人享有的权利进行了一定限制。

因此，著作权人对于其作品所享有的权利，其实就是控制别人不做特定行为的一种权利。《著作权法》一共规定了著作权人享有的 17 项权利，分为人身权利和财产权利两大类。

人身权利主要体现了作者在创作过程中独特的人格、思想、情感等精神状态，是不可转让、继承或受遗赠的，具体分为以下四类权利。

第一，发表权，即决定作品是否公之于众的权利。这个"众"指的是"不特定多数人"。针对文娱行业的作品，假如你收到了一首专门向你投稿的歌词作品，你觉得写得非常好，于是上传在朋友圈，这种行为很可能构成对作词者发表权的侵犯。

第二，署名权，即表明作者身份、在作品上署名的权利。这是非常重要的一类权利，我们将在后续章节中进行详细介绍。

第三，修改权，即修改或者授权他人修改作品的权利。包括对作品内容进行局部的变更以及文字、用语的修正等。

【经典案例】

改得好 ≠ 不侵权
——某节目著作权纠纷案

演员李某某在某节目中朗读了三毛父亲陈某某写给三毛的书信，并对书信进行了增添标题、文字改动、文字顺序调整等修改。

案件分析

将对作品内容的局部变更以及文字、用语的修正纳入修改权的控制范围具有合理性。

我国《著作权法》规定的与作品改动相关的著作权权项包括修改权、保护作品完整权及改编权。根据《著作权法》规定，保护作品完整权，即保护作品不受歪曲、篡改的权利；改编权，即改变作品，创作出具有独创性的新作品的权利。基于前述规定，保护作品完整权以及改编权并不能控制所有对作品的改动行为。改动作品但尚未达到歪曲、篡改的程度，亦未产生具有独创性的新作品的，不受前述保护作品完整权及改编权的控制。对作品的文字性修改、删节，或对作品内容作局部变更，一般不会形成新作品，亦未必会达到歪曲、篡改的程度。因此，从体系解释的角度看，将对作品内容的局部变更以及文字、用语的修正纳入修改权的控制范围，能够为著作权人提供较完整的保护，具有合理性。

法院认为，某节目在使用涉案书信时对书信字词、短语的增添、修改或删除，属于对涉案书信的文字性修改、删节；删除涉案书信的长句、段落以及调换段落顺序，属于对书信内容的变更，因而均落入涉案书信修改权控制的范畴。修改作品后效果的好坏并不影响修改行为的构成。因此即使对作品进行修改后取得正向效果，亦不构成对侵害修改权的抗辩理由。

第四，保护作品完整权，即保护作品不受歪曲、篡改的权利。这主要是为了防止他人在利用作品时，通过对作品的不当改动或利用，导致作品无法正确地反映作者原本要

表达的思想和感情。

【经典案例】

在获得改编权的前提下对保护作品完整权的侵权认定分析

——张某某诉某电影侵犯其保护作品完整权纠纷

在作者将其著作财产权转让给他人后，要想判断电影作品的改动是否歪曲、篡改了原作品，需要考虑以下三个方面：一是审查电影与原作品创作意图、题材是否一致；二是审查电影对原作品的主要情节、背景设定和人物关系的改动是否必要；三是结合社会公众对作品改动的整体评价进行综合考量。

案情简介 [①]

知名系列小说由作者张某某创作。

张某某主张，由小说改编的某电影的故事情节、人物设置、故事背景均与小说相去甚远，超出了法律允许的必要改动范围，对小说存在严重的歪曲、篡改，侵害其保护作品完整权，并且未给张某某署名，侵害其署名权，请求停止传播该电影、公开赔礼道歉、消除影响，连带赔偿精神损害抚慰金100万元。

案件分析

改编者的自由不是没有限度的，而是有限度的。《中华人民共和国著作权法实施条例》中规定的"必要的改动"应包括以下两个含义，即改动是"必要的"和改动应当在"必要的限度"之内。下面具体解释这两个含义。

1. 改动是"必要的"

这种改动必须是基于电影作品改编行为的需要而进行的改动，即如果不进行改动，则原作品无法被拍摄成电影作品，或者将严重影响电影作品的创作和传播。为了符合电影审查制度而进行改动，一般是改编方最主要的抗辩理由。例如，原作品中如果含有违反宗教政策、暴力、色情等不宜在电影作品中呈现的描写，则应当允许这部分描写不被拍摄为电影场景或镜头。但是具体哪些改动是必要的，应当由改编方来举证证明，并根据具体案情综合考量。

---

① 判决书案号：（2016）京73民终587号。

我国的电影审查制度以宪法和法律、法规为依据，以基本的公序良俗、善良道德标准为原则，目的是保障社会主义精神文明建设的健康发展。如果在电影作品中出现违反相关电影审查规定的内容，电影将可能不会被允许发行传播。如果原作品中存在违反相关电影审查规定的内容，则在改编为电影作品时，应当对这部分内容进行改动。此种改动则属于必要的改动。

2. 改动应当在"必要的限度"之内

即便属于必要改动的范畴，也并非可以随意改动，而要有一定的限度。

在判断过程中，可以把原作品中的要素划分为核心表达要素和一般表达要素。以小说为例，小说中的核心表达要素可以分为主要人物设定、故事背景、主要情节；一般表达要素可以分为具体的场景描写、人物对白或具体情节。

从文字作品改编为电影作品的过程，并不是把文字进行镜头化的简单过程，其中包括剧本创作、美术、音乐、特效等各方面的工作。但是通常来说，电影作品的拍摄会遵从文学剧本以及相应分镜头剧本的安排，电影作品内容可以直接反映剧本的内容，进而应当与原作品构成实质性相似。

如果剧本中对原作品的主要人物设定、故事背景、主要情节等核心表达要素进行了根本性的改动，则有可能导致改编作品与原作品设计的人物性格、关系迥然不同，与原作品描述的主要故事情节差距很大，甚至改变了作者在原作品中所要表达的思想情感、观点情绪，这种改动就超出了必要的限度。如果剧本中对人物对白或场景描写等一般表达要素进行了改动，并且这种改动并不会导致原作品的核心表达要素发生变化，则可以认为这种改动在必要的限度之内。

分析完人身权利部分，接下来，我们分析著作权的财产权利部分。正因为法律对于这些权利进行了规定，才使得内容创作者获得了收取报酬的权利来源。著作财产权总共有 12 项[①]，具体如下。

第一，复制权，即以印刷、复印、拓印、录音、录像、翻录、翻拍、数字化等方式将作品制作一份或者多份的权利。传统的复制行为如全文复印某篇文章等，更常见的是互联网环境下的复制行为，如将作品复制到移动存储硬盘上；将作品上传到网络服务器上；将作品从网络服务器下载到本地；通过网络向其他计算机用户发送作品，如将音乐 demo 通过微信或电子邮件发送给对方，这类行为都将形成新的复制件并留存。

第二，发行权，即以出售或者赠与方式向公众提供作品的原件或者复制件的权利。

---

① 《著作权法》还规定了一项兜底条款，在此不展开具体论述。

发行权必须面对不特定的多数人，如出版社公开出版一本图书、书店出售漫画等。同时，发行权还必须是转移原件或复制件的所有权行为，如果仅是提供了公众接触作品的机会，如公开朗诵诗歌、演唱歌曲就不属于发行行为。

第三，出租权，即有偿许可他人临时使用视听作品、计算机软件的原件或者复制件的权利，计算机软件不是出租的主要标的的除外。最常见的行为就是出租录像带，只是目前这类商业模式的应用较少，所以出租权是一项很少会被涉及的权利。

第四，展览权，即公开陈列美术作品、摄影作品的原件或者复制件的权利。

第五，表演权，即公开表演作品，以及用各种手段公开播送作品的表演的权利。这类权利涉及行业内的两种使用行为：一种是向现场公众进行对作品的表演；一种是将对作品的表演向现场公众以各种手段进行播放。最常见的如红人演唱歌曲（第一种行为），餐厅、咖啡厅等播放红人演唱的歌曲（第二种行为）。

第六，放映权，即通过放映机、幻灯机等技术设备公开再现美术、摄影、视听作品等的权利。

第七，广播权，即以有线或者无线方式公开传播或者转播作品，以及通过扩音器或者其他传送符号、声音、图像的类似工具向公众传播广播的作品的权利。这类权利包括行业内的两种使用行为：一种是以非互动形式将作品传送至不在现场的公众；另一种是利用机械装置播放接收的经初始传播的作品。最常见的包括电视台直播演唱会、播放影视剧（第一种使用行为），餐厅用收音机或电视机接收广播电视台对演唱会、球赛的直播等（第二种使用行为）。

第八，信息网络传播权，即以有线或者无线方式向公众提供，使公众可以在其选定的时间和地点获得作品的权利。这是最常用到的权利类型，读者需要注意的是两个关键词："选定时间"和"选定地点"，即这是一种交互性传播。最典型的交互性传播行为有三种：第一种是网站经营者直接将数字化作品置于开放的网络服务器上供用户在线欣赏或下载，如腾讯音乐将音乐歌曲上传到服务器上，供付费用户收听和下载；第二种是用户将数字化作品上传到开放的网络服务器上供其他用户在线欣赏或下载，如自媒体创作者将自己的短视频作品上传至抖音服务器等；第三种是用户将数字化作品置于 P2P 软件划定的"共享区"，供同类 P2P 软件的用户搜索和下载，如用户将自己的摄影作品上传至百度网盘并开放下载。读者可以思考一下：网络直播的直播行为是否受到信息网络传播权的规范呢？

【经典案例】

未经许可"听音识剧"提供作品构成侵权
——西安某公司诉上海某公司侵害视听作品信息网络传播权案

案情简介 [①]

上海某公司在其运营的"飞某"App 手机客户端平台上，通过将西安某公司的某作品以分钟为单位进行剪辑并上传至服务器，向用户提供"听音识剧"服务。用户向 App 输入声音后，App 即启用 AI 声源智能识别系统，为该用户展示音源来源的影视片段。

案件分析

1. 上海某公司将涉案作品剪辑后上传至服务器的行为应如何定性？

信息网络传播权，是以有线或者无线方式向公众提供作品，使公众可以在其选定的时间和地点获得作品的权利。其中，对于"提供作品"而言，是指通过上传到网络服务器、设置共享文件夹或者利用文件分享软件等方式，将作品置于信息网络中，使公众能够在个人选定的时间和地点以下载、浏览或者其他方式获得。换句话说，"提供作品"并不是以实际提供作品的数量为判断依据，而是以提供作品的可能性为准。

本案中，上海某公司将涉案作品剪辑并上传至其服务器，供网络用户查找、在线播放；在与网络用户提供的声音进行对比后，向其提供涉案作品中时长为一分钟的片段。上述行为虽然针对网络用户的每次识别行为，仅提供一分钟的片段，但实质上已经将涉案作品置于网络服务器，供公众可以在其选定的时间和地点，通过上海某公司"飞某"App 获得涉案作品。

因此，上海某公司将涉案作品剪辑后上传至服务器的行为构成侵权。

2. 网络用户在"飞某"App 相关栏目中发布涉案作品片段的行为如何定性？

网络用户通过"听音识剧"功能查找并在线播放涉案作品后，可以另行选择发布于被告设置的不同栏目中。

对于已发布的内容，公众可以在其个人选定的时间和地点在线浏览、获得涉案作品；被告也未提交证据证明作品的片段由用户上传。因此，上海某公司被视为作品片段的直接提供者，同样侵犯了西安某公司享有的信息网络传播权。

---

① 判决书案号：（2020）京 0491 民初 2769 号。

第九，摄制权，即以摄制视听作品的方法将作品固定在载体上的权利。行业内最典型的使用摄制权行为，即根据小说、戏剧等作品制作影视剧。

第十，改编权，即改变作品，创作出具有独创性的新作品的权利。这是一项重要权利，它既要求保留原作品的基本表达，又通过改变原作品创作出新作品。行业内典型的行为如将长篇小说改编成一个剧本，在音乐综艺节目中将一首抒情歌曲改编成摇滚歌曲等。

【经典案例】

"有声读物"是复制行为还是改编行为
——谢某与"某某听书"著作权侵权纠纷

购买"有声读物"是近年新兴的一种文化消费方式。但对于制作、在线提供有声读物如何定性，经营者应当取得何种授权等诸多问题，人们缺乏明晰的裁判规则。

案情简介 [①]

谢某享有多部文字作品的著作权。后来他发现某某公司在其经营的网站"某某听书"中，通过信息网络非法向公众提供涉案作品的在线听书服务。

案件分析

作品以形成外在表达为前提要件，对作品的改编应以改变作品的表达且该改变具有独创性为前提。对于文字作品而言，文字表述是其表达，改编文字作品应以文字内容发生改变为前提。

涉案作品在被制成有声读物时，被改变的仅仅是形式，其文字内容并未被改变，制作有声读物的过程属于对涉案作品的复制，而非演绎，对涉案作品进行朗读不会构成改编作品。

朗读行为不属于创作行为，而属于对作品的表演，朗读本身不会为作品添加新的具有独创性的成分。固然，对同一作品，不同的朗读者在朗读时会对音调、语速做出不同的选择，甚至会配以富有个性的背景音乐或音效，最终传递出的声音可能存在差别，给听众带来不同的感受。但因这种选择与安排并未改变作品的文字内容，即未改变作品的

---

① 判决书案号：（2017）浙 01 民终 5386 号。

表达，故不属于对作品的演绎。

因此，有声读物实为朗读涉案作品并进行录音后形成的录音制品，是对涉案作品的复制，而不属于对涉案作品进行演绎之后形成的新作品。

最终，法院认为，依原文朗读文字作品属于表演行为；将朗读的声音进行录制属于制作录音制品，无论事后是否添加背景音乐、音效等，都属对文字作品的复制行为，而非改编行为。

第十一，翻译权，即将作品从一种语言文字转换成另一种语言文字的权利。最常见的行为是将外文作品翻译成中文作品等。

第十二，汇编权，即将作品或者作品的片段通过选择或者编排，汇集成新作品的权利。将很多歌手的歌曲整理成一张专辑即行业内的典型使用行为，如《一人一首成名曲》。

保护期：作者终生及其死亡后五十年

著作人身权中作者的署名权、修改权、保护作品完整权的保护期不受限制。但发表权和著作财产权的保护期为"作者终生及其死亡后五十年，截止于作者死亡后第五十年的 12 月 31 日"。

因此，在使用相关作品时，我们可以计算这些作品是否处于版权保护期，如《三国演义》《西游记》等作品都不处于版权保护期，进入公有领域，任何人均可以使用里面的任何素材，这也是为何很多游戏均以这类作品中的人物为创作原型。类似的还有很多钢琴曲，也都超过了版权保护期。

合理使用：无须付费，拿来就用

《著作权法》规定的授权使用体系是"未经授权即侵权，可以使用为例外"。换句话说，如果我们确认某项创作内容属于作品，又根据作品权利类型和权利的保护期确认该作品的使用行为会落入作者的权利类型和权利的保护期内，我们使用该创作内容就必须获得作者的授权。任何未经授权的使用都是侵权，对此无须讨论是否有"商业目的"或"只使用较少部分"等。

在这个"未经授权即侵权"的前提下，《著作权法》中只有"合理使用"和"法定许可"两种例外情况，因此，对于未经授权内容的使用就变成如何落入上述两个例外（见图 7-2）。

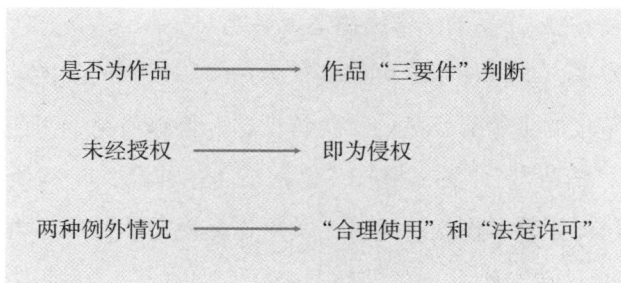

图 7-2 著作权侵权判断

不过，文娱行业可以适用合理使用和法定许可的情况比较少，特别是在互联网方面的使用中，法定许可基本没有适用空间。因此，最终的判断标准是如何落入合理使用规则。

合理使用，即在某些情况下使用作品，可以不经著作权人许可，不向其支付报酬，但应当指明作者姓名或者名称、作品名称，并且不得影响该作品的正常使用，也不得不合理地损害著作权人的合法权益。据此，我梳理了与文娱行业相关的两类合理使用规则[1]。

第一类，为介绍、评论某一作品或者说明某一问题，在作品中适当引用他人已经发表的作品。这是一条重要的规则，我们在进行多数判断时都落脚于这条规则，红人一定要把这个规则烂熟于心。比如，某电影制作了一张海报，该海报的主体画面是男女主的半身形象照，但背景中使用了"葫芦娃""黑猫警长"等漫画形象（使用面积较小）。

请问，根据合理使用的定义，海报上对于"葫芦娃""黑猫警长"角色形象的使用构成合理使用吗？

我认为构成合理使用。理由如下。

第一，"葫芦娃""黑猫警长"角色形象具备独创性，也满足作品定义的其他标准，因此属于作品。

第二，海报的使用是复制行为，将受到作者复制权的规范，并且两个角色形象还处于版权保护期，因此作者权利有效。

第三，寻找合理使用规则。首先，"葫芦娃""黑猫警长"角色形象美术作品属于"已经发表的作品"；其次，该公司引用他人作品是"为了说明某一问题"，即电影主角的年龄特征；再次，从被引用作品占整个海报的比例来看，被引用作品作为背景使用，占海报面积较小，并且在海报中并未被突出显示，属于"适度引用"；最后，海报的使用也

---

[1] 《著作权法》规定了 13 种合理使用的情形，本书只分析了与文娱行业相关的两类行为。

"未对上海美术电影制片厂作品的正常使用造成影响"。

至此，我们会发现，这种使用是可以落入合理使用规则的。换句话说，该电影海报为说明 20 世纪 80 年代的少年与儿童的年代特征这一特殊情况，适当引用当时具有代表性的少儿动画形象"葫芦娃""黑猫警长"这两个美术作品，与其他具有当时年代特征的元素一起作为电影海报背景图案，这两个美术作品此时的作用不再是单纯展现新作品的艺术美感，而是通过在新作品中的使用具有了新的价值、功能或性质，从而改变了其原先的功能或目的，其价值和功能已发生转换，且转换程度较高，属于转换性使用，而且这并不影响其正常使用，也没有不合理地损害著作权人的合法利益，故构成合理使用。

【经典案例】

影视作品道具中字体的合理使用问题
——某电影 7 字侵权案

案情简介 [①]

向某某认为，某某电影公司等四公司制作的某电影中使用的道具《鬼族史》一书及《华夏日报》上使用了自己创作的书法作品"鬼""族""史""华""夏""日""报"（见图 7-3），其行为未经许可、未署名，侵害了自己享有的署名权、复制权，故诉至法院。

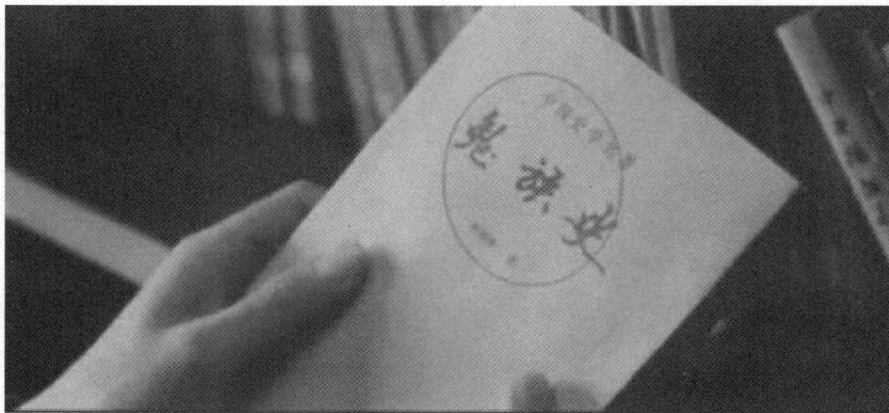

图 7-3　该电影剧照

---

① 判决书案号：（2018）京 73 民终 1428 号。

案件分析

电影的道具中使用涉案单字不排除其起到了说明道具名称的作用，但同时这也完整展示了涉案单字的艺术美感。某某电影公司等四公司之所以不选择其他常见字体而选择具有一定美感的涉案单字这一事实本身，也能说明涉案单字在涉案电影道具中不仅起到表情达意的作用，同时也起到传达艺术美感的作用，再现了涉案单字的美术价值。电影中使用了七个涉案单字，由于每个单字都构成独立的书法美术作品，不能以涉案作品在整个电影中所占比重大小作为判断是否适当的依据。某某电影公司等四公司对涉案单字的使用并未通过增加新的理念或视角使涉案单字具有了新的价值或功能从而改变了涉案单字原有的美术价值，故某某电影公司等四公司对涉案单字的使用不具有转换性，不是为了介绍、评论或说明而进行的适当引用。

【经典案例】

"图解电影"的合理使用边界
——某平台诉深圳市某科技有限公司侵害作品信息网络传播权纠纷案

本案系全国首例"图解电影"侵权案件，具有非常典型的意义。

案情简介 [①]

被告在其开发运营的"图解电影"平台上的剧集栏目中提供某剧集的连续图集，基本涵盖了该剧集的主要画面和全部情节。

案件分析

第一，是否属于适当引用。影评类作品往往不可避免地需介绍影视剧作品本身，并再现影视剧作品部分画面，以进行有针对性的评述。但本案中，涉案图片集几乎全部为原有剧集已有的表达，或者说，虽改变了表现形式，但具体表达内容并未发生实质性变化，远远超出以评论为目的适当引用的必要限度。

第二，是否影响该作品的正常使用。本案中，涉案图片集分散地从整部作品中采集图片，加上文字解说对动态剧情的描述，能够实质呈现整部剧集的具体表达，包括具体

---

① 判决书案号：（2020）京 73 民终 187 号。

情节、主要画面、主要台词等，公众可通过浏览上述图片集快捷地获悉该剧集的关键画面、主要情节，提供图片集的行为对该剧集起到了实质性替代作用，影响了作品的正常使用。

第三，是否不合理地损害著作权人的合法权益。由于涉案图片集产生替代效应，本应由权利人享有的相应市场份额将被对图片集的访问行为所占据，提供图片集的行为将对原作品市场价值造成实质性影响。就涉案图片集提供的主要功能来看，其并非向公众提供保留剧情悬念的推介、宣传信息，而是涵盖了该剧集的主要剧情和关键画面，一般情况下，难以起到激发观众进一步产生观影兴趣的作用，不具备符合权利人利益需求的宣传效果，损害了权利人的合法权益。

因此，提供涉案图片集的行为已超出适当引用的必要限度，影响了该剧集的正常使用，损害了权利人的合法权益，不属于合理使用。

第二类，免费表演已经发表的作品，该表演未向公众收取费用，也未向表演者支付报酬，且不以营利为目的。为了理解这条规则，我们首先需要了解何为"免费"，何为"表演"？

所谓"免费"，包括两个方面：对观众不收费；对表演者不付报酬。这里的费用和报酬，不仅包括合同上的金额，也包括一些隐形支出和收入。例如，在有歌手演唱的餐厅，虽然就餐者并未对某首歌曲向歌手付费，餐厅也未针对这首歌曲向就餐者单独收费，但歌手的演唱无疑是营造就餐环境的一种手段，可能在就餐者的餐费中已隐形包含这种费用，因此这种情况不属于合理使用。

所谓"表演"，从本条款"未向公众收取费用，也未向表演者支付报酬"的字面意思可以得知，这里的表演应该仅指"现场表演"，因为向表演者支付报酬的行为只可能发生在现场，而不可能是机械表演等行为（如在商场播放光碟的行为）。因此，这种"表演"更不可能包括将本属合理使用的免费现场表演再行录制视频上传至互联网终端的行为，因为这会侵犯著作权人享有的信息网络传播权等权利。

因此，对于"免费表演"这条合理使用规则，事实上只有在现场表演过程中才可能适用，一旦需要利用广播、电视台或互联网等渠道，就不可能构成免费表演，因此，该规则的适用范围并不大。

第二节 署名权规则

权利来源：署名的各种形式

署名权，指的是"表明作者身份，在作品上署名的权利"。它包括如下几种权利与使用方式。

第一，署名或不署名的决定权。因为署名权是作者对于是否公开其作者身份与作品关系的权利，故作者有权选择公开其作者身份或不公开其作者身份。决定公开作者身份，则可以署其本名或其他为公众所知的名字；决定不公开作者身份，则可以署假名或不署名。不署名又叫匿名，匿名并不是作者放弃署名权或没有署名权，匿名也是行使署名权的一种方式，或者说是作者对署名权的一种处分行为。

【经典案例】

署名单字错误该如何处理
——彭某与某公司合同纠纷 [①]

编剧的署名权问题从来都是权利人的必争之地，常见纠纷多见于未署名、代笔署名、多署名等纠纷，但如因字幕组粗心将名字打错造成署名权纠纷，如何处理更为妥当？

2016 年 1 月 29 日，某专题电视剧在中国教育电视台播出，并于 2016 年 2 月 1 日在爱奇艺网站上线，其中"撰稿人"署名为"澎某"（将"彭"错误署名为"澎"）。

2016 年 2 月 2 日，彭某提出署名异议，节目组以节目已经播出为由拒绝改动，同时向彭某道歉。

法院认为，节目组将"撰稿人"署名为"澎某"，割裂了彭某作为该电视片剧本作者与该作品之间的联系，侵犯了彭某对该作品的署名权。最终判决节目组将该专题电视剧"撰稿人"署名更正为"彭某"后重新在爱奇艺网站上架。

第二，署名方式的决定权。即署其本名、笔名、别名或假名的选择决定权。署名方式的选择往往反映作者公开或隐瞒其作者身份及相应程度选择。署本名或笔名，是将其作者身份公之于众；署其他较少为人知道或不为人知道的名字，则往往是部分隐瞒或完全隐瞒自己的作者身份。

[①] 判决书案号：（2016）京 73 民终 885 号。

【经典案例】

不是其作品，却默认署名，构成侵权
——《山歌好比春江水》署名权案

案情简介 [①]

2011 年 6 月 13 日，中国文联举办的"爱我中华——乔某作品演唱会"中收录了涉案作品《山歌好比春江水》，在该演唱会开始时，播放了乔某的致辞视频，其中乔某说："大家都知道，我没有别的什么，就只写过几首歌词，这次音乐会上还要唱这些歌……"在演唱《山歌好比春江水》这首歌前，亦播放了一段乔某所介绍的与涉案作品相关联的广西民歌的视频；在该演唱会结束前，乔某亲自上台与演员共同演唱并接受祝贺进行谢幕。

案件分析

从一般常识和常理出发，在乔某作品的演唱会中，演唱的曲目应该都是乔某所创作的作品，乔某应对演唱会收录的作品进行把关，并且乔某出席了该场演唱会，对演唱会中收录了涉案作品《山歌好比春江水》是知情的，并未有任何异议。

乔某在明知《山歌好比春江水》不是其创作作品的情况下，依然默认或者放任涉案作品的词作者署名为其本人，以获得名利，主观上有过错；客观上亦必将误导社会公众，使《山歌好比春江水》的创作者为创作该作品付出了具有独创性的劳动却无法向公众表明其作者身份，丧失了应当享受的精神权利，损害了其合法权益。

法院最终认定乔某侵犯了涉案作品《山歌好比春江水》作者的署名权。

第三，署名排列方式决定权。主要是指合作作品中，作者姓名如何排列由作者协商决定。作者姓名的排列顺序往往对作者的影响也很大。就一般情况而言，排名靠前的作者往往能得到人们较高的评价。如有的单位在评定职称时，对于合作作品，只承认排在首位的作者可以将作品作为其著作成果参评职称。

[①] 判决书案号：（2012）南市民三初字第 120 号。

【经典案例】

音乐平台软件应如何为作者正确署名
——李某与北京某科技有限公司的纠纷

署名权是在作品上署名的权利，署名权的行使通常离不开作品内容。对直接展示歌词内容的歌曲，应正确署名。

案情简介 [①]

进入手机中的"某某音乐"应用，在播放《热河（2015 Live 看见版）》《热河 2016 unplugged》等 11 首歌曲时，有歌词文字内容的滚动播放，但未署名为李某，仅署"旭然制作"；在播放《倒影 2012 Live》《墙上的向日葵 2012 Live》等部分歌曲时，没有歌词文字内容的展现，仅标注"好音质用某某"字样；在播放《你离开了南京，从此没有人和我说话（2015 Live 看见版）》时，没有歌词文字内容的展现，只有一段与歌词内容无关的介绍性文字。

案件分析

对于能直接展示歌词内容的歌曲，该公司应当为词曲作者进行正确署名，仅署名"旭然制作"，并不能起到表明李某为词曲作者的公示作用。故该公司在手机客户端歌曲《热河（2015 Live 看见版）》《热河 2016 unplugged》等 11 首歌曲中未明确署名李某为词曲作者，侵犯了李某享有的署名权。

对于未直接展示歌词内容的歌曲《你离开了南京，从此没有人和我说话（2015 Live 看见版）》，李某要求该公司仍需署名词曲作者的方式并不合理，不能认定为侵犯了李某的署名权。

第四，署名指示权。如果作品署名发表，其他人在以后以出版、广播或改编等形式公开利用时，应当说明其署名。从署名权的本质出发，在公开利用其作品时，如事先未经作者特别同意，就只能准确指出在其作品上所署的姓名。

---

① 判决书案号：（2017）京 0108 民初 11811 号。为便于分析，有改动。

实务操作：按照"权、责、利"规范署名

2022 年，中国广播电视社会组织联合会、中国网络视听节目服务协会联合发布《电视剧网络剧摄制组生产运行规范（试行）》，明确著作权和署名管理等细则。

清晰有序署名：片头、片尾署名分别依据合同约定的顺序进行署名，外籍演员或工作人员应添加国籍标注，港澳台演员或工作人员应添加相应区域标注，形成清晰、有序的署名规则。

规范表述署名：保护著作权人的合法权益，促进作品的版权交易，避免署错名、使用简称和台标等不规范形式署名以及不同载体不同署名等情形。署名严格使用规范主体名称及汉字表述。

著作权声明：片尾增加版权标记"权利声明 /**** 年 本作品完整著作权归属于 *** 所有"，以此方式对外公示作品的著作权归属。

独占性权利声明：享有一项或多项独占性著作权财产权利的主体应在著作权声明中注明。

署名一致性：制作机构向播出机构或发行机构交付时，署名应与经广电行政管理部门审查通过的版本一致。

演职人员署名：对于非电视剧网络剧权利人署名的，不应将其在"出品单位"或"制作单位"处署名，杜绝出现挂名、顶替署名以及遗漏署名情形的发生。演职人员在电视剧网络剧的署名方式、顺序、位置等由聘用合同约定，制作者应在与演职人员签署聘用合同时就署名问题进行沟通和约定，规避争排位等署名纠纷的发生。未直接参与艺术创作的辅助工作人员不在片尾署名。

难点问题：纷繁的署名权纠纷

文娱行业里关于署名权的纠纷较多，比起金钱赔偿，署名更是纠纷中的关键点。我总结了目前实务中常见的几类纠纷。

第一类，未给觉得自己参与创作的人署名，几方之间涉诉，都认为自己有贡献，均应署名。对于这类案件，主要从事实部分进行分析，也就是找到几方参与创作的部分，判断是否具备独创性，从而确定是否具备署名的权利基础。

第二类，署名权的载体是作品，如电影海报上未为编剧署名，是否侵犯了编剧的署名权？

第三类，未按照具体工作量和性质正确署名，如总编剧、原创编剧、策划、文学指

导等署名方式。这是否侵犯了编剧的正确署名权。

我们以一则案例一探究竟。

【经典案例】

署名权侵权认定分析

——《某某传》编剧署名权纠纷案

制片方在影视作品上为编剧署名时冠以特定称谓以体现每位编剧不同的分工和作用，这种做法本身并没有被著作权法或其他法律所禁止，亦未违背公序良俗。

"原创编剧"与"总编剧"是从不同的层面与角度反映不同编剧在创作中的工作性质和分工侧重，均肯定二位编剧对剧本的贡献以及与前后剧本的关联关系。在剧本创作领域，总编剧并不直接等同于贡献最大的编剧，而且没有证据表明存在总编剧必然比其他编剧对作品的贡献更高、地位更显著的标准或者惯例。因此，"总编剧"与"原创编剧"并不存在明显的优劣之分。

关于制片方未在影视作品海报、片花等宣传物料上为编剧署名之行为的合法性，浙江省高级人民法院认为：署名权的行使应以作品为载体。电视剧海报和片花系制片方因宣传电视剧需要而制作，并非电视剧作品本身，其目的和功能也非表明作者身份。因此制片方未在部分海报、片花上载明编剧身份的行为，并不构成侵害编剧署名权。

案情简介 [①]

2012 年 8 月始，为创作电视剧《某某传》剧本，某某影视公司聘任蒋某某为电视剧《某某传》编剧，并约定蒋某某依公司要求修改创作，若经修改仍不能达到要求，公司有权聘请他人在蒋某某的剧本基础上进行修改、创作；编剧署名排序由公司确定；蒋某某同意在电视剧《某某传》片头中作为"原创编剧"署名。

在剧本创作期间，因蒋某某提交的剧本经修改后仍不能达到该影视公司的要求，该影视公司遂于 2013 年 8 月与王某某签订委托创作合同，委托王某某在蒋某某的剧本基础上进行修改、创作。在制片人的协调下，该剧本大部分内容的创作模式是：蒋某某创作初稿，将稿件发送给制片人，王某某进行进一步修改、创作。

自 2013 年 10 月至 2014 年 10 月，王某某陆续提交了该电视剧拍摄版剧本。2014 年

---

① 判决书案号：（2018）浙民申 2302 号。

9月，该电视剧开机，王某某在拍摄现场对剧本做了进一步修改。2015年11月30日，该电视剧在东方卫视和北京卫视开播。电视剧视频片头、DVD出版物包装盒、宣传册封面等载明"原创编剧：蒋某某；总编剧：王某某"。

蒋某某认为，某某影视公司、王某某在上述载体、媒体宣传及其他资料上将王某某作为该电视剧剧本的第一编剧及总编剧，在部分海报、片花上，某某影视公司亦未载明"根据蒋某某《某某传》同名小说改编"及未署名蒋某某编剧身份，因此将该影视公司及王某某诉至法院。

案件分析

1. 某某影视公司将王某某署名为总编剧的行为是否侵害了蒋某某的署名权。

首先，某某影视公司作为涉案电视剧的制片方与投资方，有权依据其评判标准对剧本进行审核、修改，以使之达到预期的拍摄标准。

蒋某某提交涉案电视剧剧本后，某某影视公司虽已支付相应报酬，但并不能以此推定该剧本已符合该影视公司的全部要求。事实上，某某影视公司在收到蒋某某提交的剧本后，先聘请其他编剧进行了进一步修改，后因未能达到该公司要求而解除编剧合同。此后，该公司另聘请王某某作为该剧编剧。

王某某在该剧剧本的创作过程中，与蒋某某均付出了大量的创作性劳动，发挥了重要作用。在剧本创作过程中，蒋某某完成了剧本初稿，搭建了故事框架，设计了主要人物关系和故事情节等。但从剧本初稿的完成到该剧能按照分镜头剧本开机拍摄，尚存在一定差距。王某某除了对蒋某某版剧本进行修改创作，从剧本创作开始，即应制片人的要求多次就剧本大纲、初稿评判、剧情安排等剧本创作事项提出指导意见，并在剧本开始拍摄后，又根据拍摄现场情况对剧本内容进行修改了调整。蒋某某与王某某都通过独创性劳动将自己的思想、观念、精神内涵等融入该剧本中。

其次，蒋某某与某某影视公司已在剧本创作合同中约定，蒋某某提交的工作成果若经修改仍不能达到该影视公司的要求，该影视公司有权在双方解除本合同之后或本合同继续履行时聘请其他剧本创作人员在蒋某某已完成的剧本基础上进行修改，而对剧本内容所进行的修改行为将不视为对蒋某某权利的侵害，蒋某某仍享有在《某某传》电视剧片头中作为编剧之一的署名权，但排序由该影视公司确定。

同时，在影视剧本创作中，制片方根据实际情况，依照合同约定，组织二名以上编剧参与共同创作，此种做法有利于聚合创作智慧，提高创作效率和质量。二人以上参与共同创作时，每位编剧所发挥的作用各有不同。制片方在影视作品上为编剧署名时冠以特定称谓以体现每位编剧不同的分工和作用，这种做法本身并没有被著作权法或其他法律所禁止，亦未违背公序良俗。

"原创"一词更强调作者在整个创作过程中的本源性、开创性、启发性。随着创新观念深入人心，原创的重要性愈加受到普遍重视和认可。而"总编剧"更强调其在编剧工作中的全局性、指导性，旨在协调各方、凝聚共识、形成合力。"原创编剧"这一称谓在艺术领域具有很强的褒奖意义，而"总编剧"这一称谓也并未贬损"原创编剧"的身份和其对剧本所做出的贡献。

本案中，蒋某某创造性地提出故事大纲、创设人物角色、定位结构框架等，并将这些思想表达出来，是一个使剧本从无到有的人。王某某则全程参与剧本创作的各个阶段，特别是拍摄期间的创作修改和统筹指导。某某影视公司为二位编剧署名时冠以"总编剧""原创编剧"称谓，体现了二位编剧与剧本之间不同的密切关系以及各自对作品做出的特殊贡献。

在正式放映的电视剧中，某某影视公司在片头部分以分页形式将蒋某某作为"原创编剧"的署名先于王某某的署名呈现，也彰显了蒋某某在该剧创作过程中所做出的重要贡献和所发挥的重要作用。

2. 某某影视公司在部分海报及片花上未为蒋某某署名及未标注"根据蒋某某同名小说改编"是否侵害了蒋某某的署名权。

署名权的行使应以作品为载体。电视剧海报和片花系制片方为宣传电视剧需要而制作，既不是电视剧作品本身，其目的和功能也非表明作者身份。其中，片花主要通过浓缩影片精华，在最短时间内吸引观众；海报的内容选择则根据电视剧拍摄的不同阶段各有侧重，主要服从于广告效果，通过新颖、具有视觉冲击力的设计在最大程度上达到吸引潜在观众注意力、提升人气和票房的目的。

并且，某某影视公司已在部分海报及电视剧正片的片头等处载明了蒋某某的"原创编剧"身份，并有"本剧根据蒋某某同名小说改编"等标注，已充分表明蒋某某的编剧身份和小说作者身份，足以保障蒋某某的署名权。

第三节　表演者权规则

很多红人至少听说过"版权"二字，但对于"表演者权"这个概念可能会比较陌生。对红人而言，表演者权是其获得商业价值的法律基础。

权利内容：表演者权的六个维度

《著作权法》规定了表演者对其表演享有以下六项基本权利，表演者因此获得了可售卖的商业价值。

第一，表明表演者身份。这是专属于表演者的人身权利，类似于作者的署名权。

第二，保护表演形象不受歪曲。这也是专属于表演者的人身权利，确保表演者的表演形象不被丑化、恶意剪辑等。一旦表演者的形象被人恶意剪辑了，可以从肖像权角度维权，也可以从"保护表演形象不受歪曲"这个角度维护表演者的表演者权。

接下来的四项基本权利都属于财产性权利，是表演者获得报酬的基本权利。

第三，许可他人从现场直播和公开传送其现场表演，并获得报酬。这类权利也称为现场直播权。

第四，许可他人录音录像，并获得报酬。这类权利又可以被简称为首次固定权。

第五，许可他人复制、发行、出租录有其表演的录音录像制品，并获得报酬。这类权利即复制权、发行权和出租权，与版权人享有的同类权利相同。

第六，许可他人通过信息网络向公众传播其表演，并获得报酬。这类权利即信息网络传播权。

实务中，表演者的获酬权均由上述后四项权利排列组合而成。以歌手在舞台上演唱歌曲并通过网络直播及生成回放点播为例，从表演者的角度出发，就需要获得上述后四项的全部权利。

看到这里，聪明的读者应该就会知道，原来表演者进行一场演出时，有这么多可以分拆售卖的价值，而不应该一揽子打包售卖。

【经典案例】

影视作品中的演员可以就表演者权单独诉讼吗
——高某与某汽车销售公司侵害表演者权纠纷

表演者权在《著作权法》意义上是一种邻接权，是表演者作为作品的传播者因表演他人作品所享有的一项权利。在著作权与邻接权的保护上，著作权法保护的重心是著作权，对邻接权的保护不能超越著作权。

某广告公司（甲方）受某汽车销售公司委托与某文化艺术传播有限公司（乙方）签订了《某汽车影视短片模特合约》，该协议就甲方聘请乙方代理模特高某担任某汽车影视短片拍摄的模特工作相关事宜进行了约定，但并未授权该汽车销售公司可以在互联网上登载广告片。

该汽车销售公司经营的网站"认证二手车—置换"栏目中登载了上述广告片，并可以在线观看。

高某起诉该汽车销售公司，诉称未与任何单位签署表演者权使用许可协议，该汽车销售公司未经授权使用其相关表演，侵犯其表演者权。

案件分析

在涉案广告片的整体著作权依法归属于制片者的情况下，高某作为该作品中的表演者，其所从事表演部分的权利已经被吸收，其在享有表明表演者身份及保护其形象不受歪曲等人身性权利的同时，仅享有依据合同获得报酬的权利，而不再享有其他经济权利，无权对其在广告片中的表演单独主张表演者权。

权利区分：表演权和表演者权

在分析作者享有的权利时，有一类权利叫作表演权，它与本节提到的表演者权有何区别呢？

两者最主要的区别是客体不同。举个例子，作者创作了一首歌曲，在被授权人没有改动这首歌的旋律或歌词的情况下，如果有一百个人翻唱了这首歌，那就有一百个人取得了这首歌的表演者权。但对于作者而言，表演权只有一个，在授权时先授权给了"一号"歌手，又授权给了"二号"歌手，以此类推，只是将一项权利授予多人。对于表演者权，还有以下方面值得注意。

一些没有原创能力的红人，经纪公司会帮助其邀歌，即邀请词曲作者为红人量身定制歌曲，我建议最好以买断词曲版权的方式获得词曲的完整权利。如果发生邀请红人演唱影视主题曲的情况，经纪公司则需注意为红人争取歌曲的永久表演权，以避免陷入演

---

① 判决书案号：（2014）三中民终字第 03453 号。

唱该曲且一曲成名后，原唱自己却不能演唱该曲的尴尬境地。

以下条款可作参考。

乙方拥有永久表演权，拥有在个人演唱会以及商业演出和非商业演出表演该作品的权利，包括但不限于线上或线下公开演唱（包括参加电视、网络节目录制等）、现场直播或录播、影视剧影音同步、收录专辑（实体或电子形式）。乙方可将该次演唱版本的歌曲收录在乙方红人发行的个人专辑中，在全世界范围内自行或授权第三方以营利/非营利之任何方式中使用，使用方式包括：宣传、复制、发行、信息网络传播、销售、出版等。

第四节　录音制品权利

跨越鸿沟：音乐术语与法律概念

音乐行业里各类术语与《著作权法》的法律术语并不一一对应，这也造成了音乐人与法律人之间存在巨大的话语体系鸿沟。如在音乐行业里流传最为广泛的术语 OC、OA、OP 和 SP 分别指代原曲作者、原词作者、原始版权代理公司、OP 的版权代理公司，而在《著作权法》中，这些专业术语分别为：曲作者、词作者、版权被授权方、版权再被授权方。又如机械灌录、机械播放、版税、数位发行、影音同步等，都是音乐行业内特有的词汇，机械在著作权意义上往往意味着复制行为，版税则指著作权人享有的收益权利，数位发行一般是指信息网络传播权授权行为，影音同步则一般是指复制权或信息网络传播权授权行为。

鉴于此，我总结了一张音乐行业术语与著作权法术语对照表（见表 7-1），读者以后碰到这些概念时，就可以更快速地定位到著作权法中的相应概念。

表 7-1　音乐行业术语与著作权法术语对照表

音乐行业术语	著作权法术语
OC（Original Composer）	曲作者
OA（Original Author）	词作者
OT（Orignial Track）	录音制品
翻唱作品（Cover）	录音制品

（续表）

音乐行业术语	著作权法术语
SA（Sub Author）	翻唱或改编作品的作词者
SC（Sub Composer）	翻唱或改编作品的作曲者
OP（Original Publisher）	版权被授权方
SP（Sub Publisher）	版权再被授权方或各地区被授权方
机械灌录、机械播放	复制权
版税	著作财产权利
数位发行、电子发行	信息网络传播权
影音同步	复制权、信息网络传播权

歌曲构成：拆分元素细化权利

音乐作品的载体到底承载了哪些权利？这是每一个从事音乐行业的人都必须首先要学习的知识。

图 7-4 的中心部分是"母带"，法律术语为录音制品，我们可以将其理解为录制出来的第一个成品，它的载体以前可能是一张碟片、一盘磁带，现在则是一个电子数据文件，存储在电脑或移动设备中。

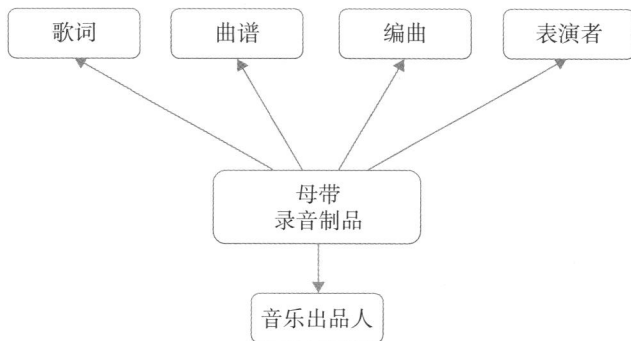

图 7-4 歌曲构成

母带涉及四个部分，分别是：歌词、曲谱、编曲和表演者。先有了歌词和曲谱，再进行编曲（有时候编曲者即是曲谱作者），最后由歌手、乐手、和声者等表演者演奏和演唱出来，最终形成录音制品，实务中，这一录音制品一般归属于出资制作和录制这首歌曲的人或单位。

至此，我们就大致了解了一份音乐母带的诞生过程。下面，我们对这个过程中可能涉及的著作权权利进行梳理（见图 7-5）。

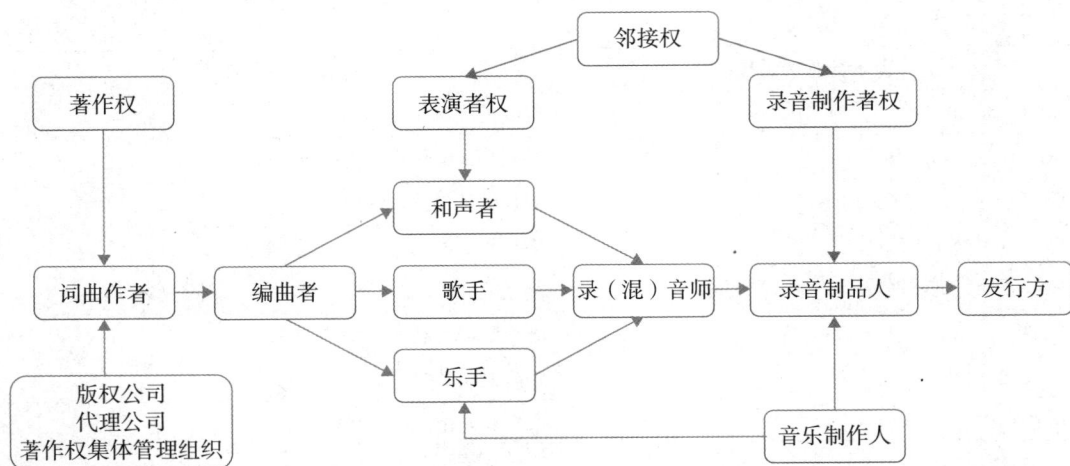

图 7-5　音乐法商图谱

在制作图 7-5 时，我将音乐作品的生产流程和对应的法律关系进行了对照。音乐作品的生产流程的上面部分是对应的法律权利。根据图 7-5，词曲作者享有著作权，表演者（包括歌手、乐手、和声者等）享有表演者权，录音制品人享有录音制作者权，后两种权利又可以统称为邻接权。

读者从图 7-5 中可以清楚地看出，除以上权利人，编曲者和录（混）音师都不享有著作权法规定的任何权利。这可能与行业内的普遍认知不太一样。

【经典案例】

存在独立的编曲权利吗

编曲是以既有旋律为基础，并在一定程度上迎合歌词的意境，对和声进行确定后，再使用乐器、人声编织出音乐作品除主旋律外的各个声部。编曲决定了整首歌曲的风格，但编曲无法脱离词曲形成独立的表达，因此编曲不能被认为是著作权法规定的音乐作品。

如"李某某诉李某、陈某、蔡某某侵犯邻接权、录音制作合同纠纷案"[①]中，法院在司法层面对编曲做出的定义：本案所涉的歌曲编曲并无具体的编曲曲谱，它的劳动表现为配置乐器、与伴奏等人员交流、加诸电脑编程等，编曲劳动需借助于演奏、演唱并最终由录音及后期制作固定下来。不可否认，经过编配、演奏、演唱、录音等诸项劳动所形成的新音乐作品与原乐谱形式的音乐作品并不完全相同，构成了一种演绎。但是离开

---

① 判决书案号：（2003）海民初字第 9033 号。

了乐器的演奏（或者电脑编程）及其他因素的配合，编曲的劳动无法独立表达，因此一般并不存在一个独立的编曲权。

再深入一点解释，为什么词曲作者、表演者、录音制作者三类人享有的权利不同呢？其实，这源于立法者对这三类人的独创性高低的取舍。词曲作者是歌曲的本源，自然享有最高级别的权利，即完全的著作权；词曲是字面上的音乐，如果没有表演者的表演，则不能被观众感知，因此表演者的表演是必不可少的一环，但表演者只能根据词曲作者创作的词曲内容进行表演，他的独创性肯定低于词曲作者，如果对表演者也分配完整的著作权保护，就对词曲作者不公平，故著作权法对表演者赋予了表演者权，这是一类权利范围窄于著作权的权利。对于录音制作者的保护，也是同理。

此外，图7-5中词曲作者一栏的下面，还注有版权公司、代理公司、著作权集体管理组织等单位，这些单位基本都是获得词曲作者授权，在一定范围和地域内为词曲作者进行版权授权和收取收益的工作。有了这些代理公司，虽然可以便于受众找到词曲作者，但却也使交易流程更复杂。行业内常发生的越权代理、无权代理等纠纷，就是在此阶段出现了问题。

至此，我们基本梳理明白了音乐作品生产流程中所涉及的各类法律关系。

授权规则：根据行为找相应权利

接下来，我们需要了解音乐发行过程中的法律逻辑，即作为权利人，应该授权给相关方哪些权利（见表7-2）。

表 7-2　音乐授权体系

著作权	表演者权	录音制作者权
发表权		
署名权	表明表演者身份	
修改权		
保护作品完整权	保护表演形象不受歪曲权	
复制权	复制权	复制权
发行权	发行权	发行权
出租权	出租权	出租权
信息网络传播权	信息网络传播权	信息网络传播权
展览权、翻译权、汇编权、改编权、摄制权、表演权、广播权、放映权	首次固定权 现场直播权	传播录音制品获酬权

我在表 7-2 中归纳了作者、表演者和录音制作者这三类权利人的具体权利种类，从中可以看到，有些权利种类是三类人都具备的，有些则是各个权利人单独享有的。

此外，我在表 7-2 的上方画了一个从右向左的箭头，这是因为大部分的音乐作品授权都是从录音制品开始的。也就是说，我们可以根据使用行为从右向左找到相关权利人的对应权利，如果有这个权利种类，则需要获得授权，如没有，则无须获得授权。

例如一个歌手要在台上演出并通过电视台现场直播，对此我们需要从这张表格上首先寻找可能涉及的权利人，即词曲作者和表演者；其次需要明确这两类主体的具体权利。具体来说，词曲作者属于著作权人，歌手的演出行为和现场直播行为会触碰表 7-2 著作权中的"表演权"和"广播权"；同时，会触碰表演者权中的"现场直播权"，因此，这个使用行为就需要获得词曲作者的"表演权"和"广播权"，以及表演者的"现场直播权"。

据此，我们可以根据表 7-2 通过拆解使用行为所对应的权利，来明确授权种类。学习了这个方法，我们就能初步解决一些简单的音乐作品授权问题。

授权场景：适配各个行业规则

除了以上授权规则，音乐授权权利类型往往与具体使用方式和领域相结合，如在电影中当作插曲使用等，在不同场景下有不同的授权规则。

在音乐类综艺中使用音乐时，往往需要改编歌词和曲谱以达到节目的制作需求，按照上述逻辑，此时需要获得改编权。此外，大部分综艺节目往往最终会生成剥离视频的单独音轨，如各大平台上的 Live 版本音乐。需要在相应授权合同中明确此类使用方式。

音乐在影视剧、广告、游戏等作品中作为背景音乐使用时，行业内一般称之为影音同步使用，即只能毫不更改地复制该歌曲使用，不能做任何变动。另外，如果是专为作品定制的歌曲，这种情况下还需要考虑词曲作者、表演者的宣发需求。

在主播直播的场景中使用音乐也是很常见的，一种情况是作为背景音乐使用，这种使用主要归类为影音同步使用；另一种情况是在直播间内演唱歌曲，这需要取得词曲作者授权。如果主播想生成回放点播，则还需要取得信息网络传播权。当然，目前大多数的版权清理义务已经由直播平台负责。但要注意，在 A 平台可以使用的歌曲不意味着去 B 平台也可以使用，因为每个平台获得授权的曲库并不一样。如在剪映（抖音旗下的视频剪辑软件）中使用的音乐，如果没同步获得词曲作者授权，就只能在抖音平台上分发。

【经典案例】

主播直播时播放歌曲，平台是否构成侵权
——某平台与音著协著作权侵权案

对于主播在直播平台演唱的歌曲，需要获得授权是毫无疑问的，那么接下来的问题是，如果主播擅自进行翻唱，侵权责任是由主播承担还是由平台承担？

案情简介 [①]

某平台的签约主播冯某某直播过程中播放了涉案歌曲。在涉案歌曲播放过程中，观看主播冯某某直播的用户与主播互动并祝福主播。直播结束后，此次直播视频被主播录制并保存在某平台上，观众可以通过登录某平台，随时随地进行播放观看和分享。

冯某某与某平台所属企业 A 公司签订了 ×× 直播协议，根据该协议，直播方在 A 公司平台提供直播服务期间产生的所有成果的全部知识产权、所有权及相关权益，由 A 公司享有。

案件分析

根据 ×× 直播协议中的约定，A 公司虽不参与创作，但主播在直播期间产生的所有成果均由 A 公司享有全部知识产权、所有权及相关权益，可见虽然主播与 A 公司之间不存在劳动或劳务关系，但实质上主播系为 A 公司创作涉案视频，因此，两者存在较为深入的合作关系，不同于通常意义上的网络服务提供者与不特定的网络用户之间的关系。

从涉案视频的制作过程来看，涉案视频系主播在直播平台直播过程的录像，随着直播过程进行而录制，根据 ×× 直播协议约定，涉案视频的各项权利应属于 A 公司所有。并且按照某平台的功能设置，直播过程中可能存在观众向主播打赏的情况，打赏赠送的虚拟货币可以兑换人民币。因此，涉案视频系 A 公司与主播合作的营利活动的直接成果，并且最终各项权益均归属于 A 公司，这显然不同于不特定网络用户随机上传至网络平台的自有内容。

按照某平台的功能设置，涉案视频录制完成后，可自动上传、保存于直播平台供公众浏览，可见 A 公司作为涉案视频的权利人以及某平台的经营者，对于该视频上传保存

---

① 判决书案号：（2019）京 73 民终 2730 号。

于直播平台供公众浏览是默许和鼓励的。

简而言之，法院认为主播与 A 公司虽无劳动或劳务关系，但主播系为 A 公司创作视频，A 公司作为涉案视频权利人，享有相关权利，亦应对由此产生的法律后果承担相应责任。

本章小结

本章主要解读了内容创意行业需要了解的《著作权法》基本知识。一个拥有文娱行业法律知识的红人，在对待日常工作和沟通时会有不同的视角。

思考

1. 根据本章中表 7-2 分析，将一首已经发表的歌曲（词曲权利未买断），由原唱歌手在春节联欢会（电视和网络两个渠道）上现场真唱，需要取得哪些权利人的什么授权？

2. 在某综艺节目中，某歌手想和主持人一起跟随音乐疗养师到各个疗养院做公益。最后一天，几个人想在户外组织一个小型公益演唱会。某歌手准备演唱歌曲《一想到你啊》，却被工作人员告知不能演唱别人的歌曲。请问，歌手的此种演唱行为构成合理使用吗？

3. 微博上有交警改编周某某的歌曲《彩虹》，并录制成视频上传到网络，这是否侵犯了词曲创作者的权利？

4. 在红人生日会的场景下，粉丝免费参加，红人也无报酬，这种情况下演唱别人的歌曲属于合理使用吗？

第八章

形象使用

前面我在红人价值公式里讲解了红人的形象价值，本章我将具体从形象授权、形象维权策略和劣迹行为对形象价值的影响三方面重点讲解红人的形象价值。

第一节　形象授权

《民法典》规定，任何组织或者个人不得以丑化、污损，或者利用信息技术手段伪造等方式侵害他人肖像权。未经肖像权人同意，不得制作、使用、公开肖像权人的肖像，但是法律另有规定的除外。因此，在红人运营领域，书面的肖像授权非常重要。

关于肖像和形象的区别，我认为有必要在此进行厘清。《民法典》出台之前，法律上认可的肖像仅指面部五官，而《民法典》扩大了肖像范围，认为通过影像、雕塑、绘画等方式在一定载体上所反映的特定自然人可以被识别的外部形象，都可以称为肖像。据此，肖像并不局限于面部容貌，体貌、背影、漫画形象乃至局部特写，即呈现出来的外部形象与特定自然人之间能够建立对应联系、具有"可识别性"的，在符合条件时也可获得肖像权的保护。在这个意义上，我认为，肖像和形象可以等同。因此，本书在提到肖像时，也可以等同于形象。

广义的形象授权除上述内容外还包括姓名和声音。姓名权和声音权也是《民法典》规定的公民的人身权利。即使不涉及任何影像资料，仅使用他人的声音部分，也是需要获得相应授权的。如主播李某某经典的"oh my god 买它买它"，某个店铺要在直播中播放该段录音，也是需要获得相应授权的。

授权规则：严格限定授权内容

关于红人的形象授权内容，需要注意以下方面。

第一，在对外发布所有带有红人形象的物料前一定要再次确认。在这类涉及红人形象使用的业务中，可能是由红人一方提供形象素材，也可能是红人应需拍摄了新照片或视频。无论采用哪种方式，商家都不能对照片或视频进行任何形式的剪辑、涂抹、拆分、添加等修改，并且红人应该在最终发布物料前进行再次确认。这种确认一方面需注意即将发布的内容是否构成对形象的不利使用，另一方面也应注意整张照片或整段视频中所有元素的合法性，如广告语是否合规、字体是否侵权等，目的是保证商家最终发布的物料不会侵犯任何第三人的合法权益。如果这些内容涉及侵权，虽然最终在法律上可能由商家承担责任，但也必然会连带影响红人的声誉。

第二，严格限制授权范围。红人特别要注意是否可以将自己形象用于产品包装和广告等商业用途。除了代言和有产品合作的业务，红人一般不应允许商家将其形象与产品相关联，以免受众将红人联想成产品代言人或认为红人为产品做推荐，特别是不能将红人与产品购买链接等相关联。我处理过一些案例，其中商家在违约与不违约之间游走，如约定不能将红人肖像用于产品包装，但商家将红人肖像制作成写真照片或单独制作人形立牌放在产品包装里，用"盲盒"形式吸引粉丝进行购买。红人应特别警惕这种攀附红人形象的侵权方式。

第三，授权到期后如何处理。对于实体物料，往往需要约定一定期限的清理期，到期后应全部清理完毕；对于留存在网络上的物料，往往只要求不再发布新的内容。

【经典案例】

接受代言证书意味着肖像授权吗
——菲某与某公司肖像权纠纷

案情简介 [①]

菲某是在国内外均享有一定知名度的足球运动员，在一次活动现场，某公司赠给菲某"大连某海参推广大使"证书，双方没有签订过任何代言等相关合同，但后来菲某发现该公司将带有菲某肖像和签名的配图放置在该公司官方网站首页并在配图旁边标注"大连某海参全球推广大使"，同时在其网站"企业动态"板块中刊有以"菲某现身某海参旗舰店成为某海参推广大使"为题的图文并茂的文章等，菲某认为该公司的该等使用行为侵犯了自身的姓名权和肖像权。

而该公司则认为，菲某接受证书这一行为表明其对该公司的要约做出承诺，双方之间已就该公司聘请菲某作为推广大使一事形成一致意思表示，合同订立并生效。

案件分析

某公司在活动现场赠给菲某"大连某海参推广大使"证书，是该公司对自身权利的处分。该公司并未举证证明，接受上述证书即意味着受赠人同意该公司免费使用受赠人的姓名权和肖像权，或者涉案证书载明了上述内容且该公司已充分告知菲某。故菲某为

---

① 判决书案号：（2017）最高法民申 1757 号。

配合活动现场的安排，接受证书以及拍照的行为，并不等同于菲某同意该公司短期、长期或永久对菲某的姓名和肖像等人格权所附着的商品化利益进行使用。

对于该公司无偿使用菲某姓名、肖像的行为，菲某并未以行为表示接受，协商未果后，提起了本案诉讼，不能认定双方之间存在合同关系。

授权场景：根据渠道细分权利

下面，我将从常见的形象授权场景出发，分析需要注意的问题。

第一，杂志拍摄。杂志拍摄一般涉及拍摄新的写真照片，而不是红人原有照片的直接授权。在新拍摄的这张照片上，存在两类法律权利，一是摄影师作为摄影作品作者的著作权（意味着需要摄影师的同步授权）；二是红人的肖像权。因此需要了解清楚杂志如何使用这张照片，并在授权书中进行对应范围的授权。红人也应思考，自己是否会在某些场景下需要使用这些照片。

【经典案例】

影视作品肖像权的商业化使用
——杨某诉 B 公司侵犯肖像权案

电影作品中的肖像作品包含两方面主体权益，一是肖像作品的创作主体人所享有的具有智慧成果属性的著作权，二是肖像权人基于自身的外形特质和人格尊严享有的精神性人格利益的专属权。影视作品肖像权的商业化使用，并不能导致肖像权人对其基于肖像的精神性人格利益的丧失和放弃，二者之间不存在吸收或替代关系。

关于作品角色的肖像权使用，应同时符合商业化使用取得许可并且不损害肖像权人的人格尊严、人格自由的双重条件，使用方式亦应不违反社会公序良俗。

案情简介 [①]

2015 年 9 月 30 日，杨某出演电影版《三生三世十里桃花》，与 A 公司签署演员聘用合同，合同约定电影版权归属 A 公司，A 公司有权将影片所涉及的元素，包括但不限于人物造型、肖像开发衍生产品，杨某同意在衍生产品中使用其姓名、个人资料、在影

---

① 判决书案号：（2018）京 0105 民初 44608 号。

片中的剧照、肖像或声音，且 A 公司无须向杨某另行付费。

2017 年 7 月 14 日，B 公司（甲方）、A 公司（乙方）、C 公司（丙方），三方共同签订联合宣传合作合同，A 公司授权 B 公司使用 A 公司批准的海报和预告片素材，在指定产品中一起通过线上及线下渠道进行影片的直接搭售宣传。

杨某主张，B 公司等公司未经授权许可擅自使用其肖像进行商业宣传，引导消费者误认为杨某与 B 公司等公司存在代言关系或其他关联关系，借助杨某知名度和影响力牟取经济利益，严重侵犯了杨某的肖像权。

案件分析

1. 杨某是否为本案适格原告

肖像是通过摄影、雕塑、录像、电影等方式在一定载体上所反映的特定自然人可被识别的外部形象。反映在特定载体上的形象是否构成肖像，要看该载体上反映的视觉形象与自然人本人的外貌形象是否清晰可辨，充分反映出个人的体貌特征，公众通过该形象能够与该个人建立一一对应的关系。

B 公司等使用的电影剧照及宣传视频中的男性形象，体貌特征清晰明确，加之杨某是具有一定知名度的演员，公众通过该形象显然能够建立与杨某的一一对应关系，因此，杨某就 B 公司等使用的电影剧照及宣传视频上的肖像享有肖像权。

2. B 公司等是否经过许可使用杨某肖像

B 公司等均表示其使用杨某肖像经过 A 公司的许可，此时则需要考察两个层面的许可，一是杨某是否对 A 公司使用其肖像进行了许可；二是 A 公司是否在杨某向其授权范围和授权时间内对 B 公司等使用肖像进行了许可。

就第一个层面来说，根据聘用合同第四条第七款、第六条约定条款，原告对 A 公司进行了三方面约定或授权：

第一，在电影《三生三世十里桃花》中涉及的角色形象、动作、造型、对白、剧照、声音及角色视频等的知识产权均归 A 公司所有；

第二，杨某姓名、声音、肖像、照片、在影片中的剧照、个人资料可由 A 公司用于为宣传、推广影片使用或许可使用；

第三，对于影片涉及元素，包括人物造型、肖像等，A 公司可以用于开发电影衍生品。并且 A 公司并不需要对此另行支付费用。

通过签订聘用合同，杨某将其对电影中的肖像予以商业化使用的权利转让给 A 公司，且转让对价已经包含在 A 公司支付给原告的报酬中，即杨某已将电影肖像使用的收益权转让给 A 公司，许可 A 公司使用涉案肖像，但该许可仅处于双方约定的范围和期限内。

就第二个层面来说，根据 A 公司及 B 公司等的陈述，其主张 B 公司等使用杨某肖像的方式属于宣传、推广电影及开发电影衍生品。就本案的情形而言有以下几点需要注意。

第一，B 公司等使用杨某肖像是否属于宣传、推广电影。

宣传、推广电影，是指运用一定的宣传、推广方式和手段，以提高电影影响力为核心目的开展的活动。虽然 A 公司与 B 公司、C 公司签署的协议名称为"联合宣传合同"，但该合同中载明 B 公司"为加强自身品牌宣传"，可见，三方签署联合宣传合同时明确主要目的在于加强对 B 公司相关产品的宣传。联合宣传合同中披露的宣传路径为天猫、京东、微信商城，在本案中，含有杨某肖像的剧照、视频的实际使用方式也是在天猫旗舰店的产品页面等展示，天猫属于电子商务经营者，其众所周知、显而易见的核心属性为产品或服务的销售平台，在天猫旗舰店中的产品页面使用电影元素，从一般公众的普遍认知来看，属于以产品为核心开展的宣传、广告行为。在特定商品的网络销售页面环境增加剧照能产生的观影激励有限，主要目的及效果在于增加产品收益。并且，B 公司等使用剧照的时间远超过电影公映的一般合理时间，实际上是产品销售在搭电影"便车"。因此，与其说 B 公司等使用电影剧照及视频是在宣传电影，不如说事实上是在利用电影元素为其商品进行宣传甚至做广告。故不能认定 B 公司等使用杨某肖像的行为属于杨某与 A 公司聘用合同中约定的"宣传、推广电影"的行为。

第二，B 公司等使用杨某肖像的方式是否属于开发电影衍生品。

电影衍生品一般是指对电影中的元素进行开发并加以商业化运作而获得的产品。开发电影衍生品是深度挖掘电影内容价值、扩大电影影响力、增加电影商业利润的有效方式，在电影产业链中是日益重要的环节。电影衍生品的形式、范围、开发模式等并无相关法律规定。从电影衍生品产业发展的现实情况来看，电影元素上，包括角色、场景、道具、标识等；产品类型上，包括服装、玩具、日用品、日化品、食品、饰品、音像、图书、数码产品、电器、纪念品、主题公园、主题店铺等，并可能随着产业的发展不断产生新类型；开发模式上，包括独立开发，或制片方、内容提供商、设计商、制造商、销售商（院线、实体店、网店等）等几方主体通过授权、合作等多种模式，细分授权、设计、研发、生产、销售环节，共同予以完成。随着电影工业的不断发展，分工细化、多主体参与形成完善的产业链条，是电影衍生品市场发展的必然趋势。从更为成熟的电影市场的现状来看，优质 IP 创作者与尖端设计生产商合作开发电影衍生品的情况已较为常见，衍生品上同时附着着影片的文化艺术价值及产品的标识或使用价值。从本案来看，B 公司通过 A 公司的授权，在 B 公司相关产品上使用电影元素，在电影上映前后一段时间，由 B 公司等在网络店铺上进行销售，属于电影衍生品开发；其中对杨某在电影中的肖像的使用，属于对具有经济利益的人格权的商业化使用。

杨某与 A 公司签订的聘用合同中，已经就杨某在电影中的人物形象、肖像的商业化使用进行了约定，A 公司可以开发与影片相关的衍生产品。就杨某所主张的其授权范围并未包括 A 公司以外的第三方负责生产、开发、销售的带有第三方商业标识的产品，法院认为，从合同全文、使用语句、描述场景的整体角度、A 公司的经营范围及上述电影衍生品产业发展现状来看，该"开发"不应限定在仅准许 A 公司独立完成产品设计、制作及拥有衍生品所有权等完整流程及权利，不允许第三方参与；A 公司与第三方合作或授权第三方设计、制作、销售衍生品等，均属于合理的电影衍生品开发方式，符合产业发展现状和趋势。电影衍生品上同时具备电影元素及合作品牌元素，是电影文化艺术价值与产品标识价值的结合。

综上，B 公司等公司在授权期限内使用杨某的肖像，不构成对肖像权的损害。

第二，粉丝应援。这在偶像经纪公司的红人身上较为常见。粉丝为红人进行生日应援，或为某个重要活动帮助红人宣传，都可能会用到红人肖像。常见的粉丝应援渠道有地铁站、候机楼、商场电子屏幕、户外广告牌等。粉丝应援场景中，形象使用的重点主要是控制授权渠道和授权时间，即粉丝需要在什么时间段内在哪里发布，这些均需在授权书里做明确约定，如"上海地铁 1 号线某块电子屏"等。此外，对于一些太过张扬或易被人反感的渠道，则不应向粉丝授权，如之前有粉丝为红人购买地铁车厢内的整体广告，这很容易引起路人反感并影响正常交通出行。

第三，商业演出和广告代言。前面我提到过演出合同的形象授权条款，但有时商家还需要单独的红人形象授权书。因为在进行宣传推广时，如地铁、公共汽车等单位，需要有红人签署的形象授权书才能合作，这种形象授权书一般作为商业演出合同的附件，由红人本人亲笔签署。

新近发展：扩大对肖像权人的保护

《民法典》对肖像权做了更细化的规定，我对此进行如下梳理。

第一，如前面所分析的，在《民法典》生效前，司法实践中一般认定的肖像范围仅指代面部五官，那么图 8-1 中某汽车企业使用的击剑冠军王某头戴面罩的照片，是否侵犯肖像权呢？而《民法典》所规定的肖像是"可以被识别的外部形象"。这种外部形象可以是五官，也可以是全身，只要是能让人联想到肖像权人的外部形象的都可以认定为肖像。

图 8-1　某汽车企业使用的人物肖像

【经典案例】

脸谱化肖像演员如何维权

——章某某与某在线（北京）科技有限公司人格权纠纷

《民法典》对肖像权的保护范围进行了扩大，不过在这之前，这个案例也算是一个较超前的判决。

案情简介 ①

章某某在电视连续剧《西游记》中所饰演的"孙悟空"形象家喻户晓。某公司于2008年12月为其公司推出的网络游戏"西游记"代言人一事与章某某联系，遭到其拒绝。2009年7月，章某某发现在该公司推出网络游戏"西游记"的网站及游戏中，使用了"孙悟空"形象。

案件分析

纵观二十几年的司法实践，涉及侵犯肖像权的纠纷大多与人的自然相貌紧密相关，如自然人的照片被擅自使用等情形，虽偶有以漫画的方式侵犯肖像权的纠纷，但无论是哪种情形，由于涉及的侵权行为往往能够直接反映人的自然相貌特征，所以，肖像与自

---

① 判决书案号：（2013）一中民终字第 05303 号。引用时有简化。

然人的相貌特征之间的可识别性形成无可争议的结论。久而久之，由于实务中涉及的侵犯肖像权的纠纷大多直接反映自然人的体貌特征，在适用法律时，肖像权中所蕴含的可识别性逐渐被淡化了。法律之所以保护肖像权，是因为肖像中所体现的精神和财产的利益与人格密不可分。

当某一形象能够充分反映某个人的体貌特征，并且公众通过该形象直接能够与这个人建立起一一对应的关系时，该形象所体现的尊严以及价值，就是这个人肖像权所蕴含的人格利益。

章某某所饰演的"孙悟空"形象虽然是基于古典文学作品创作的并进行了艺术化处理，但是该形象与章某某个人的五官特征、轮廓、面部表情密不可分。章某某饰演的"孙悟空"完全与其个人具有一一对应的关系，即该形象与章某某之间具有可识别性。在相对稳定的时期内，在一定的观众范围里，一看到"孙悟空"，就能认出其饰演者章某某，并且答案是唯一的。

所以，当某一角色形象与自然人之间具有一一对应的关系时，对该形象的保护应该属于肖像权保护范围。

法律认可来自个人投资和努力演绎出的形象所具有的商业上的价值，当这一形象被他人擅自使用时，不仅侵犯了肖像权上承载的人格尊严，也侵犯了权利人自己使用或者许可他人使用该形象的财产性权益。这样不仅会降低回报，挫伤权利人积极投入和努力创作的动力，最终会影响广大公众从中受益。

所以，在某一角色形象能够反映饰演者的体貌特征并与饰演者具有可识别性的条件下，将该形象作为自然人的肖像予以保护，是防止对人格权实施商品化侵权的前提。将与肖像有密切联系的形象解释为涵盖在肖像权之中，避免了法律文本与社会现实的脱节，可以有效克服不断发生变化的实践与成文法固有的滞后性之间的割裂。

另外，面对以商品化的方式侵害人格标识的纠纷日益增多之现状，在比较法上，对具有标识性的人格利益可以用公开权、形象权之内容予以保护。这种对具有人格标识性的形象予以保护的发展趋势，说明与人格利益密切相关的形象具有可保护利益已成为全世界共识。

所以，在肖像权的解释方面，恰恰应当进行适当的扩张解释，积极面对现实并顺应时代的发展。

第二，偏向于保护肖像权人。如"当事人对肖像许可使用合同中关于肖像使用条款的理解有争议的，应当作出有利于肖像权人的解释"；如"当事人对肖像许可使用期限没有约定或者约定不明确的，任何一方当事人可以随时解除肖像许可使用合同，但是应当在合理期限之前通知对方"。此外，"当事人对肖像许可使用期限有明确约定，肖像权人有正当理由的，可以解除肖像许可使用合同，但是应当在合理期限之前通知对方。因解除合同而造成对方损失的，除不可归责于肖像权人的事由外，应当赔偿损失。"整体来看，肖像权人拥有更多授权自主性。

第三，扩大对姓名和声音的保护。据此，红人在进行形象授权时，我建议可以区分为肖像、姓名和声音这三类。《民法典》还扩大了对姓名权的保护范围，不仅包括身份证上的姓名，还包括笔名、艺名、网名、译名字号、名称等。因此，那些已经与红人形成高关联度的红人自媒体账号名字，也可以参照适用姓名权保护的有关规定。

第四，新型技术对形象授权的影响。自从人工智能（AI）成像技术出现后，立体盗用肖像的行为也越来越多，这种用技术手段侵害肖像权的行为也已被纳入《民法典》的肖像权保护范围。

【经典案例】

虚拟的"我"，到底属不属于我[①]

涉案软件是一款手机记账软件，用户在该软件中可自行创设"AI陪伴者"，设置陪伴者的名称、头像、与用户的人物关系。根据这款软件的设计，只要用户任意上传一张头像，软件就能够生成一个非常逼真的虚拟形象，之后针对用户的每笔记账，软件都能以拟人化的形式进行回应，并通过设置"AI陪伴者"的回复语言，"教导"该"AI陪伴者"与用户的互动。

原告发现，在这款软件中他被大量用户设置为"AI陪伴者"，并且软件会根据聊天场景的不同，通过算法和自动回复的方式，向用户推送不同的与原告有关的肖像、表情包及相关语料。原告认为，他并未授权软件使用自己的肖像、姓名甚至人格表征，被告的行为侵害了他的姓名权、肖像权、一般人格权，故诉至法院。

被告辩称，原告主张的AI角色设置、肖像图片上传、"教导"等行为均由用户做出，被告仅为网络技术服务提供者，不应承担侵权责任。

法院认为，涉案软件的服务与技术服务存在本质不同。被告并非提供简单"通道"服务，而是通过规则设定、算法设计，组织用户形成侵权素材并提供给用户。虽然具体图文由用户上传，但被告的产品设计和对算法的应用实际上鼓励、组织了用户的上传行为，直接决定了软件核心功能的实现。被告不再只是中立的技术服务提供者，应作为内

---

① 本文根据北京互联网法院新闻文章整理。

容服务提供者承担侵权责任。被告的行为属于对包含了原告肖像、姓名的整体人格形象的使用。

同时，用户还可以设定与该"AI陪伴者"的身份关系、设定任意相互称谓并通过制作语料素材"教导"角色，从而与原告形成真实的互动体验。这些功能均由被告在该软件中设置，被告的行为还涉及使用自然人的人格自由和人格尊严。被告未经同意使用原告姓名、肖像，系统功能设定涉及使用原告人格自由和人格尊严，构成对原告姓名权、肖像权、一般人格权的侵害。

第五，肖像的合理使用。在《民法典》生效前，未经权利人许可且以营利为目的的行为才构成肖像权侵权。《民法典》生效后，"以营利为目的"已经不再是侵权构成要件了，取而代之的是：未经授权人许可。《民法典》列举了几种合理使用肖像的情形（不经授权即可使用）：为个人学习、艺术欣赏、课堂教学或者科学研究，在必要范围内使用肖像权人已经公开的肖像；为实施新闻报道，不可避免地制作、使用、公开肖像权人的肖像；为依法履行职责，国家机关在必要范围内制作、使用、公开肖像权人的肖像；为展示特定公共环境，不可避免地制作、使用、公开肖像权人的肖像；为维护公共利益或者肖像权人合法权益，制作、使用、公开肖像权人的肖像的其他行为。

第二节　形象维权策略

每个人的肖像都是独一无二的宝贵财富。我们既要使用肖像展示自己的美好形象，也要懂得保护个人肖像权不受非法侵害。因为红人形象具有的超高价值，市场上常出现侵害红人肖像权的行为。本节主要聚焦于肖像权的维权诉求和维权策略。

维权诉求：肃清红人形象市场

当红人的肖像权受到侵害时，诉诸法律途径是可以获得及时且有效救济的。那么法律赋予肖像权人的救济方式有哪些呢？受害人可以提出哪些诉求呢？主要包括以下三点诉求。

第一，追究侵权人的民事责任，即要求其停止侵害、恢复名誉、消除影响、赔偿损失等。红人最核心的诉求往往是下架、删除侵权图文、视频等以及赔礼道歉。对于线下侵权行为，红人可以要求侵权人立即收回广告、海报等肖像载体；对于线上侵权行为，红人可以要求侵权人和网络服务提供者删除照片、断开链接等。

赔礼道歉的具体形式往往需要与侵权的具体方式和所造成的影响范围相当。例如，针对在微信公众号上发生的侵权行为，赔礼道歉的书面声明一般会发布在原微信公众号上，必要时法院可以要求侵权人将书面的致歉声明在微信公众号首页"置顶"数日。针对线上、线下同时发生的侵权行为，或者公开道歉的网络途径已经关闭的侵权行为，法院可以判令侵权人在全国公开发行的报纸上登载致歉声明，实务中，法院也可以要求侵权人同步在这类报纸的新媒体客户端发表致歉声明。

损害赔偿包括财产损害赔偿和精神损害赔偿。财产损害赔偿主要包括维权的合理支出和形象授权损失，如公证费、律师费、诉讼费等。精神损害赔偿在肖像侵权的审判实践中判赔率不高，法院一般会着重考虑以下几点：一是精神痛苦的严重性，是否已经超过社会一般人的容忍限度；二是造成后果的严重性，是否会对权利人正常工作、生活造成负面影响；三是侵害行为的持续性，偶尔的精神痛苦或心理情绪上的不愉悦，不构成严重的精神损害。

第二，追究网络服务内容提供者（"发布平台"）的共同侵权责任。此处，我需要向各位读者普及一下关于网络服务内容提供者的"避风港原则"。简单来说，当权利人通知平台要求删除侵权信息时，如果平台接到通知后，判断发布内容存在侵权可能性而不主动进行删除或屏蔽，则需承担共同侵权责任。该前置程序就像是为网络平台提供了"避风港"一样，因此该规则也被形象地称为"避风港原则"。大部分网络平台在接到投诉时，为避免承担共同侵权责任，一般会主动删除这类信息。因此，如网络平台在接到投诉通知后却不予删除，可能因此而承担共同侵权责任。

第三，除了承担民事责任，还可能涉及行政处罚。如医疗机构违规发布广告时擅自使用红人肖像，红人可以投诉至相关政府部门要求按照《医疗广告管理办法》对该机构进行处罚；如系发布虚假广告欺骗消费者，红人可以向市场监督管理部门进行举报。

维权策略：主张赔偿的举证要求

肖像权人在决定起诉前一般已对全案进行仔细梳理，只有在有较大把握的情况下才会提起诉讼，因此胜诉率较高。但肖像权人往往因为举证能力有限，很难证明自己的损失和侵权人的收益，因此，法院只能根据实际情况来确定赔偿金额。

在司法实践中，法院在确定赔偿金额时一般会考虑如下因素。

第一，肖像权人的知名度。红人应尽可能提供相关客观资料以供法官审查，如参演的影视剧、获得的各类奖项、参加节目的报酬和代言费用、网络话题流量、粉丝数量等。不过，红人提供标明代言费用的合同也有不利影响，因为合同中的金额可能最终会出现在判决书上并被大众获悉，从而对红人之后的代言费用洽谈形成不利影响。

第二，使用肖像照片的数量。这是审查侵权情节的重要因素。一般来说，使用照片数量越多，侵权行为所造成的后果越严重，判赔的金额则越多。不过也要区分使用场景，如侵权人在使用过程中让红人与自身商品链接产生关联，或通过类似"红人同款"的方式攀附红人肖像进行宣传，都可能会被判决承担更高的赔偿金额。此外，对于同一场景下的多张照片和不同场景下的多张照片，后者判赔金额更高。

第三，肖像照片发布平台的影响力。肖像照片被用于国家级媒体、地方卫视、有大量粉丝关注的微博账号、微信公众号或抖音号等影响力极大的媒体平台上时，侵权行为造成的损害后果将十分严重，侵权人将承担更重的赔偿责任。同时，如果肖像照片在网络平台上发布后被大量浏览和转载，侵权行为还会产生更广泛和持久的影响。实务中，红人一般可以通过转发、评论和点赞数量来举证证明侵权行为的传播度。

第四，侵权人的主观过错程度。过错是构成侵权行为的要件之一，侵权人的主观过错，不但可以反映其主观好恶的程度，还往往和损害后果直接关联。如将红人的肖像制作成恶搞"表情包"博取关注度、散布有明显人为污损的红人肖像照片等，都是典型的具备主观过错的使用肖像的行为。还有一些经营者为提高产品的知名度和关注度，擅自使用红人肖像、伪造红人签名，给消费者造成该红人为产品代言的假象，以此获取不正当商业利益。实务中还出现了一些红人肖像授权市场的"黑心中介"，这些人佯装具有某红人的肖像授权，实际上伪造授权书或超越授权范围对红人肖像进行使用，对于这类实际上受"黑心中介"所害、被诈骗的被授权人，因其主观过错程度较小，可以将该点作为抗辩理由。

第五，其他客观因素。如侵权行为的持续时间、实施侵权行为的次数或是否因类似行为受到过行政处罚等。[①]

【经典案例】

认定肖像权侵权，却无须赔偿
——葛某与某公司网络侵权责任纠纷

在法院判赔数额比较高的肖像权侵权案件中，涉案文章都具有明确的引流导向，商业属性和营利性质较明显，涉案文章含公众人物的肖像图片居多，阅读数量也较高。

---

① 北京互联网法院．网络侵权纠纷典型案例解析［M］．北京：中国法制出版社，2022.

案情简介 [①]

葛某系中国内地知名男演员，在某情景喜剧中饰演的角色去别人家蹭吃蹭喝后将身体瘫倒完全躺在沙发上的放松形象被称为"葛某躺"，成为 2016 年网络热传形象。

某公司旗下微信公众号于 2016 年 7 月 28 日发布了一篇文章，其中使用了多张葛某剧照。该文章标题下方有"以下文章来源于某某校园俱乐部，作者某某校园"的文字，该文字下方为微信公众号"某某校园俱乐部"的链接。涉案文章页面中未见有商品广告。文章底部仅见微信号二维码，经核实，该微信号对应的微信公众号为"某某校园俱乐部"。

案件分析

第一，从涉案文章的内容来看，文章中除文章来源及作者的链接、二维码外，未见设置任何广告宣传用语、引导流量的商品介绍、链接等，涉案文章的内容与某公司的业务范围关联性也较小。进一步结合涉案微信公众号的性质及其以往发布的内容来看，该微信公众号主要是为在校师生提供一些生活、教育资讯。综上所述，该公司使用葛某肖像并无明显的商业属性和营利性质。

第二，涉案文章系转载，标明了文章来源及作者信息；且该公司在收到律师函后即删除涉案文章，并主动回函致歉，因此可以认定，该公司主观过错较小，积极弥补过错，未造成损失的扩大。

第三，涉案文章发布的时间正是"葛某躺"形成网络热点并引发社会关注的时间，但文章阅读量较低，由此可以认定，涉案文章的影响范围有限。

第四，本案中，葛某亦未提供证据证明其因涉案侵权行为受到的损失或者被告因此获得的利益。

法院认为，判令该公司进行公开赔礼道歉足以弥补原告因被侵权所受到的损害，但关于赔偿经济损失请求，不予支持。

据悉，本案二审中双方和解结案。

---

① 判决书案号：（2021）京 0491 民初 22365 号。

第三节　劣迹行为对形象价值的影响

近年来，与红人相关的负面事件一件接一件地发生。红人的劣迹行为既严重折损了红人价值，也成为文娱行业最大的不稳定因素。

定义劣迹：比法律更高的道德要求

我研究了相关法律及政策条文，发现大部分劣迹行为规范均出自政策条文，在此我对相关内容进行梳理。

《中华人民共和国电影产业促进法》第九条规定，演员、导演等电影从业人员应当坚持德艺双馨，遵守法律法规，尊重社会公德，恪守职业道德，加强自律，树立良好社会形象。这是法律要求的电影相关从业人员的"德艺双馨"标准，也是目前对于红人素养提出要求的法律文件。

其他的素养要求文件，基本散见于相关政策条文之中。如《国家新闻出版广播电视总局办公厅关于加强有关广播电视节目、影视剧和网络视听节目制作传播管理的通知》（新广电办发〔2014〕100号）规定，各级广播电视播出机构要坚持正确导向，不得邀请有吸毒、嫖娼等违法犯罪行为者参与制作广播电视节目；不得制作、播出以炒作演艺人员、名人明星等的违法犯罪行为为看点、噱头的广播电视节目；暂停播出有吸毒、嫖娼等违法犯罪行为者作为主创人员参与制作的电影、电视剧、各类广播电视节目以及代言的广告节目。

在这些条文中，吸毒、嫖娼是明文列举的典型劣迹行为，兜底条款是违法犯罪行为。而关于出轨等失德行为是否为劣迹行为，我目前没有看到相关政策条文予以明确规定。

2021年2月5日，中国演出行业协会发布了《演出行业演艺人员从业自律管理办法》（以下简称《办法》）。该《办法》第八条规定的几类劣迹行为，是目前行业内常用的判断标准，红人可以此界定劣迹行为的种类。

1.违反宪法确定的基本原则，危害国家统一、主权和领土完整，危害国家安全，或者损害国家荣誉和利益；

2.煽动民族仇恨、民族歧视，侵害民族风俗习惯，伤害民族感情，破坏民族团结；

3.违反国家宗教政策，宣扬邪教、迷信；

4.组织、参与、宣扬涉及淫秽、色情、赌博、毒品、暴力、恐怖或者黑恶势力等非法活动；

5.因酒驾、无证驾驶、肇事逃逸、恶意滋事等扰乱公共秩序，造成恶劣社会影响；

6.危害社会公德或者损害民族优秀文化传统；

7.在营业性演出中以假唱、假演奏等手段欺骗观众，或者以违背伦理道德、违反公序良俗的方式进行演出吸引观众；

8.表演方式恐怖、残忍，利用人体缺陷或者以展示人体变异等方式招徕观众；

9.以欺骗、隐瞒等方式恶意违反或不履行合同，非因不可抗力原因取消演出、不履行合同，或者擅自变更已经审核批准的演出内容；

10.发表违反法律法规、违背社会公序良俗、歪曲历史事实、侮辱、诽谤英雄烈士等不当言论，或者发布不实信息，煽动他人扰乱公共秩序，影响社会稳定；

11.以侮辱、诽谤等方式损害他人名誉等合法权益；

12.违反广告代言相关法律法规，或以虚假宣传、引人误解的方式欺骗、误导消费者；

13.通过违反保密协议、伪造变造材料等不正当手段谋取利益，或者利用职业之便谋取不正当利益；

14.其他违背伦理道德或者社会公序良俗造成严重不良社会影响的情形；

15.法律、行政法规明文禁止的其他情形。

以上15类行为中，酒驾、无证驾驶、假唱、假演奏、非因不可抗力原因取消演出、违反广告代言相关法律法规等都是实务中最容易被忽视的劣迹行为。同时，根据该《办法》，违反从业规范的演艺人员将受到协会会员单位1年至永久期限的联合抵制，且须在联合抵制期限届满前3个月内向道德建设委员会提出申请，经同意后才可继续从事演出活动。

条款表述：精准约定劣迹行为

为匹配红人不断产生新的劣迹行为，合同中的劣迹条款也经历了不断更新和迭代的过程。我常说："劣迹条款就是出现一个红人新劣迹，合同里填上一个'坑'。"

综合行业内各个版本的红人劣迹条款，并且根据上述政策条文，目前常用的约定条款具体如下。

乙方红人（乙方指"红人经纪公司"）在签约前后、节目播出期间，以及在播出平台播出和存续期间，不得实施或在此期间被曝光之前存在的下列言论和行为：

（1）发表、赞许或从事违反宪法确定的基本原则，危害国家统一、主权和领土完整、危害国家安全，损害国家荣誉和利益，或者其他违反中华人民共和国相关政策的言论或行为，特别是涉及国内外历史文化、政治、外交、民族及祖国统一、领土完整等方面的敏感、争议问题；

（2）发表、赞许或从事煽动民族（或种族、地域）仇恨、民族（或种族、地域）歧视，侵害民族风俗习惯，伤害民族感情，破坏民族团结，违反国家宗教政策，宣扬邪教、迷信的言论或行为；

（3）违反中华人民共和国法律法规或本节目播出平台所涉其他国家和地区法律法规等规范的言行（包括但不限于吸毒、嫖娼及其他违法性交易、赌博、暴力、恐怖、黑恶势力、淫秽、色情、偷漏税、嫖娼、抄袭、侮辱或诽谤英雄烈士、酒驾、无证驾驶、肇事逃逸、恶意滋事、商业贿赂等）；

（4）违反公序良俗、社会伦理、主流价值观、社会普遍道德标准或者可能侵害公共利益行为的言行（包括但不限于婚外情、代孕、出轨、低俗下流、性别歧视、对亚群体的歧视、学术不端、不良且会形成负面示范效果的嗜好等）或发布不实信息，煽动他人扰乱公共秩序，影响社会稳定的言论；

（5）发表或从事与乙方红人在签署该协议之前的公众形象不符或存在极大差异，或者造成乙方红人的声誉、影响力及市场号召力显著下降的言行，或者行为导致负面舆论的；

（6）乙方红人所在的工作团队、粉丝或支持者、组合成员、亲属，或其他与乙方红人具有密切关系、足以对乙方红人产生舆情后果的人士，存在或进行不当、过激或者具有群体性的行为导致乙方红人声誉、影响力及市场号召力下降等负面言论的，或实施不利于甲方或甲方节目的言行；引导、鼓励粉丝以购物、打榜、助力等物质化手段变相消费；从事不良"饭圈"行为；

（7）违反现行及未来生效的国家主管部门、行业协会的规定及要求（包括但不限于违反新广电办发〔2014〕100号文件《国家新闻出版广播电视总局办公厅关于加强有关广播电视节目、影视剧和网络视听节目制作传播管理的通知》等规定、违反中国演出行业协会发布的《演出行业演艺人员从业自律管理办法》等从业规范）的言行；

（8）其他具有不正当性的，或可能给本节目的筹备、拍摄、宣传、播出造成负面影响，可能对本节目市场价值或口碑声誉造成贬损的言行。

若乙方因上述或其他不当行为导致乙方被国家相关部门或中国演出行业协会（或其他现时存在或将来成立的行业协会）列为限制演出红人、慎用红人、禁用红人；导致乙方或乙方红人（含乙方或乙方红人的言行）被党和国家主管、主办、下属、运营的官方媒体、主流媒体（包括其社交媒体账号）谴责或批评；导致甲方需删减乙方红人镜头或乙方红人录制部分无法播出；导致继续录制、宣传、播出乙方红人可能使本节目、甲方、播出平台受到舆论抵制或其他负面舆论影响；导致节目宣传及播出效果受影响等情形，甲方有权单方解除本合同，乙方应全额退还甲方已支付的全部服务费用，并向甲方支付本合同金额等额的违约金，若上述违约金不足以弥补甲方因此遭受的损失，乙方还应补足。

可以看出，劣迹条款已经不仅约束红人，还开始约束红人的亲属、红人的粉丝等群体。从合同相对性角度来看，这类约束是否有效尚存疑问，但如果合同中约定的这类行为以最终导致品牌方或制片方的损失多少为标准，则有可能据此追究红人相应违约责任。

综上所述，文娱行业对红人劣迹行为的容忍度极低，对劣迹行为种类也有泛化的趋势。

背景调查：为防止出现劣迹行为催生的新行业

2021 年 7 月，中国电视剧制作产业协会青年工作委员会发布了《关于做好劣迹艺人风险控制的通知》，其中第三条写道："广大委员今后在聘用演员前，要做好背调，规避风险。"因劣迹行为频发，制片方和品牌方纷纷提高了合作红人的筛选标准，甚至由此催生了红人背景调查行业。

目前，市面上的红人背景调查报告一般把风险划分为五个类型：政治风险、法律风险、道德风险、商业风险、粉丝风险。每一份报告都会显示红人在各个维度的风险系数和峰值、近年内风险变化的趋势、造成风险点的具体事件。其中，风险级别最高的是政治风险，其次是法律风险，如轻微违法行为等。有时候，这类调查还会搜集官方对红人的态度，如官方媒体对红人的提及、行业协会对红人的点名批评或表扬、红人在行业协会中担任的职务、红人在春节联欢晚会和元宵晚会等晚会中的露出等。此外，除了红人本人，红人的亲朋好友、经纪人、同公司红人、老板等也会被进行研究分析。在这些风险中，最难预测的其实仍是道德风险。因此，虽然有背景调查报告来辅助，但也不能保证万无一失，因为"人"本来就是最不可控的因素。

需要指出的是，从法律角度来看，这类背景调查业务可能存在侵犯红人隐私的风险。如果能在合法合规范围内，一方面让红人自主提供详细资料；另一方面通过公开渠道了解红人参与设立公司的情况，了解其父母的工作性质、父母是否设立公司等，了解红人粉丝圈层状况，并通过身边的朋友、合作过的企业、演艺人员等了解红人的情况，可能更为妥当。

　　除了背景调查这一前置防控手段，作为补救方法，市场上还曾短暂出现过"人设崩塌险"。"人设崩塌"的标准定义指的是"任何导致其本人受到谴责、名誉受到损失、违反社会道义或伦理常识的犯罪行为或任何有违和冒犯公众认知的行为"。而所谓的"人设崩塌险"保障的是由不可预见的"人设崩塌事件"造成的不可挽回的制片成本或营销活动路演等的改期或取消而产生的费用，如替换演员导致的成本增加等。不过，因为红人身上出现的风险太不可控，这类保险似乎渐渐偃旗息鼓了。

本章小结

　　本章主要论述了红人形象授权和维权策略，并对劣迹行为进行了整理和分析。

思考

1. 有人说，肖像权维权是一枚硬币的两面，一方面红人肖像的滥用导致红人的商业价值贬损，但另一方面也加大了红人影响力的传播，对此你如何思考？
2. 对于越来越泛化的红人劣迹条款，你将如何在与品牌方或制片方的谈判博弈中争取对红人最有利的条款表达？或者你认为本章引用的劣迹条款有哪些是应该协商调整的？

第九章

名誉维权

名誉，一般是指社会公众对自然人或法人的综合评价。良好的名誉是公民或法人参与社会生活的重要条件，对名誉的侵犯必然直接妨害、影响公民或法人参与社会生活的资格，包括现实社会和网络社会。

对于红人而言，名誉至关重要。正如《寻梦环游记》中的大歌星德拉库斯一样，为了自己的名誉先是出卖朋友，然后不惜哄骗世界，最终他反而将看似灿烂的一生过成了充满糟粕的一生。一方面，红人应该珍视自己的名誉；另一方面，当名誉遭受侵害时，红人必须拿起法律武器保护自己。

第一节　名誉侵权的形式

随着互联网的发展，网络暴力越发严重，红人也遭受了前所未有的名誉侵权行为。网络暴力是最典型的名誉侵权形式，一些网民在网络上"肆意发挥"，而红人似乎对这些人刺探隐私、随意造谣的行为无能为力。

在论述如何处理名誉侵权行为之前，我们有必要先了解名誉侵权行为是什么，它主要包括侮辱、诽谤以及其他形式等[1]。

侮辱：四类行为的判断标准

名誉侵权的第一种形式是侮辱，这是最常见的形式。为方便读者理解，我对实践中可能出现的侮辱方式进行梳理。

暴力侮辱：对受害人施以暴力或以暴力威胁受害人。

语言侮辱：用语言对他人进行嘲笑、辱骂。语言侮辱与暴力侮辱的区别在于，语言侮辱中行为人并没有将暴力直接作用于受害人的人身，而是通过一定的话语和动作来侮辱他人。

文字侮辱：通过书写文字、图形侮辱他人，如书写和张贴丑化他人、侮辱他人人格的标语、漫画，对他人形象照片进行恶俗拼接、用低俗下流的词汇描绘他人形象等。

其他方式侮辱：如学理上还存在一种以做出某种姿态侮辱他人的行为，称为态度侮辱。如扮鬼脸、恶行、恶状，当众焚毁他人相片、标志，公开模仿他人过往较不堪回首的形象、动作，等等。

---

[1]　程啸，张新宝，等. 中国民法典释评（十卷本）［M］.北京：中国人民大学出版社，2020.

以上是侮辱的四种表现形式。当然，即使不符合上述要求，只要我们从常人角度能够感知到行为人用某种方式对他人名誉进行了贬损，并造成了他人的社会评价降低，也可以将其纳入侮辱行为的范畴。

【经典案例】

名誉侵权之"侮辱"的认定标准
——彭某某与杨某名誉权纠纷案

案情简介 [①]

彭某某在某网站发布由其撰写的以"杨某唐某争斗战"为标题的连载稿件。

彭某某称已将前台的稿件链接断开，但未删除全部的后台数据；称其稿件所涉内容即便无法查明，其来源也是客观的，并非本人捏造的。

案件分析

彭某某在各平台所注册自媒体账号长期对娱乐圈红人私生活发表稿件，其内容以各种八卦消息居多，格调不高。彭某某自认为长篇累牍地撰写涉及娱乐圈红人稿件的目的是打造"网红"、吸引粉丝、博取关注，并非基于商业目的，想获取经济利益，但彭某某长期对于杨某与各女性红人的关系进行评价，文字间充满揶揄、调侃语气，持续针对杨某一人"发难"，客观上造成读者对杨某人格评价降低，彭某某的行为并非彭某某所称的仅停留于"言论表达尺度"层面，故彭某某的行为已构成对于杨某名誉的侵权，应承担相应赔偿责任。

诽谤：无中生有，随意造谣

诽谤，是指因过错而捏造并散布某些虚假的事实，损害他人名誉的行为。与侮辱相比，诽谤只能通过语言的方式进行，其表现为捏造事实、无中生有。两者最大的区别在于，任何构成诽谤的行为都必须是做出了虚假陈述的。而侮辱行为不一定是无中生有，

[①]　判决书案号：（2019）京 02 民终 3043 号。关于彭某某的具有侮辱性质的言论，不便在本书中呈现，读者可以自行查阅该判决书，下同。

有可能行为人描述的事实是真实的，但使用了侮辱性词汇。诽谤也就是我们常说的"造谣"，如杜撰恋爱绯闻、家庭背景等。

【经典案例】

名誉侵权之"诽谤"的认定标准
——某公司与何某某名誉权侵权纠纷

案情简介 [①]

2016 年 10 月 26 日 22 时 24 分，何某某在其个人新浪微博账号上发布微博称："因某公司向广电诉求，要求给 11 月 18 日上映的某电影留出排片空间，原定同日上映的另两部电影则于今天正式宣布推迟上映时间，由 11 月 18 日推迟到 11 月 25 日上映。"截至 2016 年 11 月 21 日，该微博转发量已经高达 11 869 次，评论数达到 1591 条。

2016 年 11 月 18 日 13:25，何某某再次发布微博，就该公司出品的电影和该片导演进行了评价，并在结尾说道："总觉得，这是一种莫大的讽刺。"

该公司将何某某告上法庭，认为上述言论涉嫌诽谤，要求其赔礼道歉并赔偿 100 万元。

案件分析

关于何某某是否侵犯该公司的名誉权，我们应重点考察何某某的行为是否构成对该公司的诽谤，该公司是否有因何某某的行为造成名誉被损害的事实。

本案中，涉及该公司的微博内容为何某某 10 月 26 日发布的微博，该微博中关于另外两部影片的排片时间经双方核实均为真实。该公司认为何某某捏造事实，对其进行恶意诽谤的内容为"因某公司向广电诉求，要求给 11.18 上映的某电影留出排片空间"。

首先，上述内容无法体现何某某具有捏造事实、贬损该公司名誉的主观故意。

其次，涉案微博内容并非何某某意见的表达和评论，其并未明确指出该公司采用不正当手段干预电影的排片，也不能当然地导致公众产生该公司采用不正当途径排挤其他电影的误解。

最后，该公司就是否存在排挤其他电影排片的事实，通过公布律师声明进行了澄

---

① 判决书案号：（2017）京 0105 民初 28311 号。

清，何某某亦对涉案微博进行了删除。

综上，虽然何某某发布未经核实的微博内容存在不妥之处，但并未达到法律所规定的构成名誉侵权的标准，故该公司主张何某某应承担侵犯其名誉权的侵权责任，法院不予支持。

转发：如何界定合理核实义务

为协调新闻报道、舆论监督等行为与名誉权保护的关系，《民法典》第一千零二十五条规定了行为人"对他人提供的严重失实内容未尽到合理核实义务"的，应当承担民事责任。该项包括以下两个要件。

第一，他人提供的内容严重失实。在进行新闻报道、舆论监督等情形下，不能要求其内容不出现任何错误，如果报道中只是细节失实，如将某人的年龄由 19 岁错误地写成了 20 岁，但报道的基本内容没有失实，此时不应当要求行为人承担责任。司法实践中，判断报道内容是否严重失实一般以报道的基本事实是否符合客观事实作为标准，而不以报道的细枝末节作为标准。

第二，行为人未尽到合理核实义务。想认定行为人是否尽到合理核实义务，应当考虑下列因素：内容来源的可信度，比如新华社、人民日报发布的内容，可信度较高，对从其他渠道了解的消息应当尽到核实义务，对道听途说的事实不能未尽核实义务而加以传播；对明显可能引发争议的内容是否进行了必要的调查；内容的时限性；内容与公序良俗的关联性；受害人名誉受贬损的可能性；内容核实能力和核实成本。

影射：如何识别对应关系

除了上述几种侵权形式，目前更明显的侵权形式是互联网上的影射性言论。如用姓名首字母拼音、标志性动作或作品指代红人等。

根据北京互联网法院发布的《"粉丝文化"与青少年网络言论失范问题研究报告》，在北京互联网法院受理的多起案件中，被告发表侵权言论多使用"'饭圈'黑话"，通常表现为明星"黑称"，侮辱性语言的谐音以及形容娱乐圈炒作的特定词汇等，例如以特定具有侮辱、贬损之义的绰号指代特定明星，虽然这些绰号可能并不为大多数社会公众熟知，但在粉丝群体中则指向清晰。据此，北京互联网法院认定，只要侮辱性的称呼能够形成与特定明星的对应关系，即可视为对该明星的侮辱，构成侵权。在"秦某与马某某网络侵权责任纠纷案"中，法院认为网友将"白月光"称为"QL""亲兰""富察皇后"等秦某姓名的拼音首字母、同音词和其饰演的电视剧中的皇后角色，足以将二者直接或高度对应，由此可以认定涉诉文章中的指称对象是秦某。

因此，对于影射性言论，应该综合考量发言人的身份、言论指向的对象（明指还是暗指，特指一个人还是泛指某一个群体）、指向的显著性和对应性（是否具有可识别的显著性和全部相符的对应性）、具体的议题和内容、上下文语境、言论所引发的后果等加以判断。

【经典案例】

不指名道姓如何定位受害人
——霍某与焦某等名誉权侵权纠纷

未指名道姓的影射性言论在主体指向上采用"特指"而非"泛指"，而"特指"的个人特征要素及受害人具有可识别的显著性和全部相符的对应性，足以让一般公众意识到这些个人特征与受害人具有直接或高度对应的可信性，以至于被理解为特意用来指称受害人，则可以认定该言论影射指向了受害人。

案情简介 [①]

霍某系知名男演员，曾参演多部热播古装影视剧，曾在横店影视基地进行拍摄。

焦某系新浪微博用户，实名认证内容为：娱乐评论人，就职于华谊工作室，粉丝数为 199 290 人。

网易公司经营的网易网站娱乐频道"深水娱"专稿中发表了第五期文章，该文章中写道："一位 H 姓男演员曾接演多部古装戏，都在横店拍摄。在拍一部由金庸名著改编的电视剧期间，该男演员与一位女孩结识后，有过多次往来，女孩还曾上传两人亲密合照到自己的微信朋友圈，经人提醒后删除，为了'封口'，H 姓男演员给了女孩数万元开网店。"在该文章后面的跟帖区有 23 116 人参与。其中不少网络用户认为该"H 姓男演员"指向霍某 [②]。

焦某在新浪微博中发布如下微博内容："H= 霍某、C= 陈某 1、C= 陈某 2、P= 潘某、

① 判决书案号：（2017）京 01 民终 6460 号。
② 我刻意没有写出这位男明星的名字（判决书上是真名），读者阅读后可以自行分辨这类言论是否已经构成"特指"。

H= 胡某（黄某）、L= 李某，这么带入仿佛是解开了网易娱乐出的谜题，真让博主惊讶，不应该的啊！"同时在该博文下方上传了该文章中的若干幅节选内容图片，该博文转发 68 次，评论 216 次，点赞 336 次。

案件分析

本案中，在可以同时满足七项个人特征要素总和的人里，霍某具有在知名度及参演多部金庸小说改编剧古装戏等要素上的重要显著性，足以让一般人合理将二者直接或高度对应，从而理解该指向性传播被特意用来指称霍某，这一点从焦某的涉诉言论及诸多网络用户跟帖指向霍某的留言中可以得到印证。

第一，鉴于发生不正当性关系是会受到社会人伦道德及主流价值观谴责的事情，足以损害他人的名誉从而降低他人受到的社会评价，网易公司作为涉诉文字的发布者，在无相应事实依据的情况下，通过信息网络方式公开传播对霍某具有诽谤意义的虚假事实，从而严重破坏霍某的公众形象，故网易公司的该行为本身即证明了其具有明显的主观过错，是对霍某的诽谤，构成对霍某名誉权的侵害，网易公司应当承担相应的侵权责任。

焦某作为拥有近 20 万粉丝的实名认证网络用户，其身份认证为就职于华谊工作室的娱乐评论人，属于具有较大网络社区影响力的业内人士，应当承担与其身份性质及影响范围相适应的较高注意义务。

第二，焦某在新浪微博中转载的节选内容，涉及他人是否存在不正当性关系这一对个人名誉具有重大影响的事实，一旦不实内容传播便具有明显的诽谤意义，其应当更为谨慎地传播。

第三，虽然网易公司作为源发信息的发布者，在传播涉诉文字时尚未指名道姓，但是焦某不但没有尽到对转载的节选内容的相应注意义务，还进一步对没有事实依据的转载信息进行指名道姓的注解性添加，让源发言论尚且隐晦的表达变得更加直白，进一步扩大了虚假事实的传播。

综上，焦某的转载行为具有明显的过错，构成了对霍某的诽谤。虽然目前尚无证据证明焦某与网易公司具有侵犯霍某名誉权的共同意思联络，但是二者分别实施源发与转载的侵权行为，共同造成了霍某名誉权被损害，故二者均应在各自责任范围内承担按份共同责任，应当承担赔礼道歉、消除影响、恢复名誉、损害赔偿的侵权责任。

第二节　名誉维权策略

与形象维权不一样的是，名誉维权更复杂。

名誉权与言论自由同为我国法律保障的基本权利，二者在法律位阶上并无高低轻重之分，不能认为哪一种权利天然超越另一种权利，为保护言论自由而全然牺牲名誉权，或为顾全名誉权而漠然无视言论自由皆不合理。

因此，在具体案件中，法官经常要处理的问题是如何协调二者的利益冲突，而这种协调又涉及区分有关公共利益的言论和有关私人领域的评论。当言论具有公共性时，鉴于此类言论基于宪法保护的言论自由社会价值巨大，为确保公共讨论的空间，可能不得不要求名誉权稍做让步；相反，仅具私人性质的言论法律保护的社会价值较低，与名誉权两相冲突时，名誉权的价值更为凸显，此时应着重保护名誉权。[①] 以此思路推论，在处理与红人相关的名誉权的过程中，主要需要判断的问题是公众对于红人的正当评论边界在哪里。

维权取证：固定符合诉讼要求的证据

无论是形象维权还是名誉维权，红人首先都需要固定证据。截图保存是最简单的方式，但这种方式在法庭上的证明效力不高，而且容易被质疑有篡改的可能。实务中可以采用如下更为稳妥的固定证据的方式（以微博侵权言论为例）。

准备两台手机，一台手机卸载微博软件并关机。接着，用另外一台手机打开摄像头点击录制视频，对准已经关机的这台手机，下面开始在录制范围内对这台手机进行如下操作：开机，下载微博客户端，登录，搜索到侵权言论页面，将内容完整呈现在屏幕上，有较多评论的，也记得把评论部分录制进去，特别是转发、评论、点赞的数量，最后点击博主的头像进入个人介绍页面，完整呈现该页面内的所有内容，至此就可以结束录制了。

这种保存方式比截屏保存的法律效力更高，不过，最有效力的方式还是电子取证。《最高人民法院关于互联网法院审理案件若干问题的规定》指出："当事人提交的电子数据，通过电子签名、可信时间戳、哈希值校验、区块链等证据收集、固定和防篡改的技术手段或者通过电子取证存证平台认证，能够证明其真实性的，互联网法院应当确认。"

[①]　张金玺.美国公共诽谤法研究：言论自由与名誉权保障的冲突与平衡［M］.北京：中国人民大学出版社，2015.

因此，采用相关取证软件 App 在手机或电脑端上进行证据固定是目前的主要取证方式。

【实务探讨】

鉴于很多工作环节都在微信、邮件中确认，读者应熟练掌握电子证据相关规则，并注意在工作中使用这些方式保留证据，故将《互联网电子数据证据举证指引》摘录在此，供读者查阅。

《互联网电子数据证据举证指引》

一、当事人如提交的证据中涉及以下依托互联网形成的证据的，请遵照本举证指引提供：

（一）使用通讯功能（如 QQ、微信等具有通讯功能的软件）生成的对话记录，包括文字、静态和动态图片、文本文件、音频、视频、网络链接；

（二）使用微信朋友圈功能发布的文字、图片、音频、视频、网络链接的，其中文字包括评论和点赞；

（三）使用支付、转账、红包功能（如支付宝、微信等具有支付功能的软件）产生的支付转账信息；

（四）其他电子数据等（通过电子邮件、博客、手机短信等形成或存储在电子介质中的信息）。

二、当事人提供电子证据的，应当采用截图、拍照或录音、录像等方式对内容进行固定，并将相应图片的纸质打印件、音频、视频的储存载体（U 盘、光盘）编号后提交法院，其中：

（一）提供微信、支付宝、QQ 通讯记录作为证据的，应当对用户个人信息界面进行截图固定；

（二）证据中包含音频的，应当提交与音频内容一致的文字文本；

（三）证据中包含视频的，应当提交备份视频后的储存载体；

（四）证据中包含图片、文本文件的，应当提交图片、文本文件的打印件；

（五）证据的内容或者固定过程已经公证机关公证的，应当提供公证书。

三、如提供的电子证据属于对话记录的（包括文字、音频、视频），应当完整地反映对话过程，与案件事实有关的内容不得选择性提供，法庭可以要求补充提供指定期间内的完整对话记录；如故意选择性提供对话记录内容，将承担相应的法律后果。

四、当事人应保存好电子证据的原始载体以便在法庭上出示，原始载体包括储存有电子数据的手机、计算机或者其他电子设备等。

五、电子证据未经公证机关公证，或虽经公证但法院认为有必要的，当事人应当在法庭上使用原始载体、登录相应软件展示，与提交的固定电子证据形成的图片、音频、视频进行核对。展示设备应当由提交该证据的当事人自行提供。

六、登录软件出示电子证据时，按以下步骤进行展示，并与固定电子证据形成的图片、音频、视频进行一致性核对，由书记员记录核对结果：

（一）出示微信、QQ：

（1）由账户持有人登录微信、QQ，展示登录所使用的账户名称；

（2）在通信录中查找对方用户并点击查看个人信息，展示个人信息界面显示的备注名称、昵称、微信号、QQ号、手机号等具有身份指向性的内容；

（3）在个人信息界面点击"发消息"进入通讯对话框，对对话过程中生成的信息内容逐一展示，对文本文件、图片、音频、视频、转账或者发红包内容，应当点击打开展示。

（二）出示电子邮件：

（1）由电子邮箱账户持有人登录进入电子邮箱，展示电子邮箱的地址；

（2）点击所要出示的电子邮件，展示对方电子邮箱地址以及电子邮件内容。

（三）出示短信：

由手机持有人登录短信界面，点击相应短信展示对方手机号码及短信内容，同时应当明确本方手机号码。

（四）出示支付宝：

（1）支付宝用户登录支付宝软件，点击"我的"菜单，展示本方支付宝账号、身份认证信息；

（2）在支付宝通讯录中查找对方用户并点击查看个人信息，展示对方支付宝账户名称及真实姓名；

（3）在个人信息界面点击"发消息"进入通讯对话框，对对话过程中生成的信息内容逐一展示，对图片、音频、视频、转账或者发红包内容，应当点击打开展示；

（4）展示转账信息的，点击通讯对话框中的聊天详情—查看转账记录，展示转账支付信息。

出示其他具备通讯、支付功能的软件，参照以上方式进行展示、核对。

侵权主体：向网络平台调取身份信息

在互联网上寻找账号背后的真正侵权主体，不是一件容易的事。"加 V"的微博账号或经过认证的公司账号，比较容易寻找到主体信息，但大部分的侵权内容发布者往往只是个人发布者，在前台信息显示页面，很难查找到个人注册的实名信息，更谈不上得到符合诉讼要求的明确的身份信息了。

因此，在名誉权维权过程中，我们需要首先解决的问题是如何得到侵权人的个人身份信息。

在目前的司法实践中，我们只能先起诉网络平台，要求平台提供侵权人的后台实名认证信息，然后根据平台披露的信息起诉具体的侵权对象。因此，读者可能经常会看到在与红人相关的名誉权纠纷案件中，微博和腾讯等平台公司常常作为被告出席。不过，实务中也出现了一些难点问题，如拿到的实名认证信息只有手机号码，并没有真实姓名、身份证号、住址等详细信息，这时可能就需要再次去手机运营商处调取才能获得全部的身份信息。有时候，拿到这样一份身份信息材料可能就需要大半年时间。

总体来说，侵权主体一般是发布侵权言论的具体对象，但平台如果不履行监管职责（基于避风港原则），也可能成为共同侵权主体。

【经典案例】

网络平台是否应承担名誉权之共同侵权责任
——张某某与陈某等网络侵权责任纠纷

案情简介[①]

陈某的微博认证为黄某某"超话粉丝大咖"，娱乐博主，粉丝数 8310 人。某创科公司系新浪微博平台的经营者。

张某某发现在该创科公司运营的新浪微博平台上，陈某在其注册的微博账号中公然发布了多条博文。（为避免再次转播，本书不呈现发布内容，读者可以根据案号自行查阅判决书。）

同时，陈某有针对性地在上述微博中"@"张某某的微博账号进行挑衅，使张某某的粉丝或张某某微博的关注者浏览到极尽人格侮辱及诽谤的言论。

---

① 判决书案号：（2019）京 0491 民初 25781 号。

案件分析

陈某自认在微博账号发表了关于张某某主张的侵权言论，该部分言论明显构成侮辱、诽谤，且内容低俗恶劣。这些言论势必会对张某某造成影响，且在一定范围内导致不特定人形成误解，降低张某某的社会评价，对其精神造成损害，陈某主观上具有过错，其行为构成侵权。

某创科公司系新浪微博平台的经营者，作为网络服务提供者，在收到本案材料后，及时对相应内容进行了查找和删除，并且已向法院披露了涉案微博账号的相关信息，尽到了网络服务提供者应尽的义务，该创科公司不构成侵权，不应承担相应责任。

维权诉求：赔礼道歉和赔偿损失

在红人的名誉权维权诉求中，与赔偿损失相比，公开的赔礼道歉和澄清事实更为重要。因此，要求公开赔礼道歉往往是这类案件中最主要的诉讼请求。不过，纵观近几年红人维权案件的执行情况，侵权人往往愿意赔偿经济损失，不愿意公开赔礼道歉。

【经典案例】

赔礼道歉的强制执行
——叶某名誉权纠纷案件执行纠纷

2018 年 4 月 2 日，徐汇法院做出一审判决：叶某立即停止对吕某名誉权的侵害，删除其实名新浪微博中侵害吕某名誉权的微博文章及评论、回复；以书面形式向吕某赔礼道歉；赔偿吕某相关费用共计 9600 余元。二审法院判决维持原判，该案于 2018 年 8 月 1 日生效。

由于叶某未按生效判决履行义务，2018 年 9 月 10 日，吕某向徐汇法院申请强制执行，要求被执行人叶某立即履行判决。

2018 年 9 月 19 日，法院对叶某发出限制消费令。执行期间，执行法官无法与叶某取得联系，叶某未到庭，也未联系法院或表达履行意愿。

2018 年 12 月，法院将叶某纳入失信被执行人名单并采取限制出境措施。

2019 年 2 月 24 日，叶某在北京首都机场欲搭乘航班离境时被出入境边防机关拦截。执行法官当即与叶某取得联系，对其进行了教育训诫。

叶某在机场删除了涉案微博文章及相关评论、回复，表示愿意按照判决履行义务并承担迟延履行的法律责任。当日中午，叶某将道歉信草拟内容提交法院，执行法官审核后告知申请人，申请人表示认可。

3月5日，叶某被传唤至徐汇法院，向申请人的代理律师当面递交署名道歉信。徐汇法院因叶某拒不履行法院生效判决且违反限制消费令对其进行训诫并罚款8万元。叶某当场缴纳罚款。

维权手段：民事诉讼外的其他手段

不过，名誉权维权的诉讼案件往往耗时较长，红人也可以考虑采用如下方式进行维权。

1. 人格权禁令

2021年《民法典》实施后，在有确凿证据证明人格权利受到侵害时，可以及时向法院申请要求侵权人删除、屏蔽谣言或侮辱信息。

【经典案例】

人格权禁令的适用标准 [①]

——刘某申请人格权禁令

案情简介

广州某进出口公司在其注册的微信公众号、张某在其实际控制使用的微信个人账号中持续大量发布宣传某植物饮料产品的文章、图片和视频。该产品瓶身、外包装上均印有知名影视演员刘某的肖像照，配文"助力某品牌某某电视剧演员刘某"以及手写艺术签名"刘某"。

2021年4月，刘某以广州某进出口公司、张某通过互联网侵害其姓名权、肖像权为由向法院提起诉讼，请求判决二被告承担停止侵害、赔礼道歉、赔偿损失等民事责任。

2021年6月，刘某向法院提出人格权侵害禁令申请，法官告知刘某先行通知网络服务提供者采取删除、屏蔽、断开链接等必要措施。

2021年7月，刘某再次向法院提出人格权侵害禁令申请：1.责令广州某进出口公司立即停止印制涉案包装并停止销售涉案产品；2.责令广州某进出口公司立即停止在微信

---

① 本文根据广州互联网法院微信公众号发布的文章整理而成。

公众号发布新的侵害刘某姓名权、肖像权的文章；3. 责令张某停止在微信个人账号朋友圈继续发布新的侵害刘某姓名权、肖像权的内容。

案件分析

结合禁令的特点、效力及影响，我们想判断被告的行为是否符合做出人格权侵害禁令的条件，应当综合考虑如下五方面因素。

1. 申请人是否系涉案姓名权、肖像权的权利主体

刘某作为自然人，依法享有姓名权、肖像权，有权许可他人使用自己的姓名、肖像。同时，刘某系知名影视演员，受大众喜爱，具有较高知名度和较大影响力，其姓名、肖像具有商业价值。

刘某在已受理的其与二被申请人网络侵权责任纠纷案中，诉称二被申请人生产销售的某植物饮料产品瓶身、外包装印有刘某全面部肖像照和手写"刘某"字样签名，相关肖像照、手写签名在涉案微信公众号、微信个人账号发布的图文、视频中大量使用，其行为侵害刘某姓名权、肖像权。二被申请人对使用刘某姓名、肖像照的事实无异议。因此，申请人刘某是涉案姓名权、肖像权的权利主体。

2. 申请人是否有证据证明被申请人正在实施或者即将实施侵害申请人姓名权、肖像权的违法行为

根据法院初步查明的事实，广州某进出口公司委托生产、销售的产品瓶身、外包装确有使用申请人姓名、肖像照，并配文"助力某品牌某某电视剧演员刘某"。对申请人有关二被申请人未取得申请人许可的主张，二被申请人未提交充分证据予以反驳。因此，二被申请人违法使用申请人姓名、肖像照的可能性较大。二被申请人虽于庭询时称已停止在涉案产品中使用申请人姓名、肖像照，但未提交证据证明，故从证据来看，被申请人正在实施侵害行为的可能性较大。

自 2020 年 12 月 31 日开始，广州某进出口公司持续使用涉案微信公众号大量发表涉案产品宣传文章，使用刘某姓名、肖像照。二被申请人实际控制使用由自然人实名认证注册并绑定视频号的微信个人账号，自 2021 年 1 月 21 日开始大量发布朋友圈视频，销售使用印有申请人姓名、肖像照的涉案产品。其间，申请人于 2021 年 6 月向微信平台申请删除部分微信公众号内容，平台审核后予以屏蔽处理。

由此可见，自受理申请人与二被申请人网络侵权责任纠纷案，特别是微信平台屏蔽相关内容且案件开庭审理以来，二被申请人一直未停止在涉案微信公众号、微信个人账号中使用申请人姓名、肖像。尽管二被申请人接受庭询时主张已停止上述行为，但从其

既往行为和本案实际情况来看，二被申请人继续实施违法行为的可能性较大。

3. 不及时制止行为人的违法行为是否将导致申请人的合法权益受到难以弥补的损害

法院认为，如不及时制止二被申请人的违法行为，给申请人造成难以弥补的损害的可能性较大。

（1）损害申请人的姓名权、肖像权之外的其他人格利益的可能性较大。被申请人广州某进出口公司、张某宣传：涉案产品具有某某功效，并利用刘某为该产品做推荐、证明。该行为将使刘某受困于随时可能发生的商业代言信任危机，如公众误认为申请人为该产品代言人，一旦产品出现问题，必然导致公众对申请人社会评价的降低，刘某长期积累的良好形象将遭受不可逆转的损害，该损害难以通过金钱赔偿的方式完全弥补。

（2）损害申请人商业代言利益的可能性较大。二被申请人正在实施的违法行为已造成申请人代言同类产品的竞争力下降，直接影响申请人的商业代言利益。如不及时制止二被申请人的违法行为，放任不法侵害继续发生，将导致申请人因此遭受的财产利益损失难以通过本次诉讼得以解决。

（3）侵权影响范围、损害后果进一步扩大的可能性较大。经查，除涉案微信公众号、微信个人账号外，已有部分网络用户通过抖音、淘宝等平台宣传、推广、销售涉案产品。庭询时，二被申请人亦表示难以控制其加盟代理商实施违法行为。由此可见，如不及时制止二被申请人的违法行为，将无法阻止相关加盟代理商实施违法行为，极大增加申请人的维权负担，侵权影响范围、损害后果进一步扩大的可能性较大。涉案情势已具备做出人格权侵害禁令的现实紧迫性。

4. 做出人格权侵害禁令是否会导致双方当事人利益明显失衡或损害社会公共利益

申请人以其姓名权、肖像权受到侵害为由提出禁令申请，法院仅就二被申请人实施的涉案侵害申请人姓名权、肖像权的行为做出禁令，旨在保护申请人姓名权、肖像权不受侵害，以及避免二被申请人的侵害行为对申请人造成不可逆转的损害。做出本案禁令，亦不会限制二被申请人的正常经营行为。

此外，人格权是民事主体最基本、最重要的权利，强化人格权保护具有重要意义。二被申请人将申请人姓名、肖像照用于产品销售，主要目的是获得经济利益，如申请人错误申请禁令，导致经济利益受损，二被申请人可通过金钱索赔的方式诉请救济。因此，做出人格权侵害禁令并不会造成双方当事人利益明显失衡。

涉案产品系普通食品，产品标识的适用人群包括未成年人，并且宣称具有特定功效。该产品对外宣传刘某为其代言，实为利用刘某的影响力增加消费者对涉案产品质量、功效的信任，增加涉案产品在同类产品中的竞争力，进而影响消费者对涉案产品和同类产品的判断与选择。刘某以涉案产品虚构代言为由申请人格权侵害禁令，有利于对消费者知情权、选择权的保障，亦有利于维护公平的市场竞争环境，故做出人格侵害禁令不会损害社会公共利益。

5. 申请人是否已通知网络服务提供者采取删除、屏蔽、断开链接等必要措施

通知网络服务提供者对侵权行为采取删除、屏蔽、断开链接等必要措施，是网络环境下申请人"私力救济"的有效手段。网络服务提供者作为平台经营者，掌握相关网络用户的身份信息，处理相关侵权内容具有时间上和技术上的优势。因此，与司法救济相比，采取上述"私力救济"方式更有利于节约申请人的维权成本，提高维权效率。基于经济、高效解决纠纷的考虑，申请人在未采取上述方式维权前，不宜直接向法院申请禁令。

本案中，微信平台根据申请人的申请，已对涉案微信公众号的部分内容进行处理，但二被申请人在微信平台删除相关侵权内容后仍继续实施新的违法行为，在此情形下，仅通过上述"私力救济"手段难以有效阻止损害发生。此外，对于涉案微信个人账号发布的朋友圈内容，尚不能通过投诉的方式要求网络服务提供者进行处理。

2. 行政处罚案

根据《中华人民共和国治安管理处罚法》的规定，公安机关可以对公然捏造事实诽谤他人的行为处拘留或者罚款，以此进行行政处罚。[①] 因此，对于轻微的诽谤和造谣行为等，红人可以选择报警，此举也更有公信力。

3. 刑事自诉案件

民事案件通常需要较长时间才会有处理结果，此时往往侵权人已经逍遥法外了很长时间，最终只受到一个金额不高的赔偿处罚，而且很多时候这些侵权人可能根本没有支付能力。鉴于民事维权手段太过薄弱，越来越多红人也可以选择诽谤罪作为维权手段之一。不过，诽谤罪是自诉案件，对于红人来说，举证难度较高。

---

① 《中华人民共和国治安管理处罚法》第四十二条 有下列行为之一的，处五日以下拘留或者五百元以下罚款；情节较重的，处五日以上十日以下拘留，可以并处五百元以下罚款：
（一）写恐吓信或者以其他方法威胁他人人身安全的；
（二）公然侮辱他人或者捏造事实诽谤他人的；
（三）捏造事实诬告陷害他人，企图使他人受到刑事追究或者受到治安管理处罚的；
（四）对证人及其近亲属进行威胁、侮辱、殴打或者打击报复的；
（五）多次发送淫秽、侮辱、恐吓或者其他信息，干扰他人正常生活的；
（六）偷窥、偷拍、窃听、散布他人隐私的。

【经典案例】

自诉人郭某某以被告人李某犯诽谤罪为由①，于2017年9月1日向法院提起控诉。法院认为，本案关于诽谤罪指控的核心内容，即涉案文章内容是否系被告人故意捏造并散布，并无足够证据支持。如果基于本案此种证据情况即对被告人进行开庭审判，庭审则极有可能成为要求被告人自证无罪的过程，这显然与"谁主张，谁举证"以及"无罪推定"的基本刑事诉讼原则相违背。根据本案证据审查情况，在自诉人一方经告知未提出补充证据的情况下，驳回自诉人郭某某对被告人李某的起诉。

红人容忍度：公共舆论监督与个人名誉权的平衡

公众人物具有不同于普通民众的特点，其具有较高的知名度和相对广泛的影响力，向社会公众展示并传播的言谈举止、行为事迹会对社会公众产生一定影响。因此，在社会舆论监督及社会公众知情权利面前，公众人物相应的人格权受到限制。故红人对其部分工作和生活、家庭情况在公众场合的传播和议论应有一定的容忍度，特别是涉及对其自身业务能力、工作成果或不当言行的评论性的言论，即使大众采用了令红人不快、尖锐犀利的用语，比如评论某红人演技差、缺乏基本功等，只要发言人主观上并非出于恶意攻击、谩骂等目的，所表达的内容也没有明显偏离公知事实，红人对这些言论就应当予以接纳和容忍。

但若发言人对红人的评价包含明显侮辱性、贬低性的词语，内容系不被社会大众接受且低于道德标准，属于在一般公众的理解中带有违反公序良俗的有关道德方面的贬低性评价，造成红人承受可能不公正的社会压力或心理负担，超出了公众人物应当容忍的范围，导致一般社会公众对明星的社会评价降低，则其相关行为构成侵害名誉权。

【经典案例】

名誉权之容忍度边界

——深圳某公司与李某名誉权纠纷

李某具有一定社会知名度，故李某的工作及生活情况成为一般大众关注的信息，李某对其部分工作和生活、家庭情况在公众场合的传播和议论应有一定的容忍度。同时，李某作为自然人，其亦享有言论自由，在冲突事件发生之时，无论是业内人士还是社会

---

① 判决书案号：（2018）京01刑终433号。

公众，均有对冲突事件发表自己观点的自由。只要评论、意见没有虚构事实及使用侮辱、诽谤的词语，即属于言论自由的范畴。

案情简介 [①]

前瞻网系深圳某公司运营的网络平台。2015 年 6 月 3 日，该公司发表有关李某的文章（以下简称"涉案文章"），文章下有部分阅读者的评论"那个李某是个什么""李某和 × × 这两个人都不应该出现在节目上"。

文章中，对李某评价的起因系印姓男演员与边姓女演员发生冲突事件，事件真实情况未澄清前，李某及部分娱乐圈人士对此事发表自己的意见表明立场，后冲突事件录像公布，李某仍旧发表了自己的意见和看法。即文章内容中配有李某在其微博中的评论："视频以及我们可看到的新闻至少说明两点：视频中有事件双方本人；双方确有肢体接触（视频里女方被这一'推搡'失去重心倒退两步之后双方继续到有遮挡处争执……）之前男方声明无此事……我也只是好奇！谁是谁非交给当事人解决！让我奇怪的不是以上这些，而是为什么有人混淆视听让我道歉，简直可……"

涉案文章对该段内容的评论是：真相大白后，唯独李某"死不认错"，还发了长篇微博振振有词。

案件分析

冲突事件不属于一般常规事件，属于因工作过程中的情绪等因素发酵而导致的争议升级突发事件，故此类事件的谁是谁非，无法由第三人客观评述及评价，每个人对事件的看法均基于其自身的价值观而产生。涉案文章中，因李某就冲突事件发表自己的看法和意见，即对其使用带有明显侮辱性、贬低性的词语，内容系不被社会大众接受且低于道德标准，属于一般公众的理解中带有违反公序良俗的有关道德方面的贬低性评价。

深圳某公司在公开的网络环境中发表包含对较之普通公民知名度更高的公众人物的具有人格贬低性质的文章，足以对浏览涉案文章的网络用户产生舆论性的引导，并产生使李某社会评价度降低的不良影响。

2012 年，在涉案冲突发生后，由于真实内情并不为外人所知晓，每个社会组织及个人均可以对冲突事件本身提出自己的看法与评论，但应当只围绕冲突事件本身。但是，

---

① 判决书案号：（2019）京 01 民终 4259 号。

深圳某公司在冲突事件发生后，将对事件全过程进行整体描述的文章发布在自己经营的网站中，并在文章标题中用贬低性语言对浏览文章的网友进行引导，在目的上已经远远超出对已发生的客观事实进行描述的范围，实质上是试图用冲突事件来引起他人对李某的人格层面进行再次评价。

深圳某公司的文章造成李某承受可能不公正的社会压力或心理负担，超出了公众人物应当容忍的社会的关注程度，其相关行为构成侵害名誉权。

实操流程：名誉和形象维权通用法则

我将在此总结名誉和形象维权相关内容，并按时间顺序梳理面对这类侵权事件时应完成的实操流程，该流程也可以作为红人进行其他权利维权时的通用法则。

发现后及时取证：通过手机端和电脑端及时用取证软件固定证据。

与对方协商：通过私信等方式要求对方删除原帖。

发出公司函或律师函：通过官方渠道要求对方主动删帖并出具澄清说明；同步向登载平台发出投诉函要求及时删帖。

进行危机公关（如必须）：进行声明、沉帖等操作。

报警（如必须）：启动报案程序，争取拿到受理回执单，为危机公关做准备。

申请法院人格权禁令（如性质严重）：及时着手进行诉讼准备工作，并在诉讼前向法院提交人格权禁令。

民事诉讼：要求平台提供后台实名认证信息；起诉要求赔礼道歉、赔偿损失等。

刑事自诉：通过报警手段，启动诽谤罪等刑事罪名立案工作。

【经典案例】

红人肖像权、名誉权的双重维权
——伊某某和北京某公司肖像权、名誉权纠纷

案情简介 [①]

吴某某系歌手、演员，艺名为伊某某。北京某公司系涉案微信公众号的账号主体。

---

① 判决书案号：（2019）京 0491 民初 40400 号。

涉案微信公众号发布了某涉案文章，文中使用了 26 张吴某某肖像照，并配有文字"她也承认做了整形，下面来看看让她冻龄的整形项目吧""原来的眼睛很小，是单眼皮，现在变成了大双"等。

此外，涉案微信公众号还发布了其他四篇涉及吴某某的文章，共使用了 56 张吴某某肖像照，均配有广告宣传语与二维码等商业宣传内容。

案件分析

1. 北京某公司未经本人同意使用公民的肖像，构成对红人肖像权的侵犯

吴某某提交的证据及其身份材料，能够证明涉案图片与吴某某肖像的同一性。北京某公司未经吴某某许可，在其运营的微信公众号中使用带有吴某某肖像的图片 56 张，并配有广告宣传语及涉案微信公众号二维码，因此法院认定北京某公司的行为具有营利性，已经构成对吴某某肖像权的侵害，需承担相应的侵权责任。

2. 北京某公司造成了红人社会评价的降低，构成对红人名誉权的侵犯

本案中，北京某公司使用吴某某肖像照片作为文章配图并提及吴某某的艺名伊某某，二者结合足以让公众锁定涉案文章描述的为吴某某，并且该公司在文章中明确标注出原告肖像照片的相应部位以及配有相应照片进行比对。北京某公司在没有证据的情况下，在涉案文章中通过对吴某某不同时期的照片对比指明吴某某进行了整形手术，该公司的经营项目具有一定的特殊性，易于使公众形成吴某某整容、整形的错误认识，在一定程度上影响了吴某某的形象，造成了吴某某社会评价的降低，并且涉案文章具有一定的传播范围，故北京某公司发布的文章已构成对吴某某名誉权的侵害。

3. 法院根据红人商业价值、被告的过错程度和情节酌定具体赔偿数额

吴某某作为红人，其肖像具有一定商业价值，法院综合考虑吴某某的知名度，北京某公司的过错程度，涉案肖像被使用的数量、范围、用途，微信公众号影响力及当前的市场因素酌情确定经济损失。

关于精神损害抚慰金，吴某某作为红人，具有一定社会知名度和关注度，北京某公司侵害名誉权的行为势必给吴某某造成精神损害，法院依据北京某公司的过错程度、具体侵权情节及造成的影响等酌情确定。

最终，法院判决北京某公司赔偿原告吴某某经济损失 180 000 元、精神损害抚慰金 20 000 元、合理支出费用 1000 元，合计 201 000 元。

本章小结

本章主要论述了名誉权的侵权认定标准以及维权方法。实务中，红人应根据本章知识初步确定名誉权侵权主体，并采用取证软件等方式固定证据。

思考

1. 除了侮辱和诽谤行为，你觉得还有哪些行为也构成侵犯名誉权的隐性行为呢？
2. 对于红人被爆隐私的行为，是否可以从名誉权角度进行维权？

最后，我通过一则小故事以及几个问题，来结束本书并检测一下各位读者的这趟法律新知学习之旅的学习成果。这则小故事也是我撰写的一本娱乐律政小说中的人物，如果你感兴趣，也可以购买这本小说阅读。

故事

王以宸（男）是上海音乐学院附中的高中生（17 岁），长相俊朗、身材挺拔、家境殷实，自小受到良好教育，已考取钢琴十级。

一天，他在学生食堂用完餐，回宿舍的路上被一名男性跟踪，后该名男性主动与王以宸打招呼，并递上名片，上面显示"星尚娱乐，经纪总监，钱天银"，该男子自述其是星尚娱乐工作人员，看中了王以宸，希望能够与他签约，邀请王以宸做该公司的练习生。

王以宸将信将疑，但做练习生的确是他的梦想之一，于是，他收下了钱天银的名片。

次日，王以宸来到星尚娱乐的办公地址。该办公楼装修豪华。

钱天银带王以宸参观了公司，并指出很多知名红人都出自该公司，公司里有其他练习生正在训练。

之后，钱天银带王以宸来到会议室，拿出了一份纸质版本的演艺经纪合同，示意王以宸签署该份合同。

王以宸看过合同后，签署了。

接下来的日子里，王以宸办理了高中休学，进行刻苦训练，其间还应公司要求去做了微整形手术。

功夫不负有心人。

王以宸以公司练习生第一名的优异成绩与其他五名成员一起出道了。

接下来的商演、代言不断。其中，著名的潮牌"古今"的代言也被王以宸拿下。

在一次综艺节目的录制过程中，另一潮牌"快空"作为节目赞助方要求王以宸穿该品牌服装全程参与录制，王以宸应允。

录制过程中，节目方要求王以宸蹦极，但王以宸表示自己有恐高症，不可能完成。节目方不悦，斥责他为什么在之前沟通过程中并未提及该情况。

节目录制完后一个月内，节目方迟迟未支付录制费用。

在与经纪公司的履约过程中，王以宸渐渐发现自己的自媒体账号完全由公司掌握，并不自由，于是试图拿回该账号，却发现演艺经纪合同中关于自媒体账号的条款明确表述为："合同有效期内，所有自媒体账号归属经纪公司所有。"

他有些丧气，对经纪公司有些不满。

好在经纪公司满足了他想发单曲的愿望，帮助他录制了一首歌曲《飞天梦》，该歌曲由王以宸自己作词，委托知名作曲人作曲和编曲，最终由经纪公司制作发行，受到了不少好评。

不过，也有部分网友认为，该歌曲与其他歌手的某首歌曲极为相似，并在网络上纷纷指责王以宸抄袭。

王以宸有些落寞，遇到了年纪相同的公司女练习生，两人惺惺相惜，确定了恋爱关系。

该恋情后被公司发现，公司强烈要求双方分手。

至此，王以宸和公司之间的信任荡然无存。

他心生解约意向。

王以宸解约后，自己组建了工作室。

一日，王以宸的经纪人赵可夕接到菠萝音乐节的邀请，让王以宸演唱三首歌曲。

该音乐节是现场演出，也会有互联网现场直播，并会将视频在互联网上永久点播。

需要演唱的三首歌曲分别如下。

一首是《道路》（王以宸作词作曲并演唱，已经在 QQ 音乐上线）。

一首是《成细》（由中国作曲人张希和中国作词人王萌作词作曲，曾由王以宸作为影视 OST 首唱，并且已经在网易云音乐上线）。

一首是《花肆》（由美国作曲人史蒂文和中国作词人李诗作词作曲，由王以宸在该音乐节上首唱）。

赵可夕查阅了当时签署的词曲合同，发现上述由别人作词作曲的歌曲，如需现场表演，皆需再次获得单独授权。

她要求音乐节主办方协调相应授权问题。

当日菠萝音乐节演出后,《花肆》一歌被质疑抄袭,《成细》作曲人张希指控侵权使用,要求支付 50 万元使用费。

问题

1. 该份演艺经纪合同是否有效?为什么?

2. 如果你是王以宸的代理律师,在签约时,你最关注演艺经纪合同的哪几个部分?至少写三个部分。

3. 在综艺节目的录制过程中,王以宸有哪些地方做得不够完善,为什么?关于线下演出合同,还有哪些需要注意的核心要点,请至少写三点。

4. 如果你是王以宸的代理律师,你可以从哪些方面入手帮助王以宸拿回自媒体账号的所有权?

5. 请写出《飞天梦》这首歌曲的录音制品所有权人。

6.《飞天梦》的编曲是否享有其编曲部分的著作权?为什么?

7.《飞天梦》被指抄袭,作为王以宸的经纪人,你会如何处理,请用经纪人的口吻写一篇对公众发表的"声明"。

8. 公司有权利限制红人谈恋爱吗?你对偶像红人谈恋爱的看法是什么?

9. 作为王以宸的代理律师,你会如何设计王以宸的解约方案?

10. 王以宸要在音乐节演唱这三首歌曲,分别需要获得词曲作者的什么权利?

11. 音乐节制作方想将这三首歌曲的音轨制作成 Live 版本进行数字发行,需要获得哪些权利人的什么权利?

12. 音乐节声称已经将所有演唱费用付给中国著作权协会,如果你是赵可夕,你会如何处理?

13. 针对美国作曲人史蒂文的授权,赵可夕有哪些途径可以找到这位作曲人?(假设她是第一次与其联系)

14. 针对《成细》被指控的侵权演唱,作为音乐节主办方,你将如何处理这次侵权事件。

15. 针对《花肆》一歌的抄袭事件,请分享你比对音乐抄袭的方法。

读者可以思考上述问题,期待你们的解答。

POSTSCRIPT <<< 后 记 >>>

终于写到这里了！

敲下这句话的时候，因为上海疫情我正处于居家状态。

我想，如果没有这段时间，这本书可能还要更长时间才能与各位读者见面。

本书与我此前出版的两本书非常不同，读者通过这三本书应该可以看到我这几年的成长，这些都淋漓尽致地体现在这三本书中。

《娱乐法诉讼案件审理实务》是我在任职法官期间编著的一本书，这本书更多地体现我学习娱乐法审判的过程。

《娱乐江湖：娱乐法的圈地运动》则是我试图打造自己的娱乐法学科体系的一本书，我还在书中提出了"娱乐法"的概念和原则，现在看来，我认为这些概念和原则仍然是适用的。

而对于此刻读者手上的本书，我则做了更大胆的尝试。首先，我对本书的定位不是一本纯法律专著，而是一本希望体现我的法商思维的专著；其次，书中的若干张图表都是我的研究成果，也算是体现了我希望"著书立说"的一点愿景；最后，书中的体系也是我经过多年梳理得到的结果，它的出现本来就是一件"前无古人"的事情。

我常说："用心总会被看见。"我也希望读者能感受到我在这本书中的处处用心。

阅读完本书的你，是否会觉得我在你耳边娓娓道来，又是否也很想与我交流呢？记得关注我创立的微信公众号"星娱乐法"和娱乐法李振武的自媒体账号，获得与我交流的途径，并获取关于本书的更多配套学习资料。

关于本书的写作，我非常感谢上海音乐学院艺术管理系的学生，作为该校的老师，我从他们身上获得了很多新知，我一直坚持"用法律影响行业"，致力于从学校中的培养开始让行业人看到法商的价值。

最后，我会继续我的写作之路，也希望各位读者继续做自己想做的事情，早日成为各自领域的"红人"。

人生是一段旅程，我很庆幸你选择了这本书，与我同行。